中国石油天然气集团有限公司统编培训教材

炼油与化工业务分册

炼化企业员工应急培训教程

《炼化企业员工应急培训教程》编委会　编

石油工业出版社

内 容 提 要

本书主要介绍了炼化企业员工应急培训的相关概念及知识。内容包括应急管理基本内容、典型应急处置方法、常用应急装备与设施使用操作、现场救护及逃生等。

本书可作为从事炼化企业员工的工具书，也可作为炼化企业员工的培训教材。

图书在版编目（CIP）数据

炼化企业员工应急培训教程/《炼化企业员工应急培训教程》编委会编. —北京：石油工业出版社，2018. 11

中国石油天然气集团有限公司统编培训教材

ISBN 978-7-5183-3033-1

Ⅰ. ①炼… Ⅱ. ①炼… Ⅲ. ①石油炼制-工业企业管理-安全管理-技术培训-教材 Ⅳ. ①F407. 22

中国版本图书馆 CIP 数据核字（2018）第 267285 号

出版发行：石油工业出版社
（北京安定门外安华里 2 区 1 号　100011）
网　址：www. petropub. com
编辑部：（010）64251613
图书营销中心：（010）64523633
经　　销：全国新华书店
印　　刷：北京中石油彩色印刷有限责任公司

2018 年 11 月第 1 版　2018 年 11 月第 1 次印刷
710×1000 毫米　开本：1/16　印张：16
字数：280 千字

定价：56. 00 元

《中国石油天然气集团有限公司统编培训教材》
编 审 委 员 会

《炼油与化工业务分册》编审委员会

《炼化企业员工应急培训教程》
编　委　会

主　　编：张　鸿

副 主 编：张凤英

编写人员：库士虎　徐兆顺　程连谱　杨有伟
张　啸　包军平　高霆鈞　刘铭杨
蒋国亮　韩广涛　王　宁　张雪军
肖　峰　刘玉国　孙永强　何海平
张丛东　王　坤

序

企业发展靠人才，人才发展靠培训。当前，中国石油天然气集团有限公司（以下简称集团公司）正处在加快转变增长方式，调整产业结构，全面建设综合性国际能源公司的关键时期。做好“发展”“转变”“和谐”三件大事，更深更广参与全球竞争，实现全面协调可持续，特别是海外油气作业产量“半壁江山”的目标，人才是根本。培训工作作为影响集团公司人才发展水平和实力的重要因素，肩负着艰巨而繁重的战略任务和历史使命，面临着前所未有的发展机遇。健全和完善员工培训教材体系，是加强培训基础建设，推进培训战略性和国际化转型升级的重要举措，是提升公司人力资源开发整体能力的一项重要基础工作。

集团公司始终高度重视培训教材开发等人力资源开发基础建设工作，明确提出要“由专家制定大纲、按大纲选编教材、按教材开展培训”的目标和要求。2009 年以来，由人事部牵头，各部门和专业分公司参与，在分析优化公司现有部分专业培训教材、职业资格培训教材和培训课件的基础上，经反复研究论证，形成了比较系统、科学的教材编审目录、方案和编写计划，全面启动了《中国石油天然气集团有限公司统编培训教材》（以下简称“统编培训教材”）的开发和编审工作。“统编培训教材”以国内外知名专家学者、集团公司两级专家、现场管理技术骨干等力量为主体，充分发挥地区公司、研究院所、培训机构的作用，瞄准世界前沿及集团公司技术发展的最新进展，突出现场应用和实际操作，精心组织编写，由集团公司“统编培训教材”编审委员会审定，集团公司统一出版和发行。

根据集团公司员工队伍专业构成及业务布局，“统编培训教材”按“综合管理类、专业技术类、操作技能类、国际业务类”四类组织编写。综合管理类侧重中高级综合管理岗位员工的培训，具有石油石化管理特色的教材，以自编方式为主，行业适用或社会通用教材，可从社会选购，作为指定培训教材；专业技术类侧重中高级专业技术岗位员工的培训，是教材编审的主体，按照《专业培训教材开发目录及编审规划》逐套编审，循序推进，计划编审300余门；操作技能类以国家制定的操作工种技能鉴定培训教材为基础，侧重主体专业（主要工种）骨干岗位的培训；国际业务类侧重海外项目中外员工的培训。

“统编培训教材”具有以下特点：

一是前瞻性。教材充分吸收各业务领域当前及今后一个时期世界前沿理论、先进技术和领先标准，以及集团公司技术发展的最新进展，并将其转化为员工培训的知识和技能要求，具有较强的前瞻性。

二是系统性。教材由“统编培训教材”编审委员会统一编制开发规划，统一确定专业目录，统一组织编写与审定，避免内容交叉重叠，具有较强的系统性、规范性和科学性。

三是实用性。教材内容侧重现场应用和实际操作，既有应用理论，又有实际案例和操作规程要求，具有较高的实用价值。

四是权威性。由集团公司总部组织各个领域的技术和管理权威，集中编写教材，体现了教材的权威性。

五是专业性。不仅教材的组织按照业务领域，根据专业目录进行开发，且教材的内容更加注重专业特色，强调各业务领域自身发展的特色技术、特色经验和做法，也是对公司各业务领域知识和经验的一次集中梳理，符合知识管理的要求和方向。

经过多方共同努力，集团公司“统编培训教材”已按计划陆续编审出版，与各企事业单位和广大员工见面了，将成为集团公司统一组织开发和编审的中高级管理、技术、技能骨干人员培训的基本教材。“统编培训教材”的出版发行，对于完善建立起与综合性国际能源公司形象和任务相适应的系列培训教材，推进集团公司培训的标准化、国际化建设，具有划时代意义。希望各企事业单位和广大石油员工用好、用活本套教材，为持续推进人才培训工程，激发员工创新活力和创造智慧，加快建设综合性国际能源公司发挥更大作用。

《中国石油天然气集团有限公司统编培训教材》
编审委员会

前言

为了落实国家安全生产监督管理总局令第74号令《企业安全生产应急管理九条规定》中要求企业“必须开展从业人员岗位应急知识教育和自救互救、避险逃生技能培训”，强化提升炼化企业生产装置一旦发生紧急情况，一线从业人员具备安全操作、自救互救及应急处置所需的知识和能力。组织具有丰富现场经验的管理人员共同编写了本书，重点介绍炼化企业现场应急处置技术、应急装备和设施、救护及逃生等方面内容，突出适用性和可操作性，更易于员工学习。

本书从目前炼化企业应急救援培训工作的实际需要出发，针对一线管理人员和基层一线操作人员，结合现场处置应急救援工作实践，紧紧围绕加强一线管理人员和基层一线操作人员素质建设和应急能力的提高，分析了现阶段炼化企业应急管理工作的现状和趋势，阐述了炼化企业事故应急处置的程序：发生事故或险情后，要立即启动相关应急预案，在确保安全的前提下组织抢救遇险人员，控制危险源，封锁危险场所，杜绝盲目施救，防止事态扩大；要明确并落实生产现场带班人员、班组长和调度人员直接处置权和指挥权，在遇到险情或事故征兆时立即下达停产撤人命令，组织现场人员及时、有序撤离到安全地点，减少人员伤亡；原则：坚持“属地为主、条块结合、精心组织、科学施救”；方法：不同工艺路线、不同物料的处置。提出了炼化企业装置事故应急救援防护的相关知识与装备，并用典型案例介绍了炼化企业事故应急处置方法。

“无谋无立”，为使一线管理人员和基层一线操作人员熟悉相关应急知识和事故发生的特点，熟练掌握事故隐患辨识和应急处置救援技能，提高在不同情况下实施救援和处置的能力，编写人员参考多版教材，融入实际运用，深入浅出，图文并茂，提炼出本书。对促进炼化企业一线管理人员和基层一线操作人员应急救援水平的提高起到积极的作用。

本教程由中国石油天然气集团有限公司炼油与化工分公司筹划，由辽阳石化分公司牵头组织编写统稿。本书共分六章，由辽阳石化公司张凤英统稿。编写分工为：第一章应急管理概述，由辽阳石化公司库士虎、蒋国亮编写；第二章应急管理基本内容，由辽阳石化公司杨有伟、刘铭杨、何海平、大庆石化公司程连谱编写；第三章典型应急处置方法第一节、第二节、第三节、第四节，由辽阳石化公司包军平、张凤英、王坤编写，第五节由辽阳石化公司徐兆顺、王宁编写；第四章常用应急装备与设施使用操作，由辽阳石化公司张啸、高霆钧、孙永强编写；第五章现场救护及逃生，由辽阳石化公司徐兆顺、韩广涛、刘玉国编写；第六章炼化企业典型案例分析，由辽阳石化公司张啸、张雪军、肖峰、张丛东编写；抚顺石化公司郭良平、兰州石化公司闫子健、大庆石化公司毛德君参加了全书的多次讨论修改工作，并对部分内容提出了修改和完善建议。

说 明

本书注重应急管理体系与炼化企业现场应急处置技术、应急装备和设施使用操作、现场救护及逃生等实际相结合，内容条理清晰、通俗易懂、实用性强，对炼化企业从业人员岗位应急知识教育和自救互救、避险逃生技能培训具有指导意义。本书可作业炼油化工企业一线管理人员和基层一线操作人员的专用培训教材，也可作为安全管理人员及大专院校相关专业学生入职前的培训教材。

为便于正确使用本书，现将培训对象划分为一线管理人员及基层一线操作人员。各类人员应掌握的内容如下：

（1）一线管理人员，重点掌握本书第一章、第二章、第三章、第六章所有内容。

（2）基层一线操作人员，重点掌握第三章、第四章、第五章、第六章所有内容。

虽然一线管理人员侧重管理知识、基层一线员工侧重应急处置操作学习，但管理人员也要具备应急装置与设施使用操作技能，操作人员也要了解应急管理体系知识，所以学习不能局限于章节限制，增加学习范围会更利于应急管理工作的开展及应急能力的提升，希望参与学习人员不仅要掌握书中知识，还要与实践结合，做到知行合一。

目录

第一章　应急管理概述

进入21世纪以来，全球发生了一系列重大事件：2001年美国的“9・11”恐怖袭击事件、2003年中国的“非典”爆发及世界范围内的禽流感流行、2004年印度洋海啸、2008年“5・12”汶川8.0级地震、2009年全球爆发甲型H1N1流感、2010年“4・14”玉树7.1级地震、2013年青岛市“11・22”东黄输油管道泄漏爆炸特别重大事故、2015年天津港“8・12”火灾爆炸特别重大事故等。这些事故、事件的多样性、不可预知性和破坏性，对世界各国乃至全人类都产生了深远的影响。

如何预防、应对突发事件并尽快消除其影响，如何把应急管理的实践与理论紧密结合，使应急管理工作更加科学、高效，已经成为各国政府和社会各界面对的重大课题。

第一节　应急管理基本概念

应急管理是对自然灾害、事故灾难、公共卫生突发事件和社会安全事件等各类突发事件以科学的方法加以干预和控制，使其造成的损失达到最小的一个复杂的、开放的系统工程，囊括了突发事件的事前、事发、事中、事后的所有应急管理环节。

《中华人民共和国突发事件应对法》将“突发事件”界定为：突然发生，造成或者可能造成严重社会危害，需要采取应急措施予以应对的自然灾害、事故灾难、公共卫生事件和社会安全事件。

通过对突发事件不同时期和阶段的划分，可以科学地设置对应的应急管理流程及其内容，见表1-1。

尽管在实际情况中，这些主要环节往往是重叠交叉的，但它们中的每一个部分都有自己特定的目标，每一个目标都是相辅相成的。整个应急管理是一个不断循环的过程，在突发事件即将来临之前，进入到应急监测与预警阶段，事故一旦发生就会进入到应急处置与救援阶段，事故发生之后再进入到

恢复与重建阶段，恢复正常生产生活秩序之后又开始进入到预防与应急准备阶段，这样周而复始，重新开始新的应急管理过程。因此，加强应急管理可以从任何一个环节切入，采取有针对性的措施，使之在每一个环节中发挥重要作用，进而提升应急管理水平，有效减少损失或避免突发事件的发生。

表 1-1　突发事件不同阶段的应急管理流程及内容

发生阶段	主要环节	目标	主要内容
事前	预防与应急准备	防范突发事件发生	应急预案体系； 预防并防范潜在突发事件的发生； 完善应急培训、演练、教育体系； 确保应急的人员、物资、经费保障； 应急组织机构建设和救援队伍培养； 应急技术研发及应用等
事发	应急监测与预警	及时控制事件并防止其蔓延	突发事件信息收集、报告、评估机制； 监测机制； 预警机制等
事中	应急处置与救援	最大限度地降低事件带来的损失	应急处置机制； 应急指挥机制； 应急救援机制等
事后	事后恢复与重建	尽快恢复正常生产生活秩序并从灾难中进行学习和总结	防止次生（衍生）事件发生； 安抚救助受害人员； 损失状况评估； 事故调查与责任追究； 组织重建和恢复生产等

第二节　应急管理的发展

20 世纪 70 年代中后期以来，无论是发达国家还是发展中国家，突发事件发生的种类、频率、规模与影响程度都在不断增强，这种不断恶化的现状给人民生命财产造成了巨大损失。对人类和生态的自然生存环境产生了巨大破坏，给稳定的社会和生活秩序带来了负面影响，这种现状对各个国家的应急管理能力提出了挑战。传统意义上的突发事件应急管理，注重对突发事件的及时反应和指挥控制，存在被动应战、部门分割和分散管理的局限性。为了提高突发事件的防灾救灾能力，最大限度地减少突发事件所带来的负面效应，世界各国纷纷行动起来，着手建立更加有效的应急管理体制。

一、国外应急管理经验

从国外建立突发事件应急管理体制的总体发展趋势来看，国际上趋向于对突发事件的全过程进行综合管理，具体包括突发事件危险因素识别、整合各种资源、动员所有参与的机构等。这是一种一体化和全过程的突发事件应急管理体制模式，一体化是指在政府的统一领导下，各级政府部门、社会组织、工商企业、社区组织和公众分工协作、互相配合，共同开展突发事件应急管理工作；全过程是指对突发事件应急管理的预防、准备、反应和恢复四个阶段实施全过程的管理。当前，这种一体化和全过程的突发事件应急管理体制模式开始在许多国家形成，例如美国、日本和德国等。

（一）美国

美国是突发事件频发的国家之一，一直以来美国十分重视突发事件的应急管理体制建设工作。1967 年，美国联邦政府将“911”作为全国统一的报警号码。1979 年，美国成立了联邦紧急事务管理署，负责全国重大突发事件的预防和处置，并以立法形式要求各州、市、县政府都设立相应的应急管理专门机构，每个部门和单位都指定专门人员负责应急管理工作，在全国范围内确定统一组织协调、组织结构完备、信息和资源共享的突发事件应急管理体制。2002 年，美国联邦紧急事务管理署和 27 个联邦机构共同制定了《美国联邦反应计划》，州政府和地方政府也都制订有各自的应急反应计划。“911 事件”后，美国于 2003 年成立了超级应急管理机构——国土安全部，将 22 个联邦机构置于该部门的协调管理下，以加强反恐和国土安全。经过多年努力，美国突发事件应急管理体制得到了不断完善。从美国应急管理体制的演变过程来看，强化综合管理一直是美国完善突发事件应急管理体制的一条主线，其主要特征是：有一整套突发事件管理的法律、规划和预案；有各级政府、职能部门、新闻媒体、工商企业、社会团体、志愿者和公众共同参与的应急管理组织体系；有依靠高科技支撑的灾害监测和预警体系；有统一指挥、分级管理、相互支援的应急反应体系；有由预防、准备、反应和恢复四个阶段组成的全过程综合管理流程；有由教育、宣传、培训、演练和资助等手段组成的灾害管理动员体系等。这种综合管理体制，对于提高政府和全社会的防灾救灾能力起到了重要作用。

（二）日本

受地理位置和自然环境的影响，日本是地震等自然灾害频发的国家，同

时由于城市化程度高、人口密集等因素的影响，交通、化学和火灾事故也时有发生，因此，日本是一个灾害意识很强的国家。日本完善高效的综合应急管理体制经历了一个逐步发展的过程。20 世纪 50 年代，日本制定了《灾害救助法》等灾害管理法律，建立了以单项灾种管理为主的应急管理体制；60 年代初，日本开始重视防灾救灾的综合管理，制定了《灾害对策基本法》，把地震、火山等突发事件综合起来应对，实行全面预防、应急救援和恢复重建全过程的规划和管理，建立了中央政府、地方政府、社会组织和公众参与的综合应急管理体制；20 世纪 90 年代，特别 1995 年阪神大地震后，日本开始出现应对重大危机的能力不足的问题，从而促进日本政府进行应急管理体制改革，如成立“内阁危机管理总监”等。经过多年努力，日本建立了以综合防灾减灾为主要特征的应急管理体制。

（三）德国

德国地处温湿的西风带，经常发生暴雨、飓风等灾害，也经常发生飞机失事等人为灾害。德国将有效的防灾减灾、保护公共生命财产安全、维护公共安全作为政府最重要的任务之一，这些任务由联邦各州和地方政府共同来执行。地方政府主要负责一般突发事件的紧急救援和处置；各州政府主要负责灾害控制和民事保护；联邦政府根据德国基本法的规定，在某些突发事件管理领域承担相应的职责，主要应对州和地方政府无法应付的重大危险事件。在这些分工的基础上，德国各级政府还建立了相应的应急管理组织机构和运作程序以及先进的突发事件信息管理系统、预警系统和救援系统，形成了有效的突发事件应急管理体制。

二、国内应急管理发展情况

我国应急管理体系的建设起步相对较晚，尤其是针对综合性灾害的应急管理体系来说更是如此，国内应急管理的发展主要分为以下三个阶段：

（一）第一阶段：应急管理研究的萌芽时期

在 2003 年以前，我国关于应急管理的研究主要集中在灾害管理研究方面。自 20 世纪 70 年代中后期以来，随着地震、水旱灾害的加剧，我国学术界在单项灾害、区域综合灾害以及灾害理论、减灾对策、灾害保险等方面都取得了一批重要研究成果，而对应急管理一般规律的综合性研究成果则寥寥无几。

（二）第二阶段：应急管理研究的快速发展时期

2003 年“非典”事件暴露出我国应对突发事件事前准备不充分、信息渠道不畅通、应急管理体制、机制、法制不健全等一系列问题，由此推动了应急管理理论与实践的发展。2003 年 7 月，胡锦涛同志在全国防治“非典”工作会议上明确指出了我国应急管理中存在的问题，并强调应大力增强应对风险和突发事件的能力。同年 10 月，党的十六届三中全会通过的《中共中央关于完善社会主义市场经济体制若干问题的决定》中强调：要建立健全各种预警和应急机制，提高政府应对突发事件和风险的能力。

（三）第三阶段：应急管理提升时期

2008 年对中国应急管理来说是一个特殊的年份。年初，南方雪灾、拉萨打砸抢社会事件和汶川特大地震，为应急管理研究提出了严峻的命题。2008 年 10 月 8 日，胡锦涛同志在党中央、国务院召开的全国抗震救灾总结表彰大会上指出，“要进一步加强应急管理能力建设”。我国应急管理体系建设再一次站到了历史的新起点上。2013 年，习近平总书记强调：要善于运用底线思维的方法，凡事从坏处准备，努力争取最好的结果，做到有备无患、遇事不慌，牢牢把握主动权。

综上所述，我国应急管理的发展已呈现向系统化、专业化、信息化、社会化、法制化的趋势。

（1）系统化——强化应急机构多位一体化、统一指挥、资源综合集成，优化调度，分工协作，当发生突发事件时，应急管理机构实行半军事化或军事化。

（2）专业化——根据灾种、事故类型，分别组织不同层次、不同专业的救援队伍，专业对口、技术对口进行救援抢险工作，指挥统一，专业分工，各司其职，针对性强，效果理想。

（3）信息化——通过计算机和网络系统，在决策支持系统下实现应急管理信息化。

（4）社会化——动员全社会，提高危机意识和教育，通过媒体（报纸、电视、广播等）广泛宣传各种灾害防御知识，组织事故应急演练，建立社区灾难联防体系和募捐发放系统。

（5）法制化——建立减灾法规体系、规范人们的行为和活动，明确政府、社会团体和个人在减灾工作中的义务和责任，防止紧急情况下滥用权力。我国灾害管理立法诸如地震减灾、气象、防洪、交通安全、公共安全、森林、

草原、传染病防治、公共卫生应急事件、保险等方面已得到初步建立。法律文件由各业务主管部门起草，经国务院和有关部委颁发的一系列单项法规和大量临时性政策性法规组成，但依法实施综合减灾方面，尚缺乏国家综合减灾基本法，尚未完善减灾法规体系，需加强国家对减灾工作的宏观管理，加快减灾立法的进程。

三、中国石油应急管理的发展

（一）事故反思强化应急管理

2003 年“12・23 重庆开县罗家寨井喷事故”和 2005 年“11・13 松花江水体环境污染事故”，一度给中国石油带来了严重的负面影响，惨痛的经历暴露出中国石油安全生产工作中的薄弱环节，对事故危害程度认识不到位、第一时间响应不够、丧失了有利的处置时机导致事故扩大化，体现了主管领导危机意识的薄弱，应急管理工作被提到重要日程。

（二）应急管理体系建设

在贯彻执行国家“一案三制”应急管理体系建设指导框架下，中国石油开展了包括组织建设、预案建设、制度规范、保障能力以及科技支撑为一体的全方位应急管理体系建设。

应急工作机制方面，按照总部协调、专业归口、企业负责的工作模式，统一指挥、分工负责、部门联动、协调有序、反应灵敏、运转高效。

应急组织体系的建设方面，应急领导小组办公室是中国石油应急指挥中心，具体组织应急处置工作；应急领导小组办公室的日常工作机构由总值班室和质量安全环保部应急处组成；应急工作主要部门包括办公厅、质量安全环保部、规划计划部等部门，是在突发事件处置中发挥重要作用和承担重要职责的部门；专业公司是所属系统各类重特大突发事件的应急协调负责部门；现场指挥部是负责现场应急工作指挥中心，由应急领导小组派出或指定事故发生企业组成。

应急制度体系的建设方面，自 2003 年以来，中国石油天然气集团有限公司（以下简称集团公司）制定了《中国石油天然气集团公司应对突发重大事件（事故）管理办法》（中油质安〔2004〕672 号）、《中国石油天然气集团公司应急预案编制通则》（中油安〔2009〕318 号）、Q/SY 1517—2012《突发事件应急预案编制指南》等一系列事故应急管理方面的制度和标准，逐步形成比较完善的应急管理制度体系。制定应急指挥中心建设、应急救援队伍建设、应急装备配备和应急物资储备、应急管理体系规范等标准，促进应急管理工作向规范化、制度化、标准化方向发展。

应急预案体系的建设方面，2008 年，集团公司对应急预案进行了大规模修订，坚持“科学、实用、简明、易行”原则，突出“统一、规范、可操作”的体系管理方针，形成总体应急预案与专项应急预案即“1+18”的预案结构。基层单位级预案由各类突发事件的现场处置预案组成，是针对基层重大危险源、关键生产装置、要害部位及场所，根据发生的突发事件或次生事故，编制处置、响应、救援等具体预案。编制岗位应急操作卡，内容简明、易记、可操作。作为指导作业现场、岗位操作人员进行应急处置的规定动作。

应急保障体系的建设方面，中国石油应急保障体系在不断加强以及充分发挥现有应急队伍骨干作用和区域优势的基础上，按照“一专多能、一队多用”的要求建立了各片区的资源共享、联防联动机制。完善了专职消防队伍、危险化学品、油气长输管道、海上、井控等应急救援响应基地建设。建成了辽阳石化等多个国家应急救援培训基地。同时，在资金保障、物资和装备保障、技术保障、通信保障、医疗救护保障、人员防护和工作生活保障、外部依托资源保障等方面投入大量的人力物力，形成了能战斗、可依靠的应急保障体系。

第三节 国家应急管理要求

当前，国家应急管理工作内容概括起来称为“一案三制”。

（1）“一案”就是要建立健全和完善应急预案体系，应急预案是根据发生和可能发生的突发事件，事先研究制订的应对计划和方案，应急预案包括各级政府总体预案、专项预案和部门预案，以及基层单位的预案和大型活动的单项预案，建立“纵向到底，横向到边”的预案体系。

所谓“纵”，就是按垂直管理的要求，从国家到省到市、县、乡镇各级政府和基层单位都要制订应急预案，不可断层；所谓“横”，就是所有种类的突发公共事件都要有部门管，都要制订专项预案和部门预案，不可或缺。

（2）“三制”是指应急工作的管理体制、运行机制和法制。

① 建立健全和完善应急管理体制。主要建立健全集中统一、坚强有力的

组织指挥机构，发挥国家的政治优势和组织优势，形成强大的社会动员体系。建立健全以事发地党委、政府为主，有关部门和相关地区协调配合的领导责任制，建立健全应急处置的专业队伍、专家队伍。同时充分发挥人民解放军、武警和预备役民兵的重要作用。

根据对目前一些应急管理机构实际功能设计的分析，应急管理体系应该包括指挥调度系统、处置实施系统、资源保障系统、信息管理系统、决策辅助系统等五个系统，如图 1-1 所示。

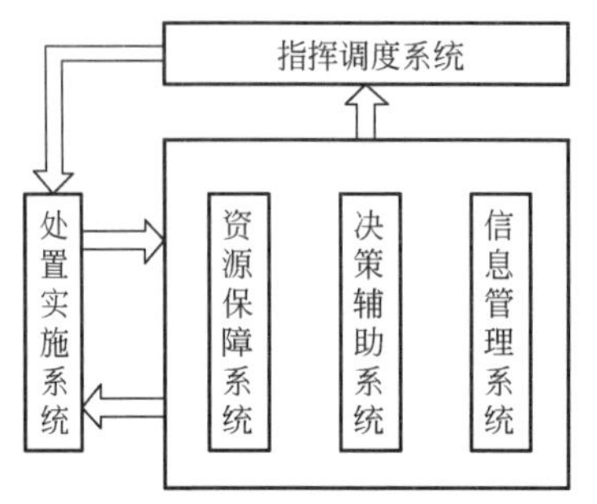

图 1-1　突发事件应急管理保障体系

② 建立健全和完善应急运行机制。主要是建立健全监测预警机制、信息报告机制、应急决策和协调机制、分级负责和响应机制、公众的沟通与动员机制、资源的配置与征用机制，奖惩机制和城乡社区管理机制等。

③ 建立健全和完善应急法制。应急法制是指应对突发事件的法律、法规、规章。我国目前已基本建立以《中华人民共和国安全生产法》为依据、以《中华人民共和国突发事件应对法》为核心、以相关单项法律法规为配套的应急管理法律体系。

第二章　应急管理基本内容

应急管理主要流程包括预防与应急准备、应急监测与预警、应急处置与救援、事后恢复与重建四个阶段的全过程。

预防与应急准备是应急管理的基础，是防患于未然的阶段，也是应对突发事件最重要的阶段，体现了预防为主、预防与应急并重、常态与非常态相结合的原则。

应急监测与预警是应急管理的保障，是预防与应急准备的逻辑延伸，突发事件的早发现、早报告、早预警，能有效预防、减少突发事件的发生，控制、减轻和消除突发事件引起的严重社会危害。

应急处置与救援是应急管理的关键，旨在快速反应、有效应对，最大限度地保障人民生命财产安全，最大限度地减少突发事件造成的损失。

事后恢复与重建是应急管理的最后环节，旨在尽快恢复正常的生产、生活、工作和社会秩序，妥善解决应急处置过程中引发的矛盾和问题，并进入一个新阶段，即突发事件应对中的后处理阶段，重点在于提高防灾减灾能力和应急管理能力。

第一节　预防与应急准备

预防与应急准备包括两个方面，预防是指在突发事件前，通过大量调查和风险分析评估，认识突发事件的发生规律，利用行政、法律、工程、技术等治理手段，从源头上减少或消除事件发生的诱因；应急准备是指当突发事件不可避免时，提前做好应急相关的准备工作，防止突发事件升级或扩大，最大限度地阻止事件的发生或降低其所造成的损失和影响。

预防与应急准备工作涉及风险管理、应急组织机构与救援队伍、应急预案管理、应急培训与演练、应急物资装备管理等主要内容。

一、风险管理

风险管理是应急管理的基本前提和重要工作基础，贯穿于应急管理工作

的始终。通过风险识别、分析与评估，确定风险控制是否充分，有助于确定需要重点考虑的危险与紧急状况，明确应急管理的对象。同时，开展应急能力评估，对应急资源开展需求分析，从而为应急预案的编制、应急准备和应急响应系统提供必要的信息和资料。

（一）风险管理流程

风险管理是一个动态的过程，基本流程概括为四个主要环节：识别、评估、控制和恢复，基本流程如图 2-1 所示。

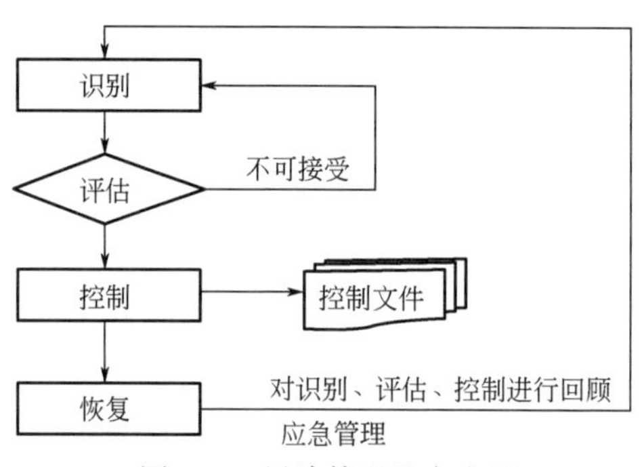

图 2-1　风险管理基本流程

（二）风险识别

风险识别是通过系统查找隐患和薄弱环节，人、环境和资产是否会受到潜在损害，分析各种风险来源和可能产生的后果，从而识别出需要进行管理的风险。风险识别主要回答几个基本问题：可能发生什么（what）、为什么发生（why）、怎样发生（how）和主要影响对象是谁（whom）。风险识别有两个关键任务：识别可能存在的危险有害因素（包括环境因素）和评估可能引发的事故后果。

（三）风险评估

风险评估是企业应急管理工作的基础，也是确定应急范围和对象、编制应急预案的关键。风险评估包括分析和评价，通过分析和评价，综合考虑风险发生的概率、损失严重程度以及其他因素，得出发生各种风险的可能性及其危害程度，再与风险的判别标准、组织目标相比较，就可确定风险的危险等级，从而决定采取什么样的措施以及控制措施应采取到什么程度。为了便于选用评价方法，将几种典型的评价方法从方法、评价目标、特点、适用范围等方面进行归纳，见表 2-1。

表 2-1 风险评价方法的选用

方法	特点	评价目标	定性或定量	可提供的评价结果				适用范围								
				事故情况	事故频率	事故后果	危险级别	研究开发	设计	试生产	工程施工	建造启动	正常运转	扩建	事故调查	拆除退役
安全检查表（SCL）	按事先编制的检查表逐项检查，按规定的赋分标准评定安全等级	危险有害因素分析，安全等级	定性、定量	不能	不能	不能	不能	—	—	√	√	√	√	√	—	√
危险性与分析（PHA）	分析系统存在的危险有害因素，触发条件事故类型，评定安全等级	危险有害因素分析，安全等级	定性	不能	不能	提供	提供	√	√	√	√	—	√	√	√	—
事故树分析（FTA）	演绎法。由事故和基本事件逻辑推断事故原因，由基本事件概率计算事故概率	事故原因，事故概率	定性、定量	提供	提供	不能	频率分级	—	—	√	√	—	√	√	√	—
事件树分析（ETA）	归纳法。由初始事件判断系统事故原因及条件，由各事件概率计算系统事故概率	事故原因触发条件，事故概率	定性、定量	提供	提供	提供	提供	—	—	√	√	—	√	√	√	—

续表

方法	特点	评价目标	定性或定量	可提供的评价结果				适用范围								
				事故情况	事故频率	事故后果	危险级别	研究开发	设计	试生产	工程施工	建造启动	正常运转	扩建	事故调查	拆除退役
故障类型及影响分析（FMEA）	类别分析系统(元件)故障类型、原因及影响，评定影响程度等级	事故原因，影响程度等级	定性	提供	提供	提供	事故后果分级	—	—	√	√	—	√	√	√	—
危险与可操作性分析（HAZOP）	分析系统可能出现的偏离原因、后果及其对整个系统的影响	偏离原因、后果及其对系统的影响	定性	提供	提供	提供	同上	—	—	√	√	—	√	√	√	—
作业条件危险性评价法（LEC）	赋值计算后评定危险性等级	危险性等级	定性、半定量	不能	提供	提供	危险等级	√	√	—	—	—	√	√	—	—
道化学公司法（DOW）	根据物质、工艺危险性计算火灾爆炸指数，判定采取措施	火灾爆炸危险性等级，事故损失	定量	提供	不能	提供	危险等级事故损失	√	√	—	—	—	√	√	—	—

续表

方法	特点	评价目标	定性或定量	可提供的评价结果				适用范围								
				事故情况	事故频率	事故后果	危险级别	研究开发	设计	试生产	工程施工	建造启动	正常运转	扩建	事故调查	拆除退役
帝国化学公司蒙德法（MGND）	由物质、工艺、毒性，布置危险计算采取措施前后的系统整体危险性，评定各类危险性等级	火灾爆炸毒性及系统整体危险性等级	定量	提供	不能	提供	危险等级	√	√	—	—	—	√	√	—	—
日本劳动省六阶段法	检查表法定性评价，基础局法定量评价，采取措施用类比资料复评，类危险装置用ETA、FTA等方法再评价	危险性等级	定性、定量	提供	不能	提供	危险等级	√	√	—	—	√	√	—	—	—

（四）危险化学品重大危险源

危险化学品重大危险源（以下简称重大危险源）是指按照 GB 18218—2009《危险化学品重大危险源辨识》辨识确定，生产、储存、使用或者搬运危险化学品的数量等于或者超过临界量的单元（包括场所和设施）。《危险化学品重大危险源辨识》是在参考国外同类标准，结合我国工业生产的特点和火灾、爆炸、毒物泄漏重大事故的发生规律编制而成。危险化学品单位应当按照标准，对本单位的危险化学品生产、经营、储存和使用装置、设施或者场所进行重大危险源辨识，并记录辨识过程与结果。企业要对重大危险源进行安全评估并确定重大危险源等级。重大危险源根据其危险程度分为一级、二级、三级和四级，一级为最高级别。危险化学品单位应当在重大危险源所在场所设置明显的安全警示标志，写明紧急情况下的应急处置办法；将重大危险源可能发生的事故后果和应急措施等信息，以适当方式告知可能受影响的单位、区域及人员；制定重大危险源事故应急预案，建立应急救援组织或配备应急救援人员，配备必要的防护装备及应急救援器材、设备、物资；配合地方安全生产监督管理部门制定所在地区涉及本单位的危险化学品事故应急预案；制订重大危险源事故应急预案演练计划，并按照要求进行事故应急预案演练。

（五）风险控制

风险控制是对风险识别、风险评估后可接受的风险进行控制，即落实监控措施，从而保证风险管理能达到预期目的。根据危害因素识别与评价的结果，制定风险控制措施。通过采取一定的预防控制手段和消减措施，实现预防事故的发生和减轻事故发生后的影响，以达到避免产生重大突发事件的效果。风险控制的任务是落实监控措施，加强过程控制，包括操作规程、作业文件、安全监督的落实等。有效的风险控制可以防止突发事件的发生，或在意外事件发生时能够赢得主动。

风险控制措施及作用如下：

（1）消除：通过合理的设计和科学的管理，尽可能从根本上消除危险、有害因素。如采用无害工艺技术、实现自动化作业、遥控技术等。

（2）预防：当消除危险、有害因素有困难时，可采取预防性技术措施。如使用安全阀、安全屏护、漏电保护装置、安全电压、防爆膜、熔断器、事故排风装置等。

（3）减弱：在无法消除和难以预防的情况下，可采取减少危险、有害因素的措施。如局部通风排毒装置、生产中以低毒性物质代替高毒性物质、降温、减振、安装消声装置等。

（4）隔离：在无法消除、预防、减弱的情况下，应将人员与危险有害因素隔开，将不能共存的物质分开。如遥控作业、安装安全罩和防护屏、隔离操作室、设置安全距离、配备事故发生时的自救装置（防护服、防毒面具）等。

（5）联锁：当操作者失误或设备运行一旦达到危险状态时，应通过联锁装置终止危险、危害的发生。

（6）警告：在易发生故障和危险性较大的地方，涂刷醒目的安全色、配置安全标志，必要时设置声、光或声光组合报警装置。

风险的控制及削减措施都结合到领结式关联图（原因、后果图）中，如图 2-2 所示，这些控制和削减措施即是相应的 HSE 管理关键任务。在突发事件左端的关键任务称为控制措施，对突发事件的发生起着预防作用。在突发事件右端的关键任务称为削减措施，通常又被认为是应急措施。所以，在目前情况下，安全管理的两项重要工作——预防和应急普遍受到重视。

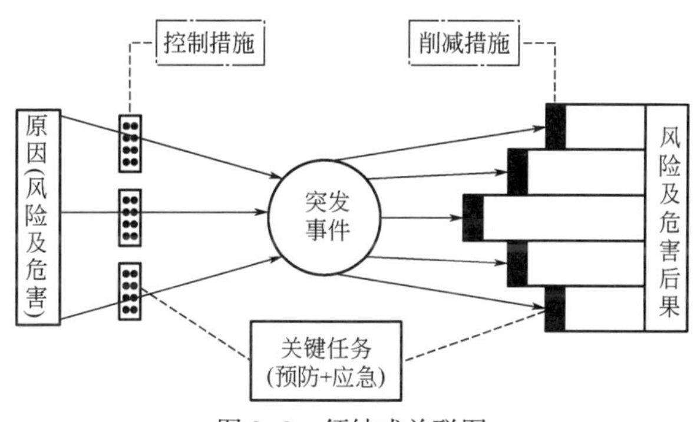

图 2-2　领结式关联图

（六）恢复

一旦防控措施失效，发生突发事件，如何有效应对，需要何种恢复措施，恢复能力是否可行和充分，这些都是恢复环节需要考虑的问题，其目的就是使其造成的损失降至最低。恢复的第一个含义就是应急，包括制订应急计划、应急方案、处置（响应）程序等，并恢复正常的生产秩序、工艺流程及环境等。恢复的第二个含义是从风险管理的全过程来定位的，即兼有对前面三个环节的审核要求。按照风险管理系统化模式（PDCA），通过审核，可以分析

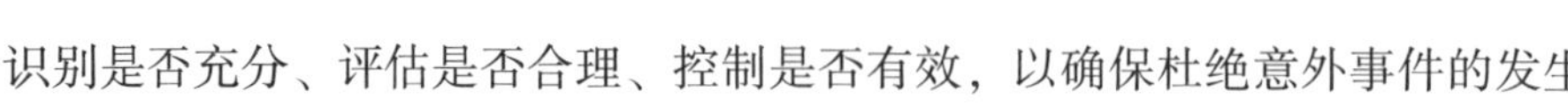

识别是否充分、评估是否合理、控制是否有效，以确保杜绝意外事件的发生。

风险管理是一个动态持续的过程和一个循环闭合的系统，要对管理的过程和结果及时进行跟踪、沟通与反馈，按要求更新评估内容。

由于风险涉及与组织相关的多个利益相关方，任何一方的行动都会对风险产生影响，强调风险管理中的相关方之间的信息沟通至关重要，所以，在应急管理中必须加强政府、技术专家、社会组织、媒体与公众之间、企业与相关方之间的沟通和交流，建立面向社会、多方参与的风险管理模式。

二、应急组织机构与救援队伍

（一）应急组织机构建设

应急组织机构是企业突发事件应急管理的组织保障和决策中枢，主要承担日常预警预防和应急救援的领导决策、组织指挥、功能设定、管理协调、队伍建设等方面的工作。应急组织机构通常包含以下五个方面（图 2-3）。

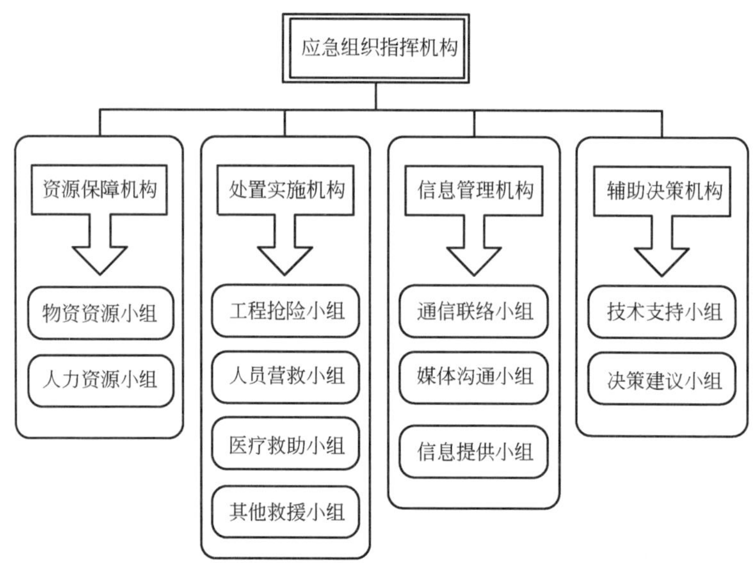

图 2-3　应急组织机构图

（1）应急组织指挥机构。

应急组织指挥机构是整个应急组织的核心，负责协调应急期间各个应急组织与机构间的动作和关系，根据应急预案合理进行应急任务分配、人员调度，有效利用一切可能的应急资源，保证在最短的时间内完成应急救援行动。

（2）资源保障机构。

资源保障机构负责对突发事件的处置提供具体的物质资源和人力资源，是为整个应急救援提供物质基础和人力基础帮助的机构，全方位保证应急救援工作的顺利完成。

（3）处置实施机构。

处置实施机构负责现场的应急处置工作，对应急组织指挥机构形成的预案和指令进行具体实施，包括工艺处理、人员的救护、抢险工程的实施、治安保卫等。

（4）信息管理机构。

信息管理机构主要负责为应急救援提供一切必需的信息，在现代计算机技术、网络技术和卫星通信技术的支持下，实现资源共享，为应急救援工作提供方便快捷的信息服务。同时，信息管理机构也负责与新闻媒体接触，处理一切与媒体报道、采访、新闻发布会等相关事务，保持对外的一致口径，保证突发事件报道的客观性和可信性，对企业、政府部门和公众负责，为应急救援工作营造一个良好的舆论环境。

（5）辅助决策机构。

辅助决策机构负责为整个应急救援提供方法支持和决策建议。它主要发挥企业内外专家和专业技术人员的作用，适时为应急处置提供技术支持，搜集整理决策资料，针对某类较突出的突发事件的处置，进行集中研究论证，为应急组织指挥机构的决策提供科学建议。

五个机构的协调努力是圆满处理各类突发事件的基本条件，如图 2-4 所示。当发生突发事件，现场人员按应急预案要求立刻报警并组织进行先期应急处置，应急组织指挥机构立即赶赴现场，投入应急工作。应急组织指挥机构进而命令信息管理机构和辅助决策机构进入应急工作状态，并协调各机构的运作，保证整个应急行动能有序、高效地进行。同时，应急组织指挥机构指挥现场应急工作并从资源保障机构调用应急所需人员和物资提供给处置实施机构投入现场应急处置。信息管理机构为其他机构提供信息服务，这种应急运作模式能使应急组织机构的各部门明确自己的职责，管理统一，从而满足应急处置快速、有效的需要。

实际上，企业在建立应急组织机构时，企业中各部门的职责并不是与以上五个机构一一对应的，企业涉及应急管理的部门较多，组织机构和职责更加细化，各部门在各自业务领域承担了一定的应急职责，通过相互协助，共同实现以上五个机构的功能。

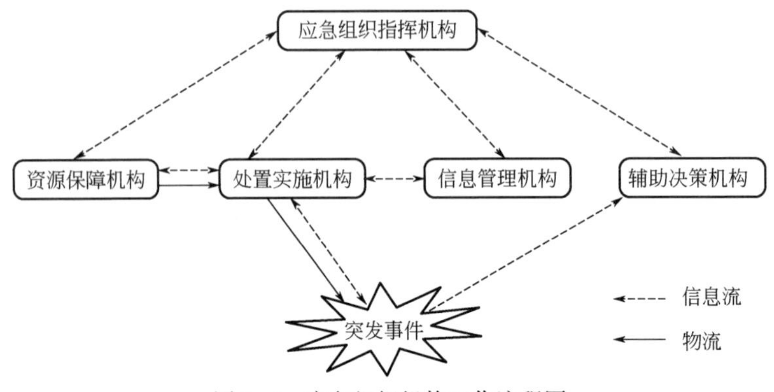

图 2-4　应急组织机构工作流程图

（1）企业的应急组织指挥机构。企业的应急组织指挥机构通常包含应急领导小组、应急指挥中心、现场应急指挥部等。

① 应急领导小组。企业的应急领导小组组长由企业 HSE（安全生产）委员会主任担任，通常是公司总经理，其职责是：启动应急响应；评估紧急状态，升降警报级别；决定通报外部机构；决定请求外部援助；决定从本单位或其他部分撤离；决定本单位外影响区域的安全性；负责指挥组织本单位的应急救援。

HSE（安全生产）委员会各成员单位按照职责履行本部门安全生产应急管理职责，负责组织或参与制修订并实施有关应急管理制度和相关应急预案。中国石油天然气集团有限公司应急组织体系如图 2-5 所示。

② 应急指挥中心。应急指挥中心通常设在生产运行部门，负责应急准备和突发事件时应急响应程序的启动。企业调度中心为公司应急指挥中心总值班室，各级调度室为本单位应急指挥中心值班室。

③ 现场应急指挥部。现场应急指挥部是现场应急处置救援指挥中心，由企业应急领导小组根据突发事件类别、危害程度等指定事发单位、相关职能部门及人员组成，初期通常由属地单位主管领导负责，当应急领导小组到达现场后，移交指挥权利。现场应急指挥部在应急领导小组授权下，行使现场应急指挥、调动、协调、处置等职责。

（2）企业的辅助决策机构。企业的辅助决策机构通常是企业的应急专家库。专家成员一般为单位生产、安全、环保、工艺技术、设备、物资等专业的技术人才，根据应急工作的实际需要，也可外聘有关专家。专家库主要负

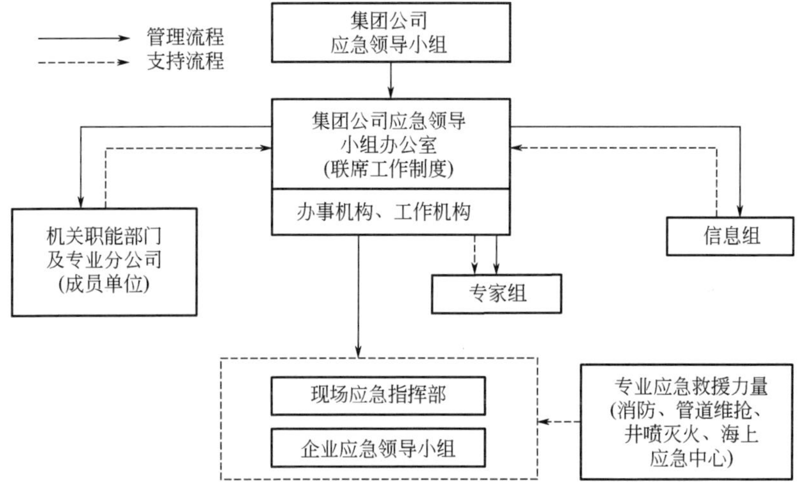

图 2-5 中国石油天然气集团有限公司应急组织体系图

责为应急管理提供决策建议，为现场处置救援及现场恢复提供技术支持。

（3）企业的资源保障机构。企业的资源保障机构通常包括人事部门、财务部门、物资供应部门、后勤部门等，主要负责应急工作所需人力、物力、财力的支持和保障。

（4）企业的信息管理机构。企业的信息管理机构通常包括文化宣传部门、信息技术部门、企管法规部门、各级调度中心等，主要负责应急工作信息接报、通知、信息传达、媒体应对、法律咨询等工作。

（5）企业的处置实施机构。企业的处置实施机构涉及部门最多，通常包括总经理办公室、生产运行、技术、安全环保、医疗救护、消防、现场抢修、现场保卫、工会、运输等部门，根据企业具体管理实际，明确各自责任分工，建立跨业务领域的应急救援响应联动机制，具体负责应急预案的实施，共同完成应急处置、救援和事后恢复等工作。

（二）应急救援队伍建设及运行机制

1. 应急救援队伍建设

应急救援队伍一般包括综合应急救援队伍、专业应急救援队伍、应急志愿者和其他应急救援队伍。

综合应急救援队伍是指可开展多种类别突发事件应急处置工作，并配合专业应急救援队，重点承担以抢救人员生命为主的综合应急救援工作的队伍。

企业应建立或确定“一专多能”的综合性应急救援队伍，能承担包括自然灾害、着火爆炸事故、交通运输事故等安全生产事故以及群众遇险等社会安全事件的综合性应急救援任务，同时协助有关专业队伍做好气象灾害、地质灾害、危险化学品事故、环境污染、公共卫生事件的抢险救援工作。

专业应急救援队伍是指具有专业技术水平，可以对某一类突发事件进行专业处置和救援的队伍，主要由防汛救灾、危化品救援、卫生医疗等队伍组成。

应急志愿者队伍是指由有关突发事件专业知识和技能的应急志愿者组成的队伍，在参与突发事件应急处置的相关工作中起到辅助作用，主要开展科普宣教以及从事疏散群众、医疗急救、转运伤员、指引道路、维护现场秩序等外围辅助工作。

其他应急救援队伍包括依托专家学者和实践经验丰富的管理人员组建的专家应急队伍，以及依托政府机关、社会团体、其他企业职工组建兼职或专职应急救援队伍。

2. 应急救援队伍运行机制

企业应急救援队伍组成人员平时在各自单位工作，发生突发事件后，立即集结到位，在企业应急现场指挥部的统一领导下，开展应急处置与救援工作。企业要切实加强基层综合队伍、专业队伍之间的协调配合，建立健全相关应急预案，完善工作制度，实现信息共享和应急联动。同时，建立健全应急救援队伍统一调度、快速运送、合理调配、密切协作的工作机制，经常性组织开展联合培训和演练，形成有效处置突发事件的合力。

企业应当为应急救援人员购买人身意外伤害保险，研究制定企业应急救援队伍装备标准并配备必要装备，减少应急救援人员的作业风险。对在应急救援中做出突出贡献的集体和个人，给予表彰奖励。开展基层应急救援队伍示范工作，推动基层应急管理水平不断提高。

三、应急预案管理

（一）应急预案的概念及种类

1. 应急预案的概念

应急预案是为控制、减轻和消除突发事件引起的严重社会危害，规范突发事件应对活动而预先制订的方案。应急预案平时牵引应急准备，战时指导应急救援，是应急管理工作的主线、应急体制机制的载体、应急法规制度的延伸、应急培训的教材、应急演练的脚本、应急行动的指南。

按照突发事件处置的过程，应急预案要规定各管理部门和所有需要制定预案的单位在突发事件的事前、事发、事中、事后的工作程序和内容。按照突发事件处置的内容来讲，它要明确回答谁来做、怎样做、做什么、何时做、用什么资源做。

2. 应急预案的种类

根据应急预案的不同功能，生产经营单位应急预案分为综合应急预案、专项应急预案和现场处置方案。

综合应急预案是指生产经营单位为应对各种生产安全事故而制定的综合性工作方案，是本单位应对生产安全事故的总体工作程序、措施和应急预案体系的总纲。综合应急预案应当规定应急组织机构及其职责、应急预案体系、事故风险描述、预警及信息报告、应急响应、保障措施、应急预案管理等内容。

专项应急预案是指生产经营单位为应对某一种或者多种类型生产安全事故，或者针对重要生产设施、重大危险源、重大活动防止生产安全事故而制定的专项性工作方案。专项应急预案应当规定应急指挥机构与职责、处置程序和措施等内容。

现场处置方案是指生产经营单位根据不同生产安全事故类型，针对具体场所、装置或者设施所制定的应急处置措施。现场处置方案应当规定应急工作职责、应急处置措施和注意事项等内容。

生产经营单位风险种类多、可能发生多种类型事故的，应当组织编制综合应急预案。对于危险性较大的场所、装置或者设施，生产经营单位应当编制现场处置方案。事故风险单一、危险性小的生产经营单位，可以只编制现场处置方案。不同预案内容见表 2-2。

表 2-2　预案内容对照表

综合预案	专项预案	现场处置预案
1 总则 1.1 编制目的 1.2 编制依据 1.3 适用范围 1.4 工作原则 1.5 应急预案体系	1 风险分析与事件分级 1.1 事故类型与危害分析 1.2 适用范围与事件分级	1 事故特征 1.1 危险性分析 1.2 事件及事态描述

续表

<table>
<tr><th>综合预案</th><th>专项预案</th><th>现场处置预案</th></tr>
<tr><td>2 组织机构及职责
2.1 应急组织体系
2.2 机构及职责</td><td rowspan="3">2 组织机构及职责</td><td rowspan="3">2 组织机构及职责
2.1 应急处置流程
2.2 应急处置工作职责</td></tr>
<tr><td>3 风险分析与应急能力评估
3.1 企业概况
3.2 风险分析和应急能力评估
3.3 事件分类与分级</td></tr>
<tr><td>4 预防与预警
4.1 预防与应急准备
4.2 监测与预警
4.3 信息报告与处置</td></tr>
<tr><td>5 应急响应
5.1 响应流程
5.2 应急响应分级
5.3 应急响应启动
5.4 应急响应程序
5.5 恢复与重建
5.6 应急联动</td><td>3 应急响应
3.1 预警
3.2 信息报告
3.3 应急响应</td><td>3 应急处置
3.1 应急处置程序
3.2 应急处置要点</td></tr>
<tr><td>6 应急保障
6.1 应急保障计划
6.2 应急资源
6.3 应急通信
6.4 应急技术
6.5 其他保障</td><td rowspan="2">4 应急保障
4.1 通信与信息
4.2 物资与装备
4.3 应急队伍
4.4 应急资金
4.5 应急技术</td><td rowspan="4">4 注意事项</td></tr>
<tr><td>7 预案管理
7.1 预案培训
7.2 预案演练
7.3 预案修订
7.4 预案备案</td></tr>
<tr><td>8 附则</td><td>5 附则</td></tr>
<tr><td>9 附件</td><td>6 附件</td></tr>
</table>

（二）应急操作卡编制要求

1. 事故名称

每个设定事故都要有具体、明确的标题。

2. 工艺流程

发生事故部位的工艺流程图，标明关键设备和阀门编号。

3. 事故现象

事故发生时最直接表现出来的异常现象，如异常的声音、气味、报警灯闪烁等等。

4. 危害分析

简要列出事故可能产生的危害。

5. 事故原因

分析导致事故的原因。

6. 事故确认

列出确认事故的必要充分条件，对这些条件进行“是”或“否”的判断，从而确定事故的属性。

7. 报警响应程序

以框图的形式体现报警响应程序。

8. 应急处置

A 级操作步骤：以框图的形式列出操作步骤清单，各操作步骤都设有编号，列出整个事故处理过程中必须特别关注的事项。通常应包括：初期险情控制、工艺处置、设备处置、现场检测及疏散、个体防护、环境保护等方面的关键步骤。

B 级操作步骤：顺序排列出包含具体操作的各处理步骤。B 级操作步骤的编号与 A 级对应一致。初期险情控制：切断泄漏点、初期火灾扑救、受伤、中毒人员救护、清点岗位人员等方面的操作步骤。工艺处置：物料倒空、泄压，可燃气体排入火炬管网、装置停车等工艺处置措施。设备处置：对相关设备、设施进行的安全处置措施。现场检测及疏散：现场检测、设立警戒区、疏散无关人员、告知周边单位采取必要措施。个体防护：个体防护器具佩戴、防爆工具及通信设备使用等措施。环境保护：关闭围堰排水阀门、利用现场围堰、防火堤等收集泄漏物料、启动环保三级防控体系等措施。

提示卡：操作步骤之间，可根据需要插入提示卡，说明操作过程中的应引起注意的操作事项。提示卡内容必须注意细化、量化，避免原则性提示。

9. 退守状态

应急处置完成后，列出装置达到相对安全的退守状态的确认条件。

（三）应急预案编制

应急预案编制的基本程序大致可以分为6个步骤，如图2-6所示。

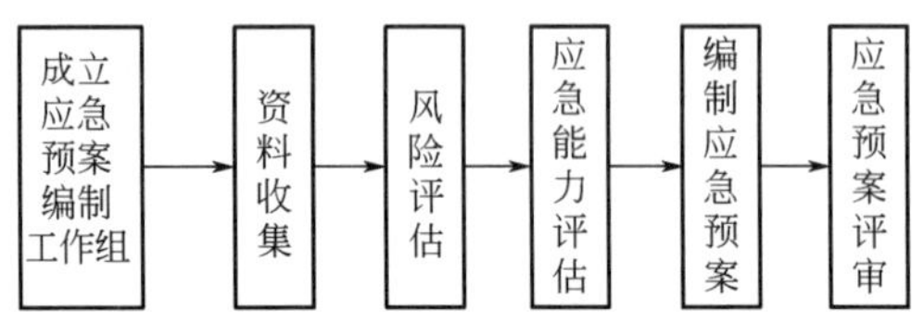

图2-6　应急预案编制基本程序

1. 成立应急预案编制工作组

生产经营单位应结合本单位部门职能和分工，成立以单位主要负责人（或分管负责人）为组长，单位相关部门人员参加的应急预案编制工作组，小组还要吸收有现场处置经验的人员参加。明确工作职责和任务分工，制订工作计划，组织开展应急预案编制工作。

2. 资料收集

编制工作组成立并授权职责后，应急预案编制小组的首要任务就是收集与预案编制工作相关的法律法规、技术标准、应急预案、国内外同行业企业事故资料，同时收集本单位安全生产相关技术资料、周边环境影响、应急资源等有关资料。

3. 风险评估

风险评估的主要内容包括：分析生产经营单位存在的危险因素，确定事故危险源；分析可能发生的事故类型及后果，并指出可能产生的次生、衍生事故；评估事故的危害程度和影响范围，提出风险防控措施。

4. 应急能力评估

在全面调查和客观分析生产经营单位应急队伍、装备、物资等应急资源状况的基础上开展应急能力评估，并依据评估结果，明确应急救援的需求和不足，完善应急保障措施，为应急预案的编制奠定基础。

5. 编制应急预案

依据生产经营单位风险评估及应急能力评估结果，组织编制应急预案。应急预案编制应注重系统性和可操作性，做到与相关部门和单位应急预案相衔接。

应急预案的编制应当符合下列基本要求：

（1）有关法律、法规、规章和标准的规定；

（2）本地区、本部门、本单位的安全生产实际情况；

（3）本地区、本部门、本单位的危险性分析情况；

（4）应急组织和人员的职责分工明确，并有具体的落实措施；

（5）有明确、具体的应急程序和处置措施，并与其应急能力相适应；

（6）有明确的应急保障措施，满足本地区、本部门、本单位的应急工作需要；

（7）应急预案基本要素齐全、完整，应急预案附件提供的信息准确；

（8）应急预案内容与相关应急预案相互衔接。

以中国石油应急预案体系为例，应急预案之间的关系应为：集团公司总部侧重在危机管理，以及协调重特大突发事件的应急救援；企业侧重应急响应救援；基层单位重点是第一时间现场处置。

6. 应急预案评审

应急预案编制完成后，生产经营单位应组织评审。评审分为内部评审和外部评审，内部评审由生产经营单位主要负责人组织有关部门和人员进行。外部评审由生产经营单位组织外部有关专家和人员进行评审。应急预案评审合格后，由生产经营单位主要负责人（或分管负责人）签发实施，并进行备案管理。

应急预案编制牵头部门按照业务管理流程和应急工作职责等组织应急预案审核工作。审核可以邀请有关方面专家参加，审核的过程资料、审核结论应形成书面记录，并归档保存。应急预案审核重点应包括应急预案体系的完整性、应急预案的合规性、基本要素的完整性、风险评估与资源调查的准确性、组织机构与职责的适应性、响应程序的实用性、处置措施的可操作性等内容，同时兼顾预防措施、保障措施与联动机制的有效性，以及与相关预案的衔接情况等。应急预案评审重点对审核提出不符合项的整改情况进行跟踪，并对应急预案体系的完整性、支持文件以及有关预案之间的衔接关系等内容进行评审。涉及含硫油气井施工、炼油与化工生产装置、临近江河湖海危险化学品储存设施以及油气输送管道运营单位的应急预案评审，应根据实际情况邀请所在地政府，上级应急业务主管部门，相关企业、应急队伍等人员参加应急预案评审。

（四）应急预案发布

应急预案通过评审后，由本单位主要负责人签署，并以正式文件的形式发布实施。应急预案签发后，应及时发放到本单位有关部门、岗位和相关应

急救援队伍。同一作业区域内进行生产经营活动，相互签订安全生产管理协议的，应将相关应急预案告知对方。根据实际工作需要，将风险性质、影响范围和应急防范措施告知周边的其他单位、社区或有关人员。

（五）应急预案备案

生产经营单位应当在应急预案公布之日起20个工作日内，按照分级属地原则，向当地政府有关主管部门或安全生产监督管理部门备案。中国石油所属单位的应急预案报所在地的省、自治区、直辖市或者设区的市级人民政府主管的负有安全生产监督管理职责的部门备案，并抄送同级安全生产监督管理部门。

申报应急预案备案，应当提交下列材料：

（1）应急预案备案申报表。

（2）应急预案评审或者论证意见。

（3）应急预案文本及电子文档。

（4）风险评估结果和应急资源调查清单。

（六）应急预案修订

应急预案编制单位应当建立应急预案定期评估制度，对预案内容的针对性和实用性进行分析，并对应急预案是否需要修订做出结论。每三年进行一次应急预案评估。应急预案评估可以邀请相关专业机构或者有关专家、有实际应急救援工作经验的人员参加，必要时可以委托安全生产技术服务机构实施。

有下列情形之一的，应急预案应当及时修订并归档：

（1）依据的法律、法规、规章、标准及上位预案中的有关规定发生重大变化的。

（2）应急指挥机构及其职责发生调整的。

（3）面临的事故风险发生重大变化的。

（4）生产工艺和技术发生重大变化的。

（5）重要应急资源发生重大变化的。

（6）在应急演练和事故应急救援中发现问题需要修订的。

（7）由当地政府或上级主管部门提出要求修订的。

（8）预案中其他重要信息发生变化的。

应急预案修订涉及组织指挥体系与职责、应急处置程序、主要处置措施等内容变更的，修订工作应当参照应急预案编制程序进行，并按照有关应急预案报备程序重新备案。

四、应急培训

应急培训是指由相关部门在整个企业普及和宣传应急知识、组织应急培训及演练、提供应急管理专业教育，使员工采取有利于突发事件应对的行为。应急培训主要包括组织体系、整体设计、配套设施、信息化平台等，如图 2-7 所示。

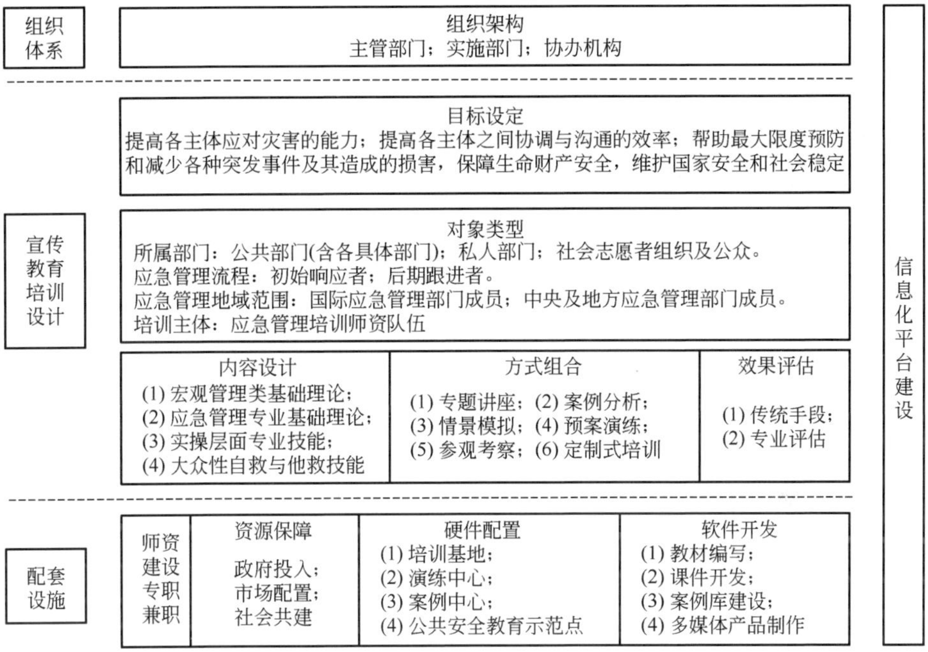

组织体系

组织架构
主管部门；实施部门；协办机构

宣传教育培训设计

目标设定
提高各主体应对灾害的能力；提高各主体之间协调与沟通的效率；帮助最大限度预防和减少各种突发事件及其造成的损害，保障生命财产安全，维护国家安全和社会稳定

对象类型
所属部门：公共部门(含各具体部门)；私人部门；社会志愿者组织及公众。
应急管理流程：初始响应者；后期跟进者。
应急管理地域范围：国际应急管理部门成员；中央及地方应急管理部门成员。
培训主体：应急管理培训师资队伍

内容设计	方式组合	效果评估
(1) 宏观管理类基础理论； (2) 应急管理专业基础理论； (3) 实操层面专业技能； (4) 大众性自救与他救技能	(1) 专题讲座；(2) 案例分析； (3) 情景模拟；(4) 预案演练； (5) 参观考察；(6) 定制式培训	(1) 传统手段； (2) 专业评估

配套设施

师资建设	资源保障	硬件配置	软件开发
专职 兼职	政府投入； 市场配置； 社会共建	(1) 培训基地； (2) 演练中心； (3) 案例中心； (4) 公共安全教育示范点	(1) 教材编写； (2) 课件开发； (3) 案例库建设； (4) 多媒体产品制作

信息化平台建设

图 2-7　应急培训体系架构图

（一）应急培训的对象及内容

应急培训应当有计划、分层次地开展全员应急培训，通过多种形式培训和针对性训练，提高全员的安全生产应急意识和应急能力。

1. 领导干部的培训

领导干部应急管理培训的重点是增强应急管理意识，掌握相关应急预案，提高安全生产事故应急管理、应急处置和应急指挥决策能力。各级安全生产监督管理部门要将安全生产应急管理内容列入安全培训计划，纳入领导干部安全生产培训课程，有计划地开展对本单位领导干部的培训。

2. 安全生产应急管理人员的培训

安全生产应急管理人员的培训是对应急管理全流程的培训，包括预防与准备、监测与预警、处置与救援、恢复与重建整个应急管理流程。要掌握各类安全生产应急预案和相关法律法规及应急救援相关知识和技能，提高应急管理工作水平，并有计划地开展对工作人员综合业务的培训，提高应急值守、信息报告、组织协调、预案管理和应急处置等方面的工作能力。

3. 生产经营单位其他管理人员的培训

生产经营单位管理人员培训的重点是增强事故防范意识，提高部门内及部门间的协同、互动与沟通，促使各方了解彼此的管理与工作机制，从而提高应急管理效率，掌握事故隐患辨识和应急预案编制方法，提高安全生产应急管理和重大事故应急处置能力。

4. 安全生产应急救援队伍的培训

安全生产应急救援队伍的培训重点是熟悉相关应急预案和事故发生的特点，熟练掌握事故隐患辨识和安全生产事故应急救援技能，具备系统化的应急管理专业技能，提高在不同情况下实施救援和协同处置的能力。

5. 基层从业人员的培训

通常企业对内部基层从业人员应急培训包括以下基本内容：工作环境危险因素分析；危险源和隐患辨识；本企业、本行业典型事故案例；事故报告流程；现场处置卡和应急操作卡；个人防灾避险、自救方法；紧急逃生疏散路线；初级卫生救护知识；劳动防护用品的使用和应急预案演练等。

（二）应急培训的渠道和方法

1. 大众媒体

通过广播、电视、互联网、手机短信、电话等媒体，以视频、图片、文字等多种形式生动形象、快速高效地向广大干部员工进行应急宣传教育培训，可以有效提高应急宣传教育培训的针对性和时效性。

2. 发放应急手册

通过发放应急手册的形式向广大干部员工提供应急管理常识、家庭应急常识、突发事件应对知识、灾后恢复重建知识、常用各类紧急呼救电话号码、常见安全标志、常用急救技能以及国家应急相关法律法规规定的公众责任、权利和义务等应急知识。

3. 建立应急培训基地

组织干部员工开展集中授课或在一个特定空间模拟仿真的情景中，亲身体验、模拟各类事故发生的过程，学习如何预防、自救和互救。

4. 宣传栏、展板、黑板报、LED 电子屏幕

在重点明显部位设立宣传栏、摆放展板、悬挂标语、应急标志，制作宣传海报，拍摄应急公益广告和应急知识短片，举办应急知识和技术展览等，不断提高干部员工的应急意识和安全意识。

5. 组织应急知识竞赛

通过竞赛活动，加深员工对应急管理知识和管理要求的学习、研讨、交流和宣传的力度。

6. 开展专题宣传活动

通过开展以应急预案、应急物资等内容为重点的主题月活动，积极开展应急知识宣传、应急教育培训工作，树立员工的安全意识和责任意识，培养良好的安全行为习惯，不断提高应急管理水平。

五、应急演练

应急演练是指针对事故情景，依据应急预案而模拟开展的预警行动、事故报告、指挥协调、现场处置等活动。

（一）应急演练的目的

（1）检验预案。发现应急预案中存在的问题，提高应急预案的科学性、实用性和可操作性。

（2）锻炼队伍。熟悉应急预案，提高应急人员在紧急情况下妥善处置事故的能力。

（3）磨合机制。完善应急管理相关部门、单位和人员的工作职责，提高协调配合能力。

（4）宣传教育。普及应急管理知识，提高参演和观摩人员风险防范意识和自救互救能力。

（5）完善准备。完善应急管理和应急处置技术，补充应急装备和物资，提高其适用性和可靠性。

（二）应急演练原则

（1）符合相关规定。按照国家相关法律、法规、标准及有关规定组织开展演练。

（2）切合企业实际。结合企业生产安全事故特点和可能发生的事故类型组织开展演练。

（3）注重能力提高。以提高指挥协调能力、应急处置能力为主要出发点组织开展演练。

（4）确保安全有序。在保证参演人员及设备设施的安全的条件下组织开展演练。

（三）应急演练的类型

应急演练可采用多种分类方法，即按照演练形式划分、演练内容划分、演练目的与作用划分。

1. 按演练形式划分

按演练形式，应急演练可分为桌面演练和现场演练。

桌面演练是指参演人员利用地图、沙盘、流程图、计算机模拟、会议等辅助手段，针对事先假定的演练情景，讨论和推演应急决策及现场处置的过程，从而促进相关人员掌握应急预案中所规定的职责和程序，提高指挥决策和协同配合能力。桌面演练通常在室内完成。

现场演练是指参演人员利用应急处置涉及的设备和物资，针对事先设置的突发事件情景及其后续的发展情景，通过实际决策、行动和操作，完成真实应急响应的过程，从而检验提高相关人员的临场组织指挥、队伍调动、应急处置技能和后期保障等应急能力。现场演练通常在特定场所完成。

2. 按演练内容划分

按演练内容，应急演练可分为单项演练和综合演练。

单项演练也称功能演练，是指涉及应急预案中特定应急响应功能或现场处置方案中一系列应急响应功能的演练活动。注重针对一个或少数几个参与单位（岗位）的特定环节和功能进行检验。

综合演练也称全面演练，是应急预案的最高层次的演练，是指涉及应急预案中多项或全部应急响应功能的演练活动。注重对多个环节和功能进行检验，特别是对不同单位之间应急机制和联合应对能力的检验。要求所有应急预案涉及的部门、人员、装备都要按照真实发生突发事件的情况到位，设计仿真的突发事件情景，甚至连伤病员、受灾群众也应进行仿真，按照应急预案的安排一丝不苟地执行。

3. 按演练目的与作用划分

按演练目的与作用，应急演练可分为检验性演练、示范性演练和研究性演练。

检验性演练是指为检验应急预案的可行性、应急准备的充分性、应急机制的协调性及相关人员的应急处置能力而组织的演练。

示范性演练是指为向观摩人员展示应急能力或提供示范教学，严格按照应急预案规定开展的表演性演练。

研究性演练是指为研究和解决突发事件应急处置的重点和难点问难，试验新方案、新技术、新装备而组织的演练。

不同类型的演练可以相互组合，也可以形成单项桌面演练、综合桌面演练、单项现场演练、综合现场演练、示范性单项演练、示范性综合演练。

（四）应急演练内容

1. 预警与报告

预警与报告是指根据事故情景，向相关部门或人员发出预警信息，并向有关部门和人员报告事故情况。

2. 指挥与协调

指挥与协调是指根据事故情景，成立应急指挥部，调集应急救援队伍和相关资源，开展应急救援行动。

3. 应急通信

应急通信是指根据事故情景，在应急救援相关部门或人员之间进行音频、视频信号或数据信息互通。

4. 事故监测

事故监测是指根据事故情景，对事故现场进行观察、分析或测定，确定事故严重程度、影响范围和变化趋势等。

5. 警戒与管制

警戒与管制是指根据事故情景，建立应急处置现场警戒区域，实行交通管制，维护现场秩序。

6. 疏散与安置

疏散与安置是指根据事故情景，对事故可能波及范围内的相关人员进行

疏散、转移和安置。

7. 医疗卫生

医疗卫生是指根据事故情景，调集医疗卫生专家和卫生应急队伍开展紧急医学救援，并开展卫生监测和防疫工作。

8. 现场处置

现场处置是指根据事故情景，按照相关应急预案和现场指挥部要求对事故现场进行控制和处理。

9. 社会沟通

社会沟通是指根据事故情景，召开新闻发布会或事故情况通报会，通报事故有关情况。

10. 后期处置

后期处置是指根据事故情景，应急处置结束后，所开展的事故损失评估、事故原因调查、事故现场清理和相关善后工作。

11. 其他

其他是指根据相关行业（领域）安全生产特点所包含的其他应急功能。

（五）综合演练组织与实施

1. 演练计划

演练计划应包括演练目的、类型（形式）、时间、地点，演练主要内容、参加单位和经费预算等。

2. 演练准备

演练准备主要包括成立演练组织机构、编制演练文件和演练工作保障，如图 2-8 所示。

1）成立演练组织机构

综合演练通常成立演练领导小组，下设策划组、执行组、保障组、评估组等专业工作组。根据演练规模大小，其组织机构可进行调整。

（1）领导小组负责演练活动筹备和实施过程中的组织领导工作，具体负责审定演练工作方案、演练工作经费、演练评估总结以及其他需要决定的重要事项等。

（2）策划组负责编制演练工作方案、演练脚本、演练安全保障方案或应急预案、宣传报道材料、工作总结和改进计划等。

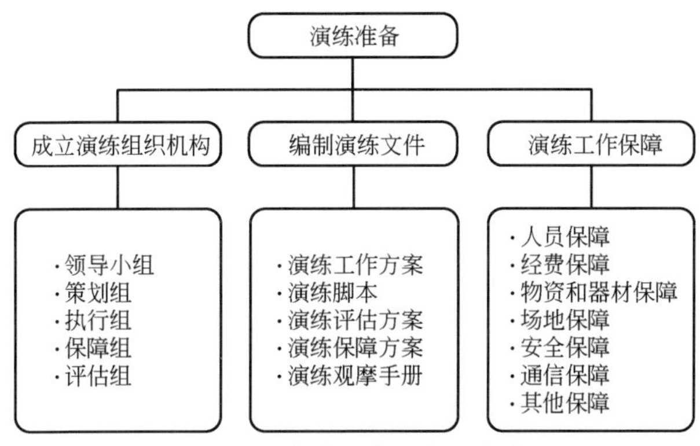

图 2-8　演练准备的主要内容

（3）执行组负责演练活动筹备及实施过程中与相关单位、工作组的联络和协调、事故情景布置、参演人员调度和演练进程控制等。

（4）保障组负责演练活动工作经费和后勤服务保障，确保演练安全保障方案或应急预案落实到位。

（5）评估组负责审定演练安全保障方案或应急预案，编制演练评估方案并实施，进行演练现场点评和总结评估，撰写演练评估报告。

2）编制演练文件

（1）演练工作方案内容主要包括：应急演练目的及要求；应急演练事故情景设计；应急演练规模及时间；参演单位和人员主要任务及职责；应急演练筹备工作内容；应急演练主要步骤；应急演练技术支撑及保障条件；应急演练评估与总结。

（2）演练脚本。根据需要，可编制演练脚本。演练脚本是应急演练工作方案具体操作实施的文件，帮助参演人员全面掌握演练进程和内容。演练脚本一般采用表格形式，主要内容包括：演练模拟事故情景；处置行动与执行人员；指令与对白、步骤及时间安排；视频背景与字幕；演练解说词等。

（3）演练评估方案通常包括：

演练信息：应急演练目的和目标、情景描述，应急行动与应对措施简介等。

评估内容：应急演练准备、应急演练组织与实施、应急演练效果等。

评估标准：应急演练各环节应达到的目标评判标准。

评估程序：演练评估工作主要步骤及任务分工。

附件：演练评估所需要用到的相关表格等。

（4）演练保障方案。针对应急演练活动可能发生的意外情况制订演练保

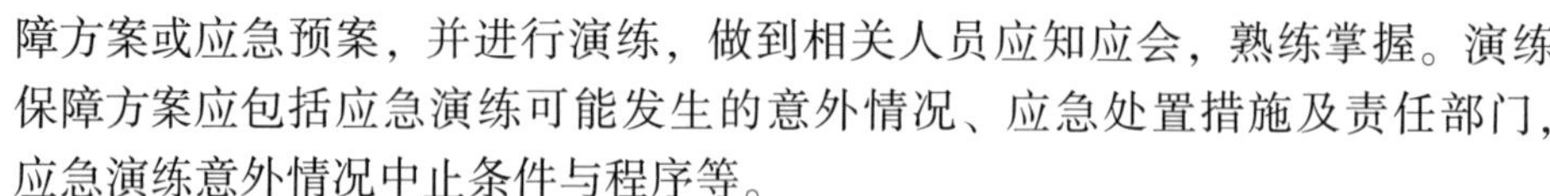

障方案或应急预案，并进行演练，做到相关人员应知应会，熟练掌握。演练保障方案应包括应急演练可能发生的意外情况、应急处置措施及责任部门，应急演练意外情况中止条件与程序等。

（5）演练观摩手册。根据演练规模和观摩需要，可编制演练观摩手册。演练观摩手册通常包括应急演练时间、地点、情景描述、主要环节及演练内容、安全注意事项等。

3）演练工作保障

（1）人员保障。按照演练方案和有关要求，策划、执行、保障、评估、参演等人员参加演练活动，必要时考虑替补人员。

（2）经费保障。根据演练工作需要，明确演练工作经费及承担单位。

（3）物资和器材保障。根据演练工作需要，明确各参演单位所准备的演练物资和器材等。

（4）场地保障。根据演练方式和内容，选择合适的演练场地。演练场地应满足演练活动需要，避免影响企业和公众正常生产、生活。

（5）安全保障。根据演练工作需要，采取必要安全防护措施，确保参演、观摩等人员以及生产运行系统安全。

（6）通信保障。根据演练工作需要，采用多种公用或专用通信系统，保证演练通信信息通畅。

（7）其他保障。根据演练工作需要，提供的其他保障措施。

3. 应急演练的实施

应急演练的实施步骤如图 2-9 所示。

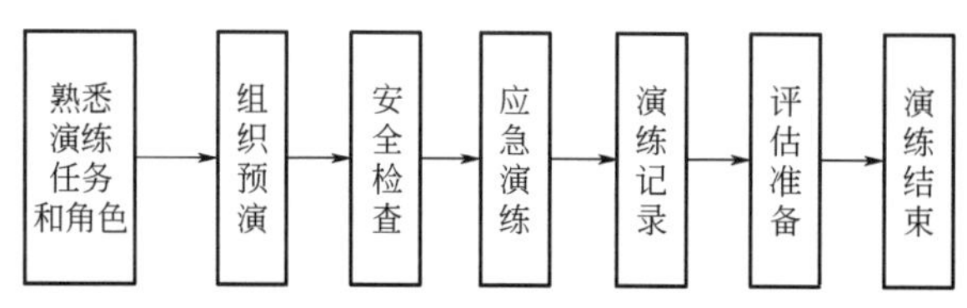

图 2-9　应急演练的实施流程图

1）熟悉演练任务和角色

组织各参演单位和参演人员熟悉各自参演任务和角色，并按照演练方案要求组织开展相应的演练准备工作。

2）组织预演

在综合应急演练前，演练组织单位或策划人员可按照演练方案或脚本组织桌面演练或合成预演，熟悉演练实施过程的各个环节。

3）安全检查

确认演练所需的工具、设备、设施、技术资料以及参演人员到位。对应急演练安全保障方案以及设备、设施进行检查确认，确保安全保障方案可行，所有设备、设施完好。

4）应急演练

应急演练总指挥下达演练开始指令后，参演单位和人员按照设定的事故情景，实施相应的应急响应行动，直至完成全部演练工作。演练实施过程中出现特殊或意外情况，演练总指挥可决定中止演练。

5）演练记录

演练实施过程中，安排专门人员采用文字、照片和音像等形式记录演练过程。

6）评估准备

演练评估人员根据演练事故情景设计以及具体分工，在演练现场实施过程中展开演练评估工作，记录演练中发现的问题或不足，收集演练评估需要的各种信息和资料。

7）演练结束

演练总指挥宣布演练结束，参演人员按预定方案集中进行现场讲评或者有序疏散。

（六）应急演练评估与总结

1. 应急演练评估

1）现场点评

应急演练结束后，在演练现场，评估人员或评估组负责人对演练中发现的问题、不足及取得的成效进行口头点评。

2）书面评估

评估人员针对演练中观察、记录以及收集的各种信息资料，依据评估标准对应急演练活动全过程进行科学分析和客观评价，并撰写书面评估报告。评估报告重点对演练活动的组织和实施、演练目标的实现、参演人员的表现以及演练中暴露的问题进行评估。

2. 应急演练总结

演练结束后，由演练组织单位根据演练记录、演练评估报告、应急预案、现场总结等材料，对演练进行全面总结，并形成演练书面总结报告。报告可对应急演练准备、策划等工作进行简要总结分析。参与单位也可对本单位的演练情况进行总结。演练总结报告的内容主要包括：演练基本概要；演练发

现的问题，取得的经验和教训；应急管理工作建议。

3. 演练资料归档与备案

（1）应急演练活动结束后，将应急演练工作方案以及应急演练评估、总结报告等文字资料，以及记录演练实施过程的相关图片、视频、音频等资料归档保存。

（2）对主管部门要求备案的应急演练资料，演练组织部门（单位）应将相关资料报主管部门备案。

（七）持续改进

1. 应急预案修订完善

根据演练评估报告中对应急预案的改进建议，由应急预案编制部门按程序对预案进行修订完善。

2. 应急管理工作改进

（1）应急演练结束后，组织应急演练的部门（单位）应根据应急演练评估报告、总结报告提出的问题和建议对应急管理工作（包括应急演练工作）进行持续改进。

（2）组织应急演练的部门（单位）应督促相关部门和人员，制订整改计划，明确整改目标，制定整改措施，落实整改资金，并应跟踪督查整改情况。

（八）中国石油应急演练要求

（1）生产经营单位应当制订本单位的应急预案演练计划，根据本单位的事故风险特点，每年至少组织一次综合应急预案演练或者专项应急预案演练，每半年至少组织一次现场处置方案演练。

（2）应急演练要求过程尽可能逼真，组织有序，通信畅通，决策果断，手段先进，要体现上下联动、快速反应的协调能力。

（3）应急演练情况应根据现场的基本情况设置，尽量与实际相符，并考虑突发情况。

（4）要求尽可能多的人员有机会参加应急演练，熟悉疏散的路线和各种指挥信号，减少事故发生时的恐惧心理。

（5）整个应急演练过程应有完整的记录，作为未来应急演练计划制订的参考资料。

总之，应急演练要重点与提高实战能力有机结合，与普及应急知识有机结合，与提高忧患意识和应急能力有机结合。

六、应急物资装备管理

（一）应急物资装备的定义

应急物资装备包括了突发事件的预防、救援、恢复等环节所需要的各种救援物资、应急设备和设施等。Q/SY 136—2012《生产作业现场应急物资配备选用指南》中将应急物资装备的定义为满足生产作业现场突发事件应急处置所配备的各类检测、警戒、洗消、破拆、救生、输转、堵漏、消防灭火、照明、通信广播等常规小型物资及器材，不包括大型应急救援设备。

（二）应急物资装备分类

为了有效管理应急物资装备，需要对其进行分类。应急物资装备的种类较多，主要分类方式有以下五种。

1. 按应急物资装备的使用范围分类

从使用范围和对象上应急物资装备可划分为三大类：一是保障生活的通用类基本物资，主要是指食品、饮用水、药品等；二是工作物资，主要是指应急处置过程中专业人员所使用的专业性应急处置物资，对某一专业队伍具有通用性；三是特殊物资，主要是指针对少数特殊事故处置所需特定的物资，这类物资储备数量少，针对性强，如发生疫情后需要专门的疫苗、药品，发生洪灾需要救生艇、救生衣等。

2. 按应急物资装备使用的紧急情况分类

按照应急物资装备使用的紧急情况，应急物资装备可划分为一般级、重要级和特别重要级。一般级物资是指有利于灾害救援，能够减轻灾害损失并且必要的物资，如环保处理、工程建设、工程设备类物资；重要级物资是指对减轻灾害损失，缩小灾情范围并对应急救灾工作能够发挥重要作用，非常必要且重要的物资，如救援运输、防护类物资；特别重要级物资是指对应急救灾工作的开展，挽救人民生命财产损失，稳定局势起着关键性作用，必须且极为重要的物资，如生命救助、生命支持、临时食宿类物资。

3. 按应急物资装备的用途分类

根据国家发展和改革委员会办公厅发布的《关于开展应急物资装备能力资源状况调查的通知》（发改办运行〔2004〕480 号），应急保障物资根据用途的不同又可细分为防护用品、生命求助、生命支持、求援运载、临时食宿、

污染清理、动力燃料、工程设备、器材工具、照明设备、通信广播、交通运输、工程材料等13类239种。

4. 按应急物资装备需求的诱因分类

应急物资装备的需求按照诱因可以分为自然灾害类、事故灾害类、公共卫生事件类、社会安全事件类应急物资装备等四种。

自然灾害类应急物资装备主要包括：水旱灾害、气象灾害、地震灾害、生物灾害等突发事件所需的应急物资装备。

事故灾害类应急物资装备主要包括：工、矿、商、贸等企业的安全生产事故、交通事故、危险化学品事故、公共设施和设备事故、环境污染事件等所需的应急物资装备。

公共卫生事件类应急物资装备主要包括：传染病、食品安全危害、动物疫情等事件所需的应急物资装备。

社会安全事件类应急物资装备主要包括：恐怖袭击、涉外突发事件和群体性事件等突发事件所需的应急物资装备。

5. 按突发事件事故处置类型分类

不同类型突发事件使用的应急物资装备不同，以危险化学品事故处置为例，应急救援物资包括用于处置的车辆和各类侦检、个体防护、警戒、通信、输转、堵漏、洗消、破拆、排烟照明、灭火、救生等物资及其他器材。某石化公司以消防气防、侦检、个体防护、污染控制、工程抢险、动力保障等6类物资为基本内容，建立了企业、分厂、车间三级应急物资装备储备系统。

（三）中国石油应急物资装备管理

1. 应急物资装备管理规章制度和标准规范

《中国石油天然气集团公司突发事件应急物资储备管理办法》（安全〔2010〕659号）对集团公司和各企业应急物资装备管理的职责、应急物资装备的购置和储备、应急物资装备的调拨与使用、监督与责任等方面进行了规定。同时还规定了应急物资装备管理的基本原则，即定点储存、统一标志、分级管理、专项使用。集团公司和企业应分别在每年的成本费用预算中设立突发事件应急专项资金，用于发生突发事件时购置应急物资装备等需要。

2. 应急物资装备储备网络系统

建立和健全区域特种应急物资装备、企业重点应急物资装备、二级单位和基层单位常规应急物资装备的四级分类分级储备系统，通过信息网络及时了解和掌握各级机构储备物资库存品种、数量和储备地点。同时，与企业所在省市、地区建立联系，以地方应急物资装备储备作为补充，形成完善的应急物资装备储备网络系统。

3. 应急物资装备储备系统

应急演练或突发事件应急救援与处置工作结束后，各成员单位应急办公室及时组织由相关部门专家组成的评估委员会，对应急物资装备储备应对事件处置的作用和效果进行评估，并总结经验，发现问题，研究提出改进措施，根据紧急动用储备物资情况，调整物资储备计划，及时补充及更新储备物资，恢复应对突发事件能力。

4. 应急物资装备标准化配备

Q/SY 136—2012《生产作业现场应急物资配备选用指南》，对生产作业现场应急物资装备配备给出一个参考性依据，重点考虑突发事件初期处置的应急物资装备配备要求。标准规定了油气生产、炼化生产和油气储运等主要作业场所应急物资装备的配备要求和管理维护。其适用于陆上油气生产、炼化生产、油气储运作业现场的一般突发事件初期应急处置的物资配备。

以炼化装置区、危险作业场所、特殊作业场所为例，应急物资装备配备数量见表 2-3、表 2-4 和表 2-5。

表 2-3　炼化装置区应急物资装备配备数量表

序号	种类	物资名称	单位	炼化装置应急物资装备配备数量				备注
				炼油	合成氨	尿素	丙烯腈	
1	安全防护	正压空气呼吸器	套	6	6	6	6	—
2		氧气呼吸器	套	—	1	1	1	—
3		化学防护服	套	—	2	—	2	—
4		隔热服(防热辐射)	套	4	2	2	2	—
5		隔热服(防高温液体喷溅)	套	4	2	2	2	—
6		过滤式防毒面具	个	6	6	6	6	—
7		长管呼吸器	个	2	2	2	2	—
8		洗眼液	瓶	6	6	6	6	—
9		缓降器	套	2	2	2	—	—
10		胶靴	套	5	5	5	10	—
11		耐油橡胶手套	副	5	5	5	5	—
12		防爆工具	套	2	2	2	2	—

续表

序号	种类	物资名称	单位	炼化装置应急物资装备配备数量				备注
				炼油	合成氨	尿素	丙烯腈	
13	检测器材	可燃气体检测仪	台	2	2	—	2	
14		硫化氢监测仪①	台	2	2	—	—	—
15		静电检测仪	台	2	1	1	1	—
16		氨浓度检测仪	台	—	2	—	2	—
17		红外测温仪	台	1	1	1	1	—
18	警戒器材	隔离警示带	m	500	500	500	500	—
19	报警设备	火警报警器	台	5	5	5	5	—
20		一氧化碳报警仪	台	—	5	5	5	—
21		HCN 报警仪	台	—	4	—	5	—
22	医疗器材	急救包	个	1	1	1	1	—
23	照明设备	防爆探照灯	具	2	2	2	2	—
24		防爆手电筒	个	2	2	2	2	—
25	通信设备	防爆对讲机	部	10	10	10	6	—
26	污染清理	吸油毡	kg	100	50	50	50	—
27		集污袋	个	50	50	50	50	—

注：在油气中有可能含 H_2S 的情况下配备。

表 2-4　危险作业场所应急物资装备配备数量

序号	种类	物资名称	单位	危险作业场所应急物资装备配备数量						备注
				高处作业	受限空间	工业动火	管线打开	挖掘作业	吊装作业	
1	安全防护	安全帽	个	5	5	5	5	5	5	—
2		安全带	副	2	—	—	—	—	—	钻修井钻机二层平台
3		紧急逃生索道	个	1	—	—	—	—	—	
4		紧急逃生滑道或逃生梯	个	1	—	—	—	—	—	距坠地点 2m 以上操作部位
5		正压空气呼吸器	套	—	2	—	—	—	—	—
6		长管式呼吸器	套	—	2	—	—	—	—	—

续表

序号	种类	物资名称	单位	危险作业场所应急物资装备配备数量						备注
				高处作业	受限空间	工业动火	管线打开	挖掘作业	吊装作业	
7	安全防护	救援三脚架	个	—	1	—	—	—	—	—
8		洗眼液	瓶	—	—	—	1	—	—	—
9		安全绳	条	2	2	—	—	—	—	—
10		速差防坠器	套	5	—	—	—	—	—	—
11		胶靴	套	5	5	5	5	5	5	—
12		防爆工具	套	—	—	1	1	—	—	—
13	检测器材	可燃气体检测仪	台	—	1	1	1	—	—	—
14		氧气浓度检测仪	台	—	1	1	—	—	—	—
15		硫化氢监测仪①	台	—	1	—	—	—	—	—
16		接地电阻测试仪	台	—	—	1	—	—	—	—
17	警戒器材	警示牌	个	4	4	4	4	4	4	—
18		警戒带	m	200	—	200	200	200	200	—
19		警戒旗	面	10	—	5~15	5~15	5~15	5~15	—
20	医疗器材	急救包	个	1	1	1	1	1	1	—
21		担架	副	1	1	1	1	1	1	—
22	照明设备	防爆探照灯	具	—	2	1	1	2	—	—
23		防爆手电筒	个	—	2	2	2	2	—	—
24	通信设备	防爆对讲机	部	2	2	2	2	2	2	—

注：在受限空间中有可能含 H_2S 的情况下配备。

表 2-5　特殊作业场所应急物资装备配备数量

序号	种类	物资名称	单位	特殊作业场所应急物资装备配备数量				备注
				油气集输处理储运		炼化装置		
				检修	抢修	检修	抢修	
1	安全防护	安全帽	个	5	5	5	5	—
2		正压空气呼吸器	套	2	2	10	10	—
3		过滤式防毒面具	个	2	10~20	10~20	10	—
4		洗眼液	瓶	4	8	9	4	—
5		胶靴	套	5	5	5	5	—
6		防爆工具	套	—	—	—	1	—

续表

序号	种类	物资名称	单位	特殊作业场所应急物资装备配备数量				备注
				油气集输处理储运		炼化装置		
				检修	抢修	检修	抢修	
7	检测器材	可燃气体检测仪	台	1	2	2	1	—
8		氧气浓度检测仪	台	1	2	2	1	—
9		硫化氢监测仪①	台	1	—	1	1	—
10		氨浓度检测仪	台	—	—	1	1	—
11	医疗器材	急救包	个	1	1	1	1	—
12	照明设备	防爆探照灯	具	2	4	4	4	—
13	通信设备	防爆对讲机	部	2	2	2	2	—

注：在油气中有可能含 H_2S 的情况下配备。

5. 应急物资装备的日常管理和维护

（1）应急物资装备实行按标准定量管理，根据物资消耗情况，及时补充储备，确保应急物资装备品种和数量符合预案要求。应急物资装备储备数量的依据：按照突发事件应急预案要求的种类、数量进行储备，在同级预案中，不同预案所需同一应急物资装备的，按照不低于单项预案所需的最大量配备。

（2）应急物资装备应为功能正常、有效、保持完好，随时处于备战状态；现场不得配备、使用超过标校期的应急物资装备；物资若有损坏或影响安全使用的，应及时修理、更换或报废。应急物资装备只能在发生突发事件、举行应急演练和危险场所作业的情况下使用。

（3）应急物资装备库房的管理要求，即应避光、通风良好，应有防火、防盗、防潮、防鼠、防污染等措施。储存的应急物资装备的标签要求和存放要求：应标明品名、规格、产地、编号、数量、质量、生产日期、入库时间等，具有使用期限要求的物资应标明有效期；分类存放，码放整齐，留有通道，严禁接触酸、碱、油脂、氧化剂和有机溶剂等。

（4）在生产作业现场，应急物资装备应存放在易于取用的地点，专人保管。生产作业现场应建立应急物资装备的有关制度和记录，包括但不限于：物资清单及使用说明书；物资采购制度；物资储存和保管制度；物资使用和验收管理制度；物资测试检修制度；物资调用和使用记录；物资检查维护、保管保养记录；物资报废及更新记录。

（5）应急物资装备的使用人员，应接受相应的培训和考核，熟悉与本岗位相关的各种应急物资装备的用途、技术性能及有关使用说明资料，并遵守操作规程。

第二节　监测与预警

应急监测与预警是根据应对突发事件的经验、教训、过去积累和现实的有关数据、情报和资料，运用逻辑推理和科学预测的方法与技术，对突发事件出现的约束条件、未来发展趋势和演变规律等做出的科学估计与推断，对突发事件发生的可能性及其危害程度进行的估量和发布，从而及时提醒员工做好准备、改进工作、规避危险、减少损失。

一、应急监测

应急监测是通过科学的方法，收集重大危险源、危险区域、关键基础设施等的空间分布、运行状况以及环境特点等有关信息，对可能引起突发事件的各种因素进行严密的监测，搜集有关风险和突发事件的资料，及时掌握风险和突发事件变化的第一手信息，为科学预警和及时采取有效措施提供重要信息基础。

应急监测的目标是加强对各类突发事件发生、发展及衍生规律的掌控和研究，完善监测预警网络，提高综合监测和预警水平，确保风险隐患早发现、早报告、早处置、早解决。

（一）应急监测的分类

（1）按监测手段划分：包括定量的和定性的监测。定量监测是通过对突发事件和承载体的各种参数和环境参数进行观察、测量、记录，并对采集的数据进行分析，评估监测对象的风险水平，例如，可燃和有毒气体浓度、氧含量、污染物浓度、压力、温度、液位等属于定量监测；而突发事件的发展态势、网络和群众舆论预警等一般属于定性监测。

（2）按监测形式划分：可以是离散事件，也可以是连续事件，可以采用随机抽取的方式进行监测，也可以是连续监测。

（3）按技术方法划分：包括传统群众监测和科学技术专业监测。传统群众监测是发动广大员工，采用简单的设备，通过观测直接参与潜在突发事件监测的监测方法，例如，员工利用便携式可燃气报警仪进行不间断巡检；科学技术专业监测是利用遥感技术、地理信息系统、全球定位系统、视频、无线、卫星等现代高新技术，对风险源的安全状况进行实时测量和监控，快速采集数字化或者非数字化的信息。

（二）应急监测建设

（1）构建应急监测网络。应急监测网络包括专业监测网络和综合性监测网络。根据各种不同突发事件的种类和特点，建立健全基础信息数据库，完善监测网络，划分监测区域，确定监测点，明确监测项目，加大监测设施、设备建设，配备专职或者兼职的监测人员，对可能发生的突发事件进行监测。

（2）完善应急监控系统。运用现代安全管理理论和现代科技手段，通过现场实时监测与移动监控系统，对重大危险源、危险区域进行实时监控或远程监视、预警和控制，定期进行检查维护，确保监控系统监测数据真实、可靠，预防重大事故的发生，确保安全生产。

（3）健全应急监测机制。建立应急监测队伍，选调责任心强、熟悉监测知识的人员负责应急监测工作，明确职责分工，做好监测数据记录和分析工作，加强应急值班值守工作，定期开展审核与检查，严格进行考核奖惩，召开专题会议，分析研究安全生产形势，确保应急监测工作落到实处。

二、应急预警

应急预警是指根据突发事件过去和现在的一些数据、情报、资料等，运用逻辑推理和科学预测的方法和技术，对某些突发事件现象征兆信息度量的某种状态偏离预警线的强弱程度，对未来可能出现的风险因素、发展趋势和演变规律等做出估计与推断，并发出确切的警示信号或信息，使员工或公众提前了解事态发展的趋势，以便及时采取应对策略，防止或消除不利后果的一系列活动。

（一）应急预警的分级

应急预警分级是根据有关突发事件的预测信息和风险评估结果，依据突发事件可能造成的危害程度、紧急程度和发展态势，确定预警级别，标示预警颜色，并发布相关信息。《突发事件应对法》第四十二条规定：“可以预警的自然灾害、事故灾难和公共卫生事件的预警级别，按照突发事件发生的紧急程度、发展态势和可能造成的危害程度分一级、二级、三级和四级，分别用红色、橙色、黄色和蓝色标示，一级为最高级别。预警级别的划分标准由国务院或者国务院确定的部门制定。”在总体预案中，采用一致的预警分级方法。预警分级综合考虑事故发生的概率及可能造成的后果，对事件的严重程度进行评价和分级。一般预警分级方法主要以人、财、物的损失来进行判断，采用各部门独立预警的模式。突发事件具有不可预测性，当紧急情势发生转变时，应对行为应当实时做出调整并让广大员工和周围居民知晓。

（二）应急预警的流程

应急预警的主要流程如图 2-10 所示。

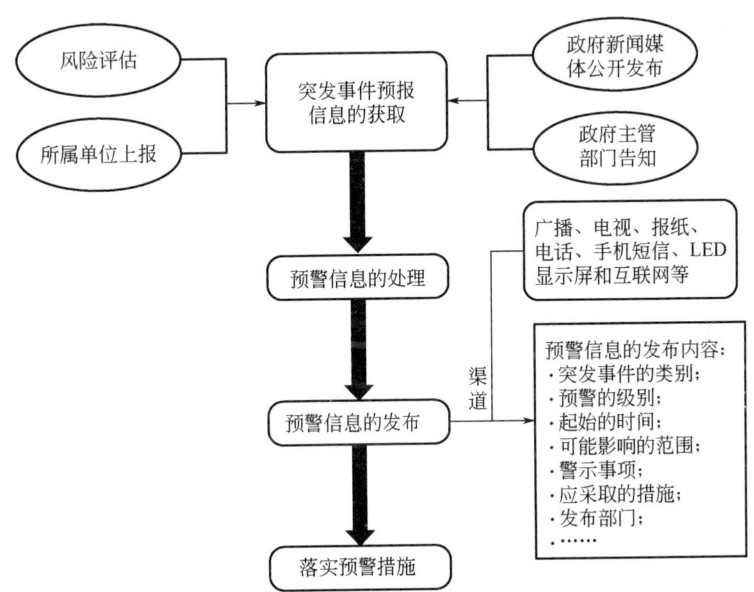

图 2-10　应急预警的流程图

1. 突发事件预报信息的获取

应急指挥中心和各职能部门获取突发事件预报信息的主要途径包括：经风险评估得出的可能发生的重特大突发事件信息；所属单位上报的预警信息；通过政府新闻媒体公开发布的预警信息；政府主管部门向公司告知的预报信息。

2. 预警信息的处理

在各部门与各专业专家的参与下，根据特定的预警现象收集相关信息，对收集的全部信息进行多次分析研究，完成筛选工作之后进行评价，来确定这些信息项的实际重要性。在确定信息的准确性与重要性后，会同有关专家，根据经验和理论来确定预警指标的临界值。根据综合研判结果，结合预警级别划分标准，确定预警级别。

3. 预警信息的发布

根据即将或可能发生的突发事件的类型和特征，参照相关预案规定和预警级别，启动相应的预警信息发布流程。依据“属地管理为主、权责一致、接受上级领导统一指挥”三项原则，进一步明确预警警报的发布和授权机制。采用传统方法与科技方法相结合的手段，向相关工作人员和社会人员发出警报。规范预警信息的发布内容，如突发事件的类别、预警的级别、起始的时间、可能影响的范围、警示事项、应采取的措施和发布部门等。扩大预警发布的渠道，充分利用广播、电视、报纸、电话、手机短信、LED 显示屏和互联网等多种形式发布预警信息，确保全体员工第一时间掌握预警信息，使他们能提前采取有效防范措施。

4. 落实预警措施

根据风险评估和预警措施评估结果，结合分析风险隐患产生的主客观原因，有针对性地制定和落实切实可行的预警措施，提高预警措施的针对性、可行性、规范性和科学性。完善预警措施实施后的反馈和评估机制，适时对预警措施进行监督检查和评估，建立预警措施更新调整机制，根据措施的实际效果不断完善预防预警措施。

三、中国石油应急监测与预警相关要求

（1）对可能危及周边居民生命财产安全或产生次生环境损害的生产环节、关键设备设施、重大危险源等建立监视监测系统，对可能导致突发生产安全事件的异常状况进行重点监测，并保存监测记录。

（2）定期开展隐患排查，对于发现的重大生产安全事故隐患及高后果风险因素，应当及时组织开展隐患治理工作，加强事故防范措施，完善应急预案，做好应急监测预警。

（3）对可预警的炼化装置着火爆炸、储油罐区泄漏着火、长输管道火灾

爆炸、天然气储存设施和下游业务泄漏着火爆炸等突发生产安全事件，有毒有害介质泄漏等引发的次生灾害，以及政府发布预警的灾害信息等，及时发布相应级别警报，并做好沟通、上报及跟踪等后续工作。

（4）落实应急值班制度，接报信息后应当按照规定时限报送有关领导签批，落实领导批示，协调有关部门、单位开展应急准备，并做好事态跟踪工作和后续工作。

（5）建立新闻舆论监测机制，发生突发生产安全事件时，应当立即监测社会舆情和新闻媒体动态，及时上报有关情况，积极与当地政府沟通。

（6）根据突发生产安全事件应急需求建设应急通信系统，并加强日常运行管理与维护，确保应急状态下通信联络畅通。

（7）加强生产安全应急管理信息化工作，依托应急平台和HSE信息系统，持续完善生产安全应急模块功能，及时录入和维护应急预案、救援队伍、物资装备等基础信息，为突发生产安全事件应急提供及时、准确、有效的信息支持。

第三节 应急处置与救援

突发事件发生后，随即进入应急响应阶段，开展应急处置与救援，根据突发事件的严重程度，启动不同级别的应急预案。应急处置与救援的首要任务是进行有效处置，最大限度地减少损害，防止事态扩大和次生、衍生事件发生。应急处置与救援过程主要包括先期处置、快速评估、决策指挥、应急救援和信息发布等过程。

一、应急响应级别及升级

（一）应急响应分级

中国石油将应急响应分四级：Ⅰ级（集团公司级）、Ⅱ级（公司级）、Ⅲ（分厂级）、Ⅳ级（基层车间级）。

1. Ⅰ级（集团公司级）

凡符合下列情形之一的，为Ⅰ级（集团公司级）：

（1）造成或可能造成10人以上死亡（含失踪），或50人以上重伤（含中毒）。

（2）造成或可能造成5000万元以上直接经济损失。

（3）造成或可能造成大气、土壤、水环境重大及以上污染。

（4）引起国家领导人关注，或国务院、相关部委领导做出批示。

（5）引起人民日报社、新华社、中央电视台、中央人民广播电台等国内主流媒体，或法新社、路透社、美联社、合众社等境外重要媒体负面影响报道或评论。

2. Ⅱ级（公司级）

凡符合下列情形之一的，为Ⅱ级（公司级）：

（1）造成或可能造成3人以上10人以下死亡（含失踪），或10人以上50人以下重伤（含中毒）。

（2）造成或可能造成1000万元以上5000万元以下直接经济损失。

（3）造成或可能造成大气、土壤、水环境较大污染。

（4）引起省部级或集团公司领导关注，或省级政府部门领导做出批示。

（5）引起省级主流媒体负面影响报道或评论。

3. Ⅲ（分厂级）

凡符合下列情形之一的，为Ⅲ（分厂级）：

（1）造成或可能造成3人以下死亡（含失踪），或3人以上10人以下重伤（含中毒）。

（2）造成或可能造成500万元以上1000万元以下直接经济损失。

（3）造成或可能造成大气、土壤、水环境一般污染。

（4）引起地（市）级领导关注，或（地）市级政府部门领导做出批示。

（5）引起地（市）级主流媒体负面影响报道或评论。

4. Ⅳ级（基层车间级）

低于Ⅲ级指标的为Ⅳ级（基层车间级）。

（二）应急响应程序

（1）接警、报告和记录管理程序。

（2）应急机构启动程序。

（3）应急专家联系协调程序。

（4）突发事件信息发布、告知管理程序。

（5）应急响应后勤保障程序。

（6）主要负责人的应急程序。

（7）应急状态解除管理程序。

二、先期处置

先期处置是指在突发事件即将发生或刚发生后，有关部门对事件性质、规模等只能做出初步判断或还不能做出正确判定的情况下，对事件进行的早期应急控制或处置，并随时报告事态进展，最大限度地避免和控制事件恶化或升级的一系列决策与执行行动。

先期处置的主要任务包括启动现场处置预案、成立现场处置指挥机构、封闭现场、疏导交通、疏散人员、救治伤员、排除险情、控制事态发展、上报信息等。

（一）先期处置的原则

先期处置的原则为：统一现场指挥；根据事态性质决定处置方式；边处置、边报告。

（二）先期处置的工作内容

（1）在事件发生的第一时间，及时采取临时性的应急控制措施。强化属地管理为主、充分授权、及时决策的原则，提高现场应急指挥机构的就近决策与处置权，以保证突发事件能够得到及时有效的处置。

（2）在了解现状的基础上，明确救援内容与要素。先期处置队伍向有关部门和领导报告事态进展的内容、程序、方式、时限，必要时可越级报告。但事先应明确先期处置队伍向上级有关部门和领导请求支援以及上级有关部门和领导提供支援的条件、方式和内容。

（3）重视基层在突发事件先期处置中的作用。突发事件发生后，只有基层才能做到见事早、行动快，及时开展先期处置，才能为整个事件的成功处置赢得宝贵时间，将事件解决在初发阶段，控制事态扩大，避免造成更大的人员伤亡和财产损失。同时基层组织和人员可以积极配合上级、外部救援队伍开展处置工作，在现场取证、道路引领、后勤保障、维护秩序等方面充分发挥协助处置的作用。区域之间也要加强协作，相互援助，共同防灾救灾，防止灾情的衍生和扩散。

（4）注重媒体应对，提高舆论引导能力。先期处置的主体要善于与媒体打交道，强化舆论引导：一是充分尊重，要与媒体保持及时沟通与联系，让其参与其中，自觉接受监督；二是真诚面对，对事故采取实事求是的态度；三是正确引导，事故发生，要及时公布有关事件原因和救援进展等方面舆论关注的信息，主动引导舆论走向。

三、快速评估

应急处置和救援的快速评估是指在突发事件发生后的较短时间内，由有关部门和领导对特定问题进行快速调查，短时间内提供用于决策或者信息发布的多种信息以及在这些信息基础上做出的形势判断，注重实用、快速，为最终的决策提供支持。

（一）快速评估的内容

（1）评估突发事件损失和影响，为应急处置指挥决策提供信息服务。其内容主要包括突发事件影响范围、突发事件级别、事故灾情隐患、影响区域人员伤亡情况、直接经济损失、建筑物损失及疏散安置情况、影响区域基础设施损失情况、影响区域环境情况、影响区域次生或衍生灾害等。

（2）评估影响区域需求情况，为应急救援决策提供信息服务。其内容主要包括抢险救灾所需的人、财、物等资源情况、抢险救灾需求情况、影响区域人员对生活物资的需求情况、影响区域救援的医疗和防疫需求情况以及不同时期的突发事件后救助目标及需求情况等。

（二）快速评估的流程

（1）突发事件发生后，事发单位在第一时间内上报相关情况，并按照事件的类别和级别，根据相关应急预案，启动应急响应并成立应急指挥机构，开展先期处置工作，有关部门可以在还未接到上级指示之前就开展快速评估工作。

（2）应急指挥机构根据应急处置和救援中的决策信息需要，组织有关部门、单位和人员选择适当方法，开展快速评估工作。

（3）有关部门、单位和人员随时向应急指挥机构反馈快速评估的结果，并在规定时间内向应急指挥机构递交快速评估报告。

（4）应急指挥机构在综合研究判断各方面快速评估报告后，进行指挥决策。

（5）应急指挥机构可根据突发事件的事态发展适时开展多次快速评估活

动，直至突发事件结束。

四、决策指挥

决策指挥是指应急指挥者在对突发事件特定的原因、性质、时空特征、扩散态势、影响后果等进行快速评估的基础上，采用科学合理、及时有效的应急控制模式，对应急管理过程中的各种力量、各种活动进行时间上、空间上的安排与调整的过程。

（一）决策指挥的原则

决策指挥的原则为：统一领导，分级负责；以人为本，减少危害；依靠科技，专业处理；属地为主，先期处置；充分授权，及时决策；减少层级，沟通畅通。

（二）决策指挥的工作内容

1. 启动应急响应

针对不同级别和类型的突发事件，规范应急响应启动的组织机构和程序。严格执行应急响应启动程序，遇到特殊重大紧急情况应灵活妥善处理，以确保突发事件得到及时处理。建立应急响应后的跟踪评估机制，应急响应启动后，要继续关注事态的发展，及时做好后续应急工作。

2. 专业化现场指挥

根据“谁先到达谁先指挥，逐步移交指挥权”的原则建立和规范现场指挥权的交接方式和程序，迅速设立事件应急处置现场指挥部营地，指挥现场应急处置工作，确定应急救援的实施方案、警戒区域、安全措施，向上级部门和领导汇报事件有关情况，根据实际情况指挥救援队伍施救，负责对事态的监测与评估。

3. 资源调配

应急资源调配是应急决策指挥的重要内容，按照紧急调配的条件、程序和方法，及时有效调动人、财、物、通信、技术等各种资源，做到协调联动，提高资源调配的效率，根据灾情特点以及抢险救援需求在不同部门和单位之间实现应急救援资源的科学、有序、快速调度，为应急处置与救援提供重要保障。

4. 专家参与

紧急情况下，按照参与应急抢险救援的条件、方式和工作程序，应急管理专家根据客观实际，参照历史经验和未来预测结果，以自己的专业知识和各种信息为基础，对突发事件应对工作提供科学依据和可行方案，为指挥决策者做好咨询与辅助决策。

5. 临时救助安置

突发事件发生后，做好对于意外事故造成临时生活困难人员的吃饭、穿衣等基本生活的救助和生活场所安置工作，保证受灾人员衣食无忧，并适当给予一定的医疗救助金。

（三）决策指挥的工作流程

（1）建立现场指挥部，根据事件的类型和现场指挥要素，按照“减少层级、沟通畅通”原则组成现场指挥部。

（2）贯彻和落实处置与救援的战略部署，指挥机构到位、应急处置和救援人员进入事发现场，按照各自职责果断处置突发事件。主要工作包括：做好现场记录；确保上级领导与现场指挥部的联络畅通；突发事件现场处置工作结束后，及时汇总处置和救援工作的总体情况。

（3）现场应急处置救援结束后，撤销现场指挥部，完成决策指挥工作。

对于一般突发事件和较大突发事件，如果现场处理完毕，各种秩序恢复正常，可以确认处置结束；对于重大和特别重大突发事件，处置工作完成，次生、衍生事件被确认彻底消除，应该认定处置结束，可以结束决策指挥工作。

五、应急救援的主要流程

应急救援是指在紧急情况发生时，即发生火灾、爆炸和有毒物质泄漏等重大事故时，为及时营救人员、疏散撤离现场、减缓事故后果和控制灾情而采取的一系列抢救援助行动，其总目标是通过有效的应急救援行动，尽可能地降低事故的后果，包括人员伤亡、财产损失和环境破坏等。通常应急救援行动主要包括：

（1）确认突发事件地点、区域环境、事件类型、所需救援资源及是否需要紧急检测和评估。

（2）对应急人员采取防护性指导或提供保护性措施。

（3）组织人员、设备、物资、应急工具等救援力量，采取相应的措施，切断事件扩大的所有途径，控制事态进一步的发展。

（4）集合、查点、疏散现场人员，搜索和营救被困人员，对受伤人员紧急救护和转移。

（5）控制事件影响范围内交通要道，保持对受影响区域的控制和警戒。

（6）继续对突发事件状况进行监测和评估，若事件得到控制，由应急指挥中心确定是否进入应急恢复或终止程序。

六、中国石油应急处置与救援相关要求

（1）企业应当明确并落实生产现场带班人员、班组长和调度人员突发紧急状况下的直接处置权和指挥权。在发现直接危及人身安全的紧急情况时，应当立即下达停止作业指令、采取可能的应急措施或组织撤离作业场所。

（2）企业应当根据事故应急救援需要划定警戒区域，配合当地政府有关部门及时疏散和安置事故可能影响的周边居民和群众，劝离与救援无关的人员，对现场周边及有关区域实行交通疏导。必要时，应当对事故现场实行隔离保护，重要部位、危险区域应当实行专人值守。事发单位应当在不影响应急处置的前提下，采取有效措施保护事故现场，及时收集现场照片、监控录像、工艺设备运行参数、作业指令、班报表，以及应急处置过程等资料。任何人不得涂改、毁损或隐瞒事故有关资料。

（3）发生Ⅲ级并有可能引发Ⅱ级突发生产安全事件时，事发企业应急领导小组应当立即召开首次会议，成立现场应急指挥部。主要负责人或分管领导应当立即赶赴现场，组织开展应急抢险、救援等工作。现场应急指挥部是突发生产安全事件现场应急处置最高决策指挥机构，实行总指挥负责制；应当充分发挥专家组、企业现场管理人员、专业技术人员以及救援队伍指挥员的作用，实行科学决策；要在确保安全的前提下组织抢救遇险人员，控制危险源，封锁危险场所，杜绝盲目施救，防止事态扩大；应当依法依规及时、如实地向当地安全生产监管监察部门和负有安全生产监督管理职责的有关部门报告事故情况，不得瞒报、谎报、迟报、漏报。现场应急指挥部会议、重大决策事项等应当指定专人记录，指挥命令、会议纪要和图纸资料等应当妥善保存。当地方人民政府或上级组织开展现场应急救援时，现场应急指挥部应当接受地方人民政府或上级组织的统一指挥，并持续做好应急处置工作。

（4）企业具有为其他企业及社会公众提供应急救援的义务。有关单位、各类安全生产应急救援队伍接到地方人民政府应急救援指令或有关企业请求

后，应当及时响应参加事故救援，并按照业务权限向上级主管部门报告有关情况。

(5) 现场应急处置工作完成后，经现场应急指挥部确认引发事故的风险已经排除，按照程序终止应急处置与救援工作。

第四节　事后恢复与重建

恢复与重建是指在突发事件发生后，为保障企业正常的生产经营活动，修复各类受损的设备设施，安抚救助受害人员，改善被污染和影响的环境，恢复正常的生活、生产秩序而采取的相关措施，以及对突发事件相关部门、人员的奖励和责任追究。恢复与重建是突发事件应急处置与救援之后，消除突发事件所造成破坏和负面影响的必要工作。

一、恢复与重建的原则

（一）以人为本

恢复与重建的核心是帮助受突发事件影响人员。因此，必须关爱受影响区域人员的生命健康和安全，恢复与重建过程中要注重受影响人员的感受、参与和最终评价。

（二）及时高效

突发事件发生后，恢复与重建工作就已经进入议程，因此有必要根据需要随时开展相应的恢复工作，特别是受影响区域生产和生活秩序、受影响区域人员的生活保障和救助，以及水、电、气、热等公用工程的运行等，对其恢复与重建效率的要求高于常规性建设。

（三）统筹协调，科学规划

重大及以上级别的突发事件的恢复与重建工作通常会涉及多个领域、多个单位和部门，难免出现多个目标间侧重点不同的矛盾，因此需要格外重视统筹协调工作，需要全面通盘考虑区域内生活、生产和发展的需要，必须坚持在科学规划的指导下进行，通过规划的合理布局，确保重建的科学性、规范性。

（四）突出重点，分类指导

突发事件后的恢复与重建工作涉及面广、影响范围大，因此短期内不可能完全包揽突发事件后恢复与重建的所有工作，必须将工作重心放在那些在恢复与重建中关键性、标志性、支柱性的重点对象上，对这些重点对象实施重点协调。而对于量大面广的恢复与重建内容，则更多通过制定符合实际、具有导向性的相关方案，根据不同恢复与重建内容的特点，提出有针对性的措施，分类指导推动恢复与重建工作的开展。

（五）因地制宜，属地为主

恢复与重建既需要宏观的整体规划，还必须结合受影响区域的实际情况和特点，因地制宜地开展恢复与重建工作，具体实施中要制定符合自身特点的详细规划和工作方案，上级部门和政府主要发挥宏观协调和支援协助作用。

（六）立足自救，多方帮扶

恢复与重建的基础是受影响区域的自助自救，同时应充分发挥政府机构、企事业单位、保险机构、社会组织、慈善机构、志愿者等各类组织和群众的作用，动员多方面资源，协同开展恢复与重建工作。

（七）公开公正，依法监督

恢复与重建所需要的物资和资金应由专门的部门和人员进行负责，做到专款专用，并自觉接受监督，确保恢复与重建工作做到公开公正、合法合情，对于违法挪用物资和资金的人员和部门，要依法给予相应的责任追究和法律严惩。

二、恢复与重建的主要内容

恢复与重建工作主要包括建立恢复重建组织机构、防止次生（衍生）事件发生、安抚救助受害人员、损失状况评估、事故调查与责任追究、恢复生产等内容。恢复与重建的流程如图 2-11 所示。

（一）建立恢复与重建组织机构

恢复与重建工作较为复杂，特别是重大及以上突发事件后的恢复与重建工作更加繁重，有必要根据突发事件灾情状况和恢复重建需求，成立相应层级的恢复与重建组织体系，负责统筹协调、组织和实施恢复与重建的所有工

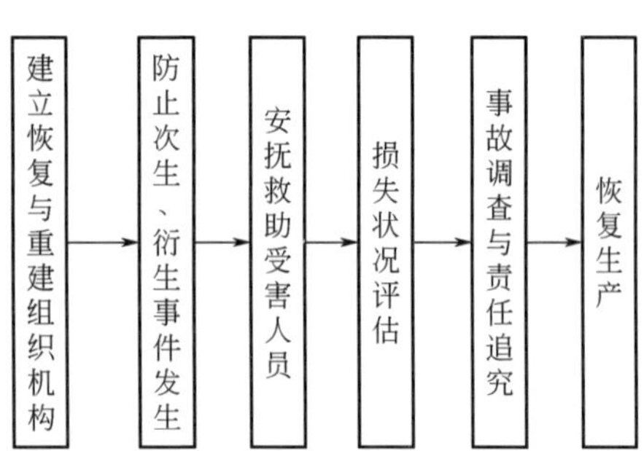

图 2-11 恢复与重建流程图

作。恢复与重建组织机构的工作内容主要包括做好总体规划、明确职责分工和工作目标、制订工作计划、协调资源配置、开展监督检查等。

（二）防止次生（衍生）事件发生

恢复与重建工作在停止执行应急处置措施之后开展，虽然突发事件的威胁和危害在一定程度上已经得到了控制或消除，但是仍然潜在着出现次生（衍生）事件或者重新引发社会公共安全事件的可能性，因此恢复与重建过程中依然需要采取或者继续实施有关措施，防止次生（衍生）事件的发生。

（三）安抚救助受害人员

突发事件发生后对于受影响的人员，要按照正常化、协同化、个性化原则，依靠学科理论技术，区分重点人群，尊重当地文化背景，分阶段开展适当、适时的心理援助，以最大限度地减少他们心理造成的伤害，使之尽快摆脱困难或尽量减轻痛苦。同时，要按照科学的测算标准，充分利用社会捐助、保险理赔等方式有重点、有针对性地对在灾难中受到影响的人员提供衣、食、住、行、医疗等基本生活资料以及资金补偿，最大限度地降低突发事件对人员造成的影响和伤害，并采取专项管理、定期审计、民主监督方式，严格控制救助补偿资金和物资的使用范围和途径。

（四）损失状况评估

恢复与重建组织机构应该委派相关专业小组在不干扰事故调查的情况下，尽快开展事故造成损失情况的评估工作。损失评估小组可使用损失评估检查表的方式来检查受影响区域，将受影响区域的重要设备设施、电水气热供能系统、报警装置、通信设备、消防应急设备等列入检查表中，描述设备的损坏程度、建议修复的措施、计划完成时间及负责人；损失评估完成后，应开会查对这些项目，损坏的设备应该放置在安全存放区或进行合适处置，在进行设备处理前，应确保事故调查组已对设备的查验并记录归档。

（五）事故调查与责任追究

事故调查的主要内容包括突发事件发生的经过、直接和间接原因、人员伤亡情况、直接经济损失等，也包括突发事件事前、事发、事中、事后全过程的应对和处置工作。事故调查主要目的主要体现在两个方面：一是突发事件定性、责任认定和损失补偿；二是不断改进应急处置的各个环节，包括预案设计、组织体制、程序流程、监测预警、善后措施、保障准备以及其他相关工作。事故调查小组要制订事故调查计划，明确职责分工，认真把握各个细节，通过资料查阅、人员访谈、现场勘查等方式，得出事故调查结论和建议并形成事故调查报告，为责任追究提供参考依据。在事故调查之后，要坚持分级追究、公开透明、适用性的原则，严肃相关人员的责任追究，通过责任追究的形式对领导干部和工作人员进行负向激励，避免他们再次犯同样的失误和错误，以真正提高应急管理的能力和水平。

（六）恢复生产

损失评估已完成、事故原因已查清后，即应开始确定恢复与重建的方式和规模。恢复生产前期相关人员应确定相关档案资料、档案的存放工作，包括设备的抢救和保存状况、修理状况、动土工程的实施状况、废墟清理工作等。恢复与重建组织机构应确定重建的日程表和造价，雇佣承包人或分配人员实施恢复重建工作，确定计划、图纸和签约标准等，逐步完成装置建设、工艺技术参数调试、试生产、正式投入生产等工作。

第三章　典型应急处置方法

炼化企业具有生产装置大型化、生产设备集中化、生产过程连续性、工艺过程和辅助系统庞大、自动化程度高、危险性大的特点。另外，其整个工艺加工流程也存在高温、高压、易燃、易爆、有毒、有害、有腐蚀。生产过程中一旦出现操作条件发生变化、工艺过程受到干扰、人为操作失误、设备出现故障等不利因素导致泄漏之后，一旦处理不到位，极易发生着火爆炸事故。

第一节　炼化生产的风险和应急处置原则

一、炼化生产的风险及后果分析

（一）工艺装置大型化导致的风险

（1）装置原料、产品、罐区储存物构成重大危险源。

（2）生产相互依赖、相互制约，一套装置的产品可能是另一套装置的原料，一套装置的异常势必影响相关装置。

（3）中间储存设备的减少导致操作弹性减小，出现异常状态，退守到安全状态控制难度增加。

（二）工艺存在的风险

炼化企业生产工艺条件苛刻，常采用高温、高压、深冷、真空等工艺，苛刻的工艺：一是要求设备具备更高的本质安全可靠性，如蒸汽裂解的裂解管壁温度超过900℃，高压聚乙烯压缩机出口压力为350MPa，装置生产异常时，工艺参数的波动极易超出设备的负荷极限发生事故；二是要求控制参数的精确度高，如加氢精制反应，它是放热反应，提温必须按照操作卡执行，若温度失控极易产生催化剂严重结焦，甚至着火爆炸；三是高温、高压、深冷、真空等工艺要求所带来的风险。

（1）高温工艺：一是高温工艺必然需要热源，但对于炼化企业而言，热源又是一个危险源，跑、冒、滴、漏的物料与热源接触，那就可能发生火灾事故；二是如果物料需要高温参数控制，那么该物料的压力必定也较高，一旦泄漏，不管是重组分物料还是轻组分物料都会发生着火或爆炸事故；三是对于加工高凝点物料的工艺流程，失去热源会使物料变得黏稠或凝固，卡住搅拌设备或堵塞设备及管线。

（2）高压工艺：高压设备中物料泄漏基本不需要其他点火能，物料在高压泄漏时摩擦静电就足以使物料发生着火或者爆炸。

（3）深冷工艺：冷却介质中断会造成系统积热，导致系统温度、压力剧增，引起爆炸。另外，工艺处理时，操作工防护不当也存在冻伤的风险。

（4）真空工艺：一是装置异常容易导致高压串低压的可能；二是存在外界空气进入设备内部的风险，进而形成爆炸性混合物。

（三）物料存在的风险

炼化企业生产所需要的原料、辅料、中间体和生产的产品种类繁多，同时这些物料绝大部分为易燃、易爆、有毒有害（图 3-1）、具有腐蚀性（图 3-2）、窒息性的危险化学品。

图 3-1　现场硫化氢高报

（1）易燃易爆：可燃物料泄漏遇火源着火爆炸；泄漏物料操作温度超过自燃点发生着火爆炸；泄漏物料与空气、水等发生反应着火爆炸；高压物料泄漏摩擦产生静电着火爆炸。

事故案例：1977 年 8 月 25 日 17：20，某石化总厂重整装置进行停工吹扫，在距离有明火的加热炉 F-202 仅 10m 远的换热器 E-204 法兰外排空，发

图 3-2　腐蚀致管线泄漏

生火灾，当场有两名仪表工在换热器 E-204 顶管架上检查仪表线路，来不及离开现场，被烧伤，后经抢救无效死亡。

（2）毒害性：炼化装置储存或使用的物料、三剂几乎都具有程度不同的毒性，一旦发生泄漏，操作人员防护不当易导致人员通过呼吸道、食道、皮肤途径急性或慢性中毒。

事故案例：2002 年 8 月，某石化公司决定对炼油厂 1998 年停产的旧烷基化装置进行拆除。在处理废酸沉降槽（容-7）内残存的反应产物过程中，因该沉降槽抽出线已拆除，无法将物料回抽处理，因此由装置所在分厂向公司生产处报告，申请联系收油单位对槽内的残留反应产物进行回收。2002 年 8 月 27 日 15：00 左右，烷基化车间主任张某带领车间管理工程师程某、安全员锁某，协助污油回收队装车。从废酸沉降槽（容-7）人孔处用蒸汽往复泵不上量，张某等三人决定从废酸沉降槽（容-7）底部抽油。在废酸沉降槽（容-7）放空管线试通过程中，违反含硫污水系统严禁排放废酸性物料的规定，利用地下风压罐的顶部放空线将废酸沉降槽中的部分酸性废油排入含硫污水系统。酸性废油中的硫酸与含硫污水中的硫化钠反应产生了高浓度硫化氢气体，硫化氢气体通过与含硫污水系统相连的观察井口溢出。

8 月 27 日 17：10，在该石化公司炼油厂北围墙外环形东路长约 40m 范围内，有行人和机动车司机共 50 人出现中毒现象。17：15，医院急救车到达现场将受伤人员送往医院抢救。其中 4 名受伤人员在送往医院途中死亡，1 名受伤人员于 9 月 1 日经抢救无效死亡，45 人不同程度中毒，经济损失达 250 多万元。

（3）腐蚀性：储存或使用的强酸、强碱、磷、氢氟酸等化学物质会对裸露的皮肤、眼结膜、眼角膜造成化学灼伤。

（4）窒息性：主料或辅料泄漏导致空间氧含量不足19.5%，在其范围操作会导致窒息。

事故案例（图3-3）：某石化公司炼油厂VRDS装置B系列反应器R-1321自4月18日开始更换催化剂，于4月24日填装完。4月26日某石化检修公司工程二处铆工二班装完上层塔盘。4月27日9：25由检修指挥部联合质量检查组进入R-1321上层塔盘，对泡罩高度进行抽检约20min，并提出整改问题。27日14：00铆工二班潘某先进入反应器内作业，感到有点闷，出来稍休息1～2min后便与班长范某同时进入反应器内。约14：10，器外监护人冯某发现范、潘二人趴在器内塔盘上，呼唤无回音，冯立即喊人救护。救出后立即对其二人进行人工呼吸。潘某很快呼吸正常，而范某被送往医院，抢救无效于当天死亡。事故原因：阀门没关严，窜入氮气。

图3-3 受限空间作业窒息事故

二、通用应急处置原则

（1）安全受控、做好防护、救人优先、强化环保。

（2）坚持先控制，后处置原则。

（3）严格遵守工艺参数平稳操作，控制异常，退守安全状态。

（4）各岗位密切配合、上下游联动。

（5）疏散无关人员，快速急救，上风进，上风撤。

（6）坚持冷却稀释、与工艺配合相结合防止着火爆炸。

（7）坚持快速高效，力争将事故控制在较小的范围内。

（8）坚持利用现有装备，避免不必要的人员伤亡和中毒事故。

第二节　生产异常应急处置

炼油化工生产异常主要是指造成生产运行系统延迟（循环）或将导致停工的状况。

生产异常按风险管理角度大致可分为六类：停风、停电、停水、停蒸汽、DCS死机、物料中断及物料组成变化。

一、生产异常应急处置原则

（一）上下联动，及时沟通

炼化企业装置都是成套、成系统的，没有孤立存在的装置，那么上游装置的波动肯定会影响下游装置，下游装置必然影响上游或子一级装置。所以一套装置出现异常，在正常处理的过程中应及时与相关装置联系沟通，减小影响，保证平稳安全。

（二）保持“热平衡”

（1）虽提高热量会促进化学反应，但化学反应工艺流程却必须控制反应速度，尤其是放热反应，如果不能及时减少生热的产生或移除热量，则会导致飞温。

事故案例：某加氢裂化装置在开工硫化过程中发生了飞温现象。在180℃条件下，反应系统注硫后初期温升不明显。在注硫一个多小时后才出现明显温升，并在注硫2h后突然发生飞温，在2min内精制反应器床层总温升最高达87℃，床层最高温度达270℃，已超过了催化剂还原的警戒温度230℃。紧急降注硫量并向床层打入急冷氢后才控制住温升。

（2）工艺流程中存在大量的能量交换设备，一旦温差大幅度增加，极易导致设备密封端出现泄漏（图3-4、图3-5）。

（3）对于蒸馏、精馏工艺过程，热的失衡会导致操作紊乱，进一步致使淹塔、空塔，出现超压或负压操作塔真空泵喷物料。

图 3-4　温差波动泄漏

图 3-5　泄漏浮头

（4）对于凝点高的物料失去热源会变得黏稠或凝固，卡住搅拌设备或堵塞设备及管线。

（三）保持“物料平衡”

（1）塔异常状态操作时必须控制物料的平衡，否则塔的稳定状态破坏，会出现淹塔、空塔，导致超压或负压操作塔真空泵喷物料等危险状况。

（2）大多数反应应控制在一定的空速比、氢油比下进行，空速比、氢油比超范围波动会发生副反应加剧，引起超温、催化剂结焦或结胶等现象。

(3) 对于锅炉等设备，当载热介质水中断时，如操作不及时或失误，极易发生锅炉爆炸事故。

(四) 控制压力

装置出现异常时，具有反应系统的工艺装置必须采取降压工艺处理，精馏塔、稳定塔等减少或直至停止再沸热量，降低塔压控制。各类中间储罐也应保持较低液位、低压运行。例如加氢装置，如果出现突发事故，发展非常迅速，应在最短的时间内摸清事故原因并及时处理，避免事故进一步扩大，如果飞温得不到有效控制就必须立即启动紧急放空系统，将压力一泄到底，降低系统压力和温度。

二、生产异常应急处置程序

生产发生异常时，应遵循处置程序进行处置（图 3-6）。

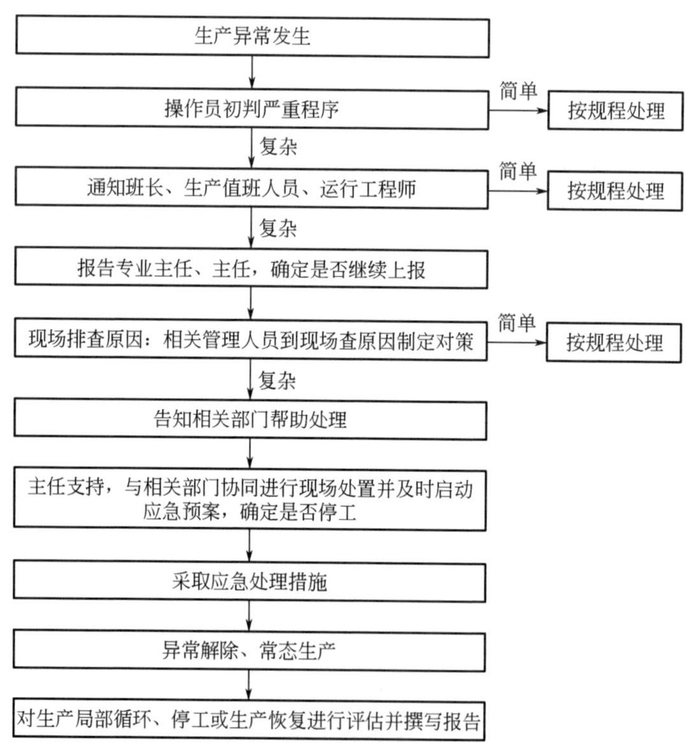

图 3-6　处置程序

三、生产异常应急处置方法

（一）公用工程生产异常应急处置

1. 停仪表风

停仪表风会造成各调节阀失灵，现场各调节阀均处于故障开或故障关状态，无法调节。当仪表风供应中断时，优先选用工业风（公用风）代替，或现场操作人员根据经验手动控制。退守状态下如能恢复仪表风供应，则调节阀改自动控制。

（1）冷却水工段：将入口阀改副线调节，新鲜水调节阀前蝶阀和排污阀控制吸水池液位。

（2）燃料工段：补入液化石油气（LPG）副线控制，及时脱液。回收燃料气控制阀副线控制，供出控制阀副线控制。

（3）火炬工段：消烟蒸汽改副线调节，水封罐或气柜液位改手动调节。

（4）储罐工段：物料入罐控制阀门、机泵出口物料供出控制阀门等副线调节，立即将远程控制系统切断，切换风压系统控制。

2. 停电

停电会造成水泵、风机、压缩机停机报警，冷却水压力、燃料油压力回零，UPS 电源能维持计算机、仪表电在有限时间工作，仪表控制维持 30min 后即失灵。要迅速做出停车处理，如短时间内恢复供电，则启动水泵、风机、压缩机恢复正常生产，否则，按停工方案进行处理。退守到安全状态后，保证燃料气压力、乙烯丙烯泵供料和火炬运行正常，各个机泵重新投联锁状态，待装置来电后重新投用。

（1）冷却水工段：各水泵联锁自动改手动，出口阀门关闭，机泵、风机回电门。

（2）燃料工段：根据现场压力指示，手动控制燃料气补量，压缩机回电门，关压缩机出口阀。

（3）火炬工段：开调节阀副线调节消烟蒸汽用量，及时调节水封罐或气柜水封液位。

（4）储罐工段：各物料输送泵联锁自动改手动，出口阀门关闭，机泵、风机回电门。

3. 停水

新鲜水中断后，冷却水损耗没有补充源，水池液位降低，水封罐或气柜水封液位降低。

（1）冷却水工段：降低出口流量，加大循环量。

（2）燃料工段：根据燃料气回收背压，停压缩机，压缩机回电门，关压缩机出口阀。

（3）火炬工段：消烟蒸汽用量加大，及时调整气柜循环量，当气柜柜容高度低于 0.5m 时，岗位人员应立即关闭气柜出入口手动蝶阀或室内手动关闭气动蝶阀，并观察气柜顶部 4 台自动放散阀是否开启放散。如果发现自动放散阀失灵，应立即组织人员用手动卷扬机打开气柜放散阀放散（要求：同时打开 4 台放散阀，并开度一致）。

（4）储罐工段：停水对储罐区正常生产几乎无影响。

4. 停蒸汽

停蒸汽后各换热器无热源，冬季伴热停供，处理过程必须保证燃料油温度、燃料气温度、乙烯泵正常供料和火炬运行正常。

（1）冷却水工段：影响较小，必须注意冬季防冻。

（2）燃料工段：即时监控汽化情况，调整燃料气补入量，储罐及时脱凝，伴热线及时排冷凝水。

（3）火炬工段：伴热线及时排冷凝水。

（4）储罐工段：高凝点物料及时视情况停料、退料，停止乙烯汽化器进料。

5. DCS 死机

DCS 死机时，操作人员应戴好防护装备到现场对罐尺失灵罐进行手检尺。将此罐改到其他罐收付油，通知仪表人员对罐尺进行效验。通知调度，组织人员加强不间断巡检工作。如压力传感器、温度传感器、蒸汽调节阀失灵，应迅速将其改为复线操作，观察现场压力表的变化情况，保持与各装置的联系，保持各装置的生产平稳。

（二）汽油加氢精制装置生产异常应急处置

不同装置、不同工艺的装置发生生产异常，应急处置方法因工艺路线的不同而处置方法也各不相同，下面以汽油加氢精制装置为例进行介绍。

1. 停电

（1）如果整个装置出现停动力电后，除了与紧急发电机相连的设备外，其他用电设备将全部停运，这种情况需要装置紧急停车。直接受到影响的设备主要有：反应系统包括进料泵、新氢压缩机、注水泵、高压空冷；分馏系统包括塔底泵、回流泵、产品泵和所有冷却风机、烟道鼓风机和引风机等。

（2）反应器进料加热炉立即熄炉，留有少量长明灯。循环氢压缩机继续运转（因透平驱动压缩机的汽轮机不会立刻受到电力故障的影响），用循环氢冷却反应器带走催化剂上的油。视催化剂床层温度上升情况，利用急冷氢尽快将各催化剂床层入口和床层温度冷却至开工进料前要求的温度。

（3）高压空冷停运后，循环氢压缩机入口温度会急剧上升，尽量使其低于压缩机入口极限指标。注意监视高分的液位及压力，防止液位超高使循环氢压缩机停运或液位超低向低分窜压。

（4）密切监视并调节反应器温度，若任一反应器最高点温度超过正常值15℃，手动启动0.7MPa/min放空系统。如果反应器温度超过正常值28℃或超过反应器设计温度，操作人员应启用2.1MPa/min泄压系统。启用0.7MPa/min或2.1MPa/min放空系统后，按紧急降压程序处理。

（5）如果装置是脱丁烷塔在前的流程，那么在停电时脱丁烷塔重沸泵会停运，随后产生的低流量将导致重沸加热炉停运。如果分馏塔进料加热炉的物料用泵输送，那么停电还会导致加热炉流量减少，加热炉将会在低流量下停运。所以要确保各分馏塔底重沸炉和分馏塔进料加热炉熄炉，留有少量长明灯。

（6）停电时，油品可以留在各塔、容器内。用产品分馏塔、闪蒸罐和分馏各容器的液控阀维持各自的液面。必要时，打开旁路阀，以保证液面控制。

（7）如果是全装置停电，则要特别注意蒸汽、水、风的参数变化。

2. 停循环水

（1）冷却水系统的故障将导致分馏塔顶冷凝器、新氢压缩机的级间冷却器、产品冷却器、机泵冷却器失去冷却能力。循环氢压缩机因润滑油系统无法冷却而被迫停机时，按照停中压蒸汽的处理方法和步骤处理。

（2）联系紧急停运循环氢压缩机，0.7MPa/min降压系统自动启动，检查各联锁设备是否停运。

（3）分馏开大各空冷百叶窗，充分发挥空冷的作用，其余按停电的处理步骤进行。

3. 停仪表风

（1）仪表风发生故障，0.7MPa/min 泄压控制阀将自动处于故障开的位置，2.1MPa/min 泄压控制阀将处于故障关的位置。控制室内手动启动 0.7MPa/min 联锁按钮，停止反应加热炉、新鲜原料、循环油和新氢供应，保持最大循环氢量，快速将催化剂冷却至反应温度以下，减少氢耗并使结焦最少。

（2）如果仪表风减少影响到公用系统，蒸汽将会在很短的时间内减小，汽轮机驱动的循环氢压缩机不能保证供给反应器部分的气体循环量。如果有可能，将备用风或工艺风补入正常仪表风，以保证系统的正常运行。

（3）不要将氮气补入仪表风，因为接入控制室的动力线会导致操作人员窒息。

（4）停运进料泵、循环油泵、新氢压缩机。各炉熄火，保留长明灯。尽可能维持循环氢压缩机的运转以冷却反应系统。

（5）反应器进料流出物切至换热器旁路，避免吸收反应器流出物的热量。必须小心，不要超过反应器产品冷凝器的最高温度，将风机调节至最大冷却效果。

（6）如果仪表风全部停止，所有调节阀均处于关闭或全开状态，可以尝试改用调节阀上的手轮或旁路进行调节，保证高压分离器的液位正常，注意低压分离器压力，严防窜压。

（7）要尽可能保证分馏塔的回流，必要时流量用副线阀控制，回流罐液位到低限时停回流泵。维持各塔液位正常，改单塔循环，各炉进料量用上游阀控制。

（8）各塔、容器压力改用排火炬线控制阀上的手轮或副线阀控制，维持正常压力。其余的处理方法和步骤均按停蒸汽的处理措施进行。

4. 停蒸汽

（1）一般使用的蒸汽为 3.5MPa 中压蒸汽和 1.0MPa 低压蒸汽。一旦减少了 3.5MPa 中压蒸汽，凡是使用中压蒸汽的汽提塔汽提蒸汽和再沸器的加热蒸汽都会减少，凡是利用中压蒸汽提供动力的汽轮机驱动泵都会停机，会造成循环氢压缩机停机，可自动启动备用电机。如没有备用电机，应确保启动备用的电动泵。一旦减少了 1.0MPa 低压蒸汽，凡是使用低压蒸汽的汽提塔的汽提蒸汽都会减少，会导致产品不合格。凡是使用低压蒸汽的再沸器加热蒸汽也会减少，压缩机蒸汽透平冷凝水系统的喷射器也会减汽，导致汽轮机真空度下降，造成压缩机效率下降。应尽一切可能恢复蒸汽，确保装置能在很短的时间内继续操作。

（2）循环氢压缩机会由于汽轮机的故障而停止运转，反应热无法通过循环氢气将其带出反应系统，催化剂上仍然残留了足够的油品继续反应，催化剂床层立刻飞温并且无法控制。因此在排出其他的反应物、氢的同时，必须快速降压，可通过0.7MPa/min泄压系统进行，它在循环氢压缩机故障时自动启用，各联锁设备自动停运，此时密切注视床层温度变化。如反应器任一点温度超过正常值28℃或超过一定值（如425℃），应立即启动2.1MPa/min泄压系统，以后处理步骤按紧急放空程序处理。

（3）高压分离器保持自控，密切注视高压分离器液面，防止液位超高使循环氢压缩机系统进油或液位超低向低分窜压。

5. DCS系统死机（故障）

（1）装置紧急停车，联锁系统紧急启动。

（2）循环氢压缩机联锁停运，0.7MPa/min泄压联锁系统自动启动。联锁停运的设备有循环氢压缩机、新鲜进料泵、循环油进料泵、补充氢增压机，循环氢加热炉熄火、高压分离液位控制阀关闭，补充氢阀关闭，高压换热器旁路阀关闭、主线阀全开。

（3）在0.7MPa/min泄压系统自动启动后（循环氢压缩机已停运），只有在已确认整个反应器的温度至少低于正常操作温度30℃，或反应系统压力已降到0.05MPa（表压）以下时，才能关闭放空阀。

（4）手动开启2.1MPa/min泄压系统时，必须将反应系统压力降至0.7MPa（表压）以下，才能关闭放空阀。当2.1MPa/min泄压系统手动开启后，联动停运的设备有循环氢压缩机、循环油进料泵、补充氢压缩机和加热炉。

（5）紧急泄压后的停工程序。当反应系统的压力降至0.7MPa（表压）以下时，应将换热器和反应器之间转油线的物流排至分馏系统或污油系统，停止向换热器组的出口注入洗涤水。在反应系统升压前，为防止用氢气升压后发生加氢裂化反应，要用纯度为99.9%的氮气或燃料气吹扫反应系统。当升压至0.05MPa（表压）时，泄压放空，再用氮气或燃料气将反应系统升压至0.7MPa（表压）。启动循环氢压缩机循环氮气或燃料气，将反应器温度冷却至200℃。将反应系统降压至0.05MPa（表压），然后引入氢气使反应系统升压至设计压力。在升压过程中，用循环氢继续冷却反应器至175℃后，关闭循环氢压缩机停止氢气循环，保持反应器温度等待重新开工。任一反应器的温度降至反应系统设备铬钼钢的回火脆化温度以下之前，必须将反应系统压力降至其回火脆化最大允许压力以下。根据具体情况，分馏系统进行热油循环或按其相应的停工程序处理。

四、生产异常应急处置注意事项

（1）发生短时间停电故障时，工艺系统保留一定的液位和压力运行；长时间停电时，退守到安全状态。

（2）各工段必须设置现场操作人员，按 DCS 操作人员的指示，及时查看各塔、罐等设备的液位、压力参数，校正操作。

（3）现场操作人员必须在正常巡检防护的基础上提高个人防护等级。

第三节　泄漏事故应急处置

泄漏事故是指化工储罐、设备或管道内的气体或液体物料失去控制，发生喷、冒、溢、漏的突发事故。

一、泄漏事故应急处置原则

泄漏事故极易引发火灾、爆炸或中毒事故。一旦发生泄漏，立即启动应急预案，紧急停车并报警，迅速佩戴正压式呼吸器，关闭或严密泄漏阀门；通知周围人员迅速撤离现场（至上风向）；无法关闭时，通知下风向及四周人员撤离防范；若泄漏物料易燃易爆，周围及下风向岗位立即停止明火作业或生产；泄漏燃烧时，应保持稳定燃烧，防止回火，防止与空气形成爆炸性混合物；隔离泄漏污染区，控制现场。

（一）安全防护

进入泄漏现场进行处理时，应注意人员的安全防护。

（1）进入现场救援人员必须配备必要的个人防护器具。

（2）如果泄漏物是易燃易爆介质，事故中心区域应严禁火种、切断电源、禁止车辆进入、立即在边界设置警戒线。根据事故情况和事故发展，确定事故波及区人员的撤离。

（3）如果泄漏物是有毒介质，应使用专用防护服、隔离式空气呼吸器。根据不同介质和泄漏量确定夜间和日间疏散距离，立即在事故中心区边界设置警戒线。根据事故情况和事故发展，确定事故波及区人员的撤离。

（4）应急处理时严禁单独行动，严格按专家组制定的方案执行。

（二）泄漏源控制

（1）喷雾稀释。对溶于水或稀碱液的气体，可利用水或稀碳酸钠（或氢氧化钠）溶液喷雾稀释。对于不溶于水的气体，可用正压强力水雾排烟机或涡喷消防车将可燃或有毒气体驱散。条件不具备时，也可用喷雾水枪驱散，如果有蒸汽管线，用蒸汽驱散不燃气体效果更佳。

（2）引流燃烧。有火炬点燃系统的可通过火炬点燃。没有火炬系统的可以通过临时管线，引流到安全地点点燃。对于罐体燃烧或爆炸后的稳定燃烧，应由水枪进行控制，使燃烧控制在一定范围内。轻烃（如 C_4 以下的组分）或失控状态下的燃烧一般不应扑灭，一旦熄灭，应继续点燃。

（3）堵漏处置。工艺方法：采取工艺堵漏是最简单也是最有效的方法，因此，工艺堵漏是首选的方法。工艺堵漏要在事故单位工程技术人员的配合下进行，最好由事故单位人员操作，消防人员配合掩护。工艺堵漏一般有三种方法。①关闭上游阀门：如果泄漏部位上游有可以关闭的阀门，应首先关闭阀门，泄漏自然会消除。②关闭进料阀门：反应容器、换热容器等发生泄漏，应考虑关闭进料阀；在关阀等工艺处理上应充分考虑对各相关系统的影响，防止因憋压而造成新的事故。③工艺倒罐：对于发生泄漏的储存容器、罐车可以利用倒罐技术，用烃泵或自流的方法将物料输送到其他容器或罐车中，倒罐不能使用压缩机，压缩机会使泄漏容器压力增加，加剧泄漏。

带压堵漏方法有楔塞法、捆扎法、注胶法、上罩法及磁压法等。

进入现场人员必须配备必要的个人防护器具。如果泄漏物是易燃易爆的，在爆炸区域应严禁火种。泄漏处置时严禁单独行动，要有监护人，必要时用水枪、水炮掩护。化学品泄漏后，除受过特别训练的人员外，其他任何人不得试图清除泄漏物。

（三）泄漏物处理

（1）围堤堵截。筑堤堵截泄漏液体或者引流到安全地点。储罐区发生液体泄漏时，要及时关闭堤内和堤外雨水阀、切断阀，防止物料沿阴沟外溢进入雨排线。

（2）稀释与覆盖。对于气体泄漏，为降低大气中泄漏气体的浓度，可向气云喷射雾状水稀释或驱散气云。对于液体泄漏，为降低物料向大气中的蒸发速度，根据物料的性质确定用干粉、泡沫（或抗溶性泡沫）或其他覆盖物品覆盖外泄的物料，在其表面形成覆盖层，抑制其蒸发。

（3）收容收集。对于大型容器和管道泄漏，可选择用泵将泄漏出的物料抽入容器内或槽车内；当泄漏量小时，可用沙子、吸附材料、中和材料等吸收中和。

（4）废弃处理。将收集的泄漏物运至废物处理场所处置。用消防水冲洗剩下的少量物料，冲洗水排入污水处理系统。

二、泄漏事故应急处置流程

泄漏事故应急处置流程如图 3-7 所示。

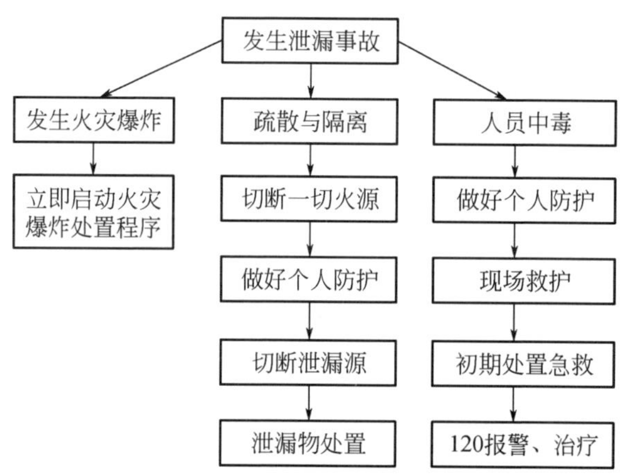

图 3-7 泄漏事故应急处理流程

三、泄漏事故应急处置方法

（一）公用工程危化品泄漏处置

1. 火炬气、燃料气泄漏处理

1）轻微泄漏

发现气柜、管线、阀门、法兰等轻微泄漏，应立即佩戴安全防护装备对泄漏点进行紧固或带压非焊堵漏，其中使用螺栓的紧固件的螺栓数不大于4个时，除非已经断裂，不得进行更换拆卸螺栓。

容器内部有压力时，对于容器和其连接的进出口管线、接口和第一道阀以内，不得进行修理、焊接、紧固，特殊情况需要带压紧固作业时，必须经现场评价后制定检修方案和应急方案，现场请示应急指挥小组并落实好安全措施后，方可作业。

2）严重泄漏

（1）立即通知厂调度，并向消防支队、气防站等部门报警，向毗邻单位提出安全防范要求。

（2）佩戴安全防护装备，使用气体检测仪器划定危险区域，根据风向掌握有毒物质流动方向，无关人员严禁在警戒区停留。同时停止厂内一切施工用火，不得使用非防爆电气及工具、通信工具，严格控制车辆。事故抢救和救护车辆合理选定安全位置。

工艺操作人员迅速切断毒物泄漏点，不能切断的要采取“堵、倒、排”等形式的工艺处理。

堵：可采用夹、箍、快干水泥、胶等方法对事故点进行封堵。

倒：在无法进行封堵时，为防止恶性事故的发生，将气柜、储罐内的物料倒走。

排：通过向火炬系统或放空系统排放，减少泄漏压力，或接临时放空线，不得就地进行排放。

（3）若泄漏量很大，无法实现人员控制，除紧急处理人员外，其他无关人员应紧急疏散、逃离，并立即在安全区域对中毒、受伤人员进行抢救。

2. 储罐区泄漏处理

1）轻微泄漏

发现储罐轻微泄漏时，应佩戴安全防护装备对泄漏点使用管道式密封套、内封式堵漏袋、外封式堵漏袋等堵漏工具紧固封堵，如果是法兰口泄漏，其中法兰螺栓数不大于4个时，除非已经断裂，不得进行更换拆卸螺栓。

对于氮封罐、球罐和其连接的进出口管线、接口和第一道阀以内，不得进行修理、焊接、紧固，特殊情况需要带压紧固等作业时，必须经现场评价后制定检修方案和应急方案，现场请示应急指挥小组并落实好安全措施后，方可作业。

2）严重泄漏

（1）立即通知厂调度、车间，并向消防支队、气防站等部门报警，向毗邻单位提出安全防范要求。

（2）佩戴安全防护装备，使用气体检测仪器划定危险区域，根据风向掌握有毒物质流动方向，无关人员严禁停留在警戒区停留。同时停止厂内一切施工用火，不得使用非防爆电气及工具、通信工具，严格控制车辆。事故抢救和救护车辆合理选定安全位置。

（3）工艺操作人员迅速停止该罐的收料作业，根据泄漏的部位决定工艺处理方式，泄漏点在收料管线入口阀前端，则关闭罐入口阀，通知上游停料堵漏；泄漏点在出料管线出口阀后端，则关闭出口阀，机泵达到抽空时停泵，对泄漏点堵漏；泄漏点在罐侧，一是倒料到其他相同物料罐，二是对不溶于水的物料采取注水的方式抬高物料液位后，再进行堵漏。

（4）进入事故现场的人员要佩戴安全防护装备。

（5）若泄漏量很大，无法实现人员控制，除紧急处理人员外，其他无关人员应紧急疏散、逃离，并立即在安全区域对中毒、受伤人员进行抢救。

（二）典型炼化装置泄漏处置

由于装置的工艺特点和加工物料的复杂性，以下仅以汽油加氢精制装置为例进行介绍。

1. 处置要求

（1）采用最快的方式向上级报告，说明泄漏的具体位置、介质及泄漏量大小。上级接到报告后，立即请求消防队、防护站现场监护，同时向生产科及车间应急小组报告。

（2）机泵出入口阀内侧、冷换设备以及高温换热器，可在最近端进行切除处理。塔类、容器类以及机泵出、入口阀外侧无法进行切除的设备，可启用停泵或切断进料处理，减少并逐步切除泄漏。

（3）根据危险化学品事故的特点及其引发物质的不同，以及应急人员的职责，采取不同应急救援。指挥人员、医务人员和其他未进入污染区域的应急人员要配备防护用品。工程抢险、消防和侦检等进入污染区域的应急人员应配备密闭防酸碱型防护服等，同时做好现场毒物的洗消工作（包括人员、设备、设施等）。

（4）当发现有人受伤时，抢救组负责受伤人员的抢救工作。

2. 氢气泄漏的应急处置

（1）迅速查清部位泄漏，高温高压设备泄漏通常是高温氢气和烃类混合物的泄漏并同时着火，应立即报告上级领导和消防部门，同启动紧急泄压系统（0.7MPa/min 或 2.1MPa/min 系统），使压力迅速下降以减少氢气的泄漏量，同时降温并切断原料油和新鲜氢气进入系统。

（2）采取紧急泄压的同时，若是低温氢气泄漏没有引起着火，现场应采取相应的保护措施防止氢气在局部积聚（如用蒸汽驱赶），防止进一步发生火灾事故。

（3）紧急泄压之后装置按紧急停车处理。

3. 氨泄漏的应急处置

（1）少量泄漏时，应撤离区域内所有人员，处置人员应使用呼吸器，禁止无关人员进入氨气可能汇集的局限空间，并加强通风；泄漏系统防止吸入蒸汽，处置人员应防止接触液体或气体，只能在保证安全的情况下堵漏；泄漏的容器应转移到安全地带，在确保安全的情况下才能打开阀门泄压；可用砂土、蛭石等惰性吸收材料收集和吸附泄漏物；收集的泄漏物应放在贴有相应标签的密闭容器中，以便废弃处理。

（2）大量泄漏时，应疏散场所内所有未防护人员，并向上风侧转移。泄漏处置人员应穿上全封闭重型防化服，佩戴好空气呼吸器。在做好个人防护措施后，用喷雾水流对泄漏区域进行稀释，使现场的氨气渐渐散去，利用无火花工具对泄漏点进行封堵。

（3）禁业接触或跨越泄漏的液氨，防止泄漏物进入阴沟和排水道，增强通风；场所内禁止吸烟和明火；在保证安全的情况下，要堵漏或翻转泄漏的容器以避免液氨漏出；要喷雾状水，以抑制蒸气或改变蒸气云的流向，但禁止用水直接冲击泄漏的液氨或泄漏源；防止泄漏物进入水体、下水道、地下室或密闭性空间，人员禁止进入氨气可能汇集的受限空间；清洗以后，在储存和再使用前要将所有的保护性服装和设备洗消。

4. 二氧化硫泄漏的应急处置

迅速撤离泄漏污染区人员至上风处，并立即进行隔离，少量泄漏时隔离150m，大量泄漏时隔离450m，严格限制人员出入；应急处理人员戴自给正压式呼吸器，穿防护服，从上风处进入现场，尽可能切断泄漏源；用工业覆盖层或吸收剂盖住泄漏点附近的下水道等地方，防止气体进入；合理通风，加速扩散，用喷雾状水稀释、溶解，构筑围堤或挖坑收容产生的大量废水。漏气容器要妥善处理，修复、检验后再用。

5. 二硫化碳泄漏的应急处置

迅速撤离泄漏污染区人员至安全区，并进行隔离，严格限制人员出入；应急处理人员戴自给正压式呼吸器，穿防静电工作服；不要直接接触泄漏物，尽可能切断泄漏源；防止泄漏物流入下水道、排洪沟等限制性空间。少量泄漏用砂土、蛭石或其他惰性材料吸收；大量泄漏要构筑围堤或挖坑收容；喷雾状水或泡沫和稀释蒸汽，保护现场人员；用防爆泵转移至槽车或专用收集器内，回收或运至废物处理场所处置。

6. 羰基镍泄漏的应急处置

疏散泄漏污染区人员至安全区，禁止无关人员进入污染区，切断泄漏源；应急处理人员佩戴正压自给式呼吸器，穿特制的化学防护服（完全隔离）；不要直接接触泄漏物，在确保安全情况下堵漏；用沙土或其他不燃性吸附剂混合吸收，然后收集运至废物处理场所处置；如大量泄漏，利用围堤收容，然后收集、转移、回收或无害处理后废弃。

7. 汽油泄漏的应急处置

迅速撤离泄漏污染区人员至安全区，并进行隔离，严格限制人员出入，切断泄漏源；应急处理人员佩戴自给正压式呼吸器，穿消防防护服；泄漏物防止进入下水道、排洪沟等限制性空间。少量泄漏时，用砂土、蛭石或其他惰性材料吸收；大量泄漏时构筑围堤或挖坑收容，用泡沫覆盖，降低蒸气灾害；用防爆泵转移至槽车或专用收集器内，回收或运至废物处理场所处置。

（三）典型危险化学品泄漏处置方法

1. 硫化氢事故处置

1）泄漏处置对策要点

（1）及时疏散无关人人员。

（2）利用气体检测器、有毒气体探测仪等检测设备，迅速检测、查明泄漏来源、原因、扩散浓度、范围和剩余气体数量等情况。

（3）划分警戒安全区域。按气体爆炸下限25%的浓度范围划定警戒区域，利用水幕、水带对气体进行隔离。测定风向、风速、温度，将消防车停在最佳位置，切断通往现场的一切交通，无关人员一律不准入内。

（4）组织排险。如果是沟渠、水井、下水道、涵洞、污水池产生的硫化氢，可采取加入中和剂或水喷雾稀释、排烟机驱散等方法，直到险情排除；

如果是罐体泄漏，要充分冷却有关阀门、管道、罐体，再根据泄漏点的不同，采取不同的堵漏方法（捆绑法、粘贴法、磁压法等）。堵漏一定要在喷雾水枪、泡沫的掩护下进行，堵漏人员要少而精，增加堵漏抢险的安全系数。堵漏的同时，要对现场泄漏的已扩散气体进行水雾驱散或送风驱散，以彻底消除隐患。堵漏不成时要加强水枪掩护，以防事故范围扩大。条件允许时可将泄漏源在冷却、稀释下加以拖离。

（5）对泄漏容器的处理要加强保护。

（6）彻底清理现场，稀释至空气中硫化氢浓度低于10mg/m^3，方可撤离现场。

2）泄漏处置注意事项

（1）处置硫化氢泄漏事故时，要坚持“救人第一”的原则，加强个人防护。进入重危区人员实施一级防护，并采取水枪掩护；凡在现场参与处置人员，最低防护不得低于二级，有头晕、恶心、呕吐等症状时，应及时撤离现场，进行必要的急救。

（2）加强第一出动。保证第一到场有足够的人员、车辆、器材，确保抢险工作的组织实施。

（3）喷雾水枪进行驱散、稀释时，水枪压力在0.69~0.88MPa，射流范围以接近地面为宜。

（4）现场要防止一切火星的产生，如消防员穿的衣服、所用的通信器材和救援工具是否防爆等都应加以注意。

（5）要选用正确适量的中和剂和洗消剂加以驱散洗消。

2. 硫酸事故处置

1）个人防护

佩戴过滤式防毒面具、滤毒罐进行防护，高浓度时，要佩戴氧气呼吸器或空气呼吸器进行防护。防止皮肤灼伤穿连身式防毒衣进行防护。

2）泄漏处置

应立即设法控制泄漏范围，在确保安全的情况下堵漏，并迅速清理周围的可燃物，防止相互接触剧烈反应而燃烧；少量泄漏在室内用水泥粉、砂土、干燥石灰、苏打灰或炉渣混合，然后收集运至废物处理场所处理，在室外可用大量喷雾水稀释，经充分稀释后放入废水系统。

3. 液化石油气事故处置

1）中毒处置

（1）皮肤接触：若有冻伤，就医治疗。

（2）吸入：迅速脱离现场至空气新鲜处，保持呼吸道通畅。如呼吸困难，给输氧；如呼吸停止，立即进行人工呼吸，并及时就医。

2）泄漏处置

（1）报警，并视泄漏量情况及时报告政府有关部门。

（2）建立警戒区。立即根据地形、气象等情况，在距离泄漏点至少800m范围内实行全面戒严。划出警戒线，设立明显标志，以各种方式和手段通知警戒区内和周边人员迅速撤离，禁止一切车辆和无关人员进入警戒区。

（3）消除所有火种。立即在警戒区内停电、停火，灭绝一切可能引发火灾和爆炸的火种。进入危险区前用水枪将地面喷湿，以防止摩擦、撞击产生火花，作业时设备应确保接地。

（4）控制泄漏源。在保证安全的情况下堵漏或翻转容器，避免液体漏出。如管道破裂，可用木楔子、堵漏器堵漏或卡箍法堵漏。

（5）导流泄压。若各流程管线完好，可通过出液管线、排污管线，将液态烃导入紧急事故罐，或采用注水升浮法，将液态烃液位抬高到泄漏部位以上。

（6）罐体掩护。从安全距离，利用带架水枪以开花的形式和固定式喷雾水枪对准罐壁和泄漏点喷射，以降低温度和可燃气体的浓度。

（7）控制蒸气云。如可能，可以用锅炉车或蒸汽带对准泄漏点送气，用来冲散可燃气体；用中倍数泡沫或干粉覆盖泄漏的液相，减少液化气蒸发，用喷雾水（或强制通风）转移蒸气云飘逸的方向，使其在安全区域扩散。

（8）救援组织。调集医院救护队、警察、武警等现场待命。

（9）现场监测。随时用可燃气体检测仪监视检测警戒区内的气体浓度，人员随时做好撤离准备。

注意事项：禁止用水直接冲击泄漏物或泄漏源，防止泄漏物向下水道、通风系统和密闭性空间扩散；隔离警戒区直至液化石油气浓度达到爆炸下限25%以下方可撤除。

四、危险化学品泄漏事故处置中应注意的问题

（1）一定要切实做好参与处置人员的安全防护。危险化学品泄漏事故处置既要保证任务的完成，人员又要尽量少，应针对泄漏物质的理化性质，穿（佩）戴全套防护装备，并认真对防护装备的安全性能进行检查，还要安排专

人对空气呼吸器的压力等参数，以及每位进入、撤出泄漏现场的人员姓名和时间进行详细记载，对执行关阀堵漏任务的人员还应使用喷雾或开花水流进行掩护。现场还应准备特效急救解毒药物，有医护人员待命。对中毒的人员应从上风方向抢救或引导撤出。

（2）努力减轻泄漏危险化学品的毒害。从上风方向使用开花或喷雾水流对泄漏出的有毒有害气体进行稀释、驱散；对泄漏的液体有害物质可用沙袋或泥土筑堤拦截，或开挖沟坑导流、蓄积，还可向沟、坑内投入化学消毒药剂，使其与有毒物质直接起化学作用，生成低毒或无毒的物质。

（3）根据泄漏量制定处理方案。

（4）做好现场检测。应不间断地对泄漏区域进行定点与不定点检测，以及时掌握泄漏物质的种类、浓度和扩散范围，恰当地划定警戒区（如果泄漏物系易燃易爆物质，警戒区内应禁绝烟火，而且不能使用非防爆电器，也不准使用手机、对讲机、半导体扩音器等通信工具），并为现场指挥部的处置决策提供科学的依据。

（5）果断采取工艺措施治理泄漏。工艺措施是具有不可替代的科学、有效的处置化工火灾和危险化学品泄漏事故的技术手段，但是，使用开阀导流的方式时，要防止被导流设备内出现负压而吸入空气发生回火爆炸。操作工人具体操作实施过程中，在对受火势或爆炸威胁的设备、管道实施关、开阀门时，应有人员使用水枪，以直流或开花或喷雾射流水掩护。

（6）把握好灭火时机。当危险化学品大量泄漏，并在泄漏处稳定燃烧，在没有绝对把握制止泄漏的情况下，不能盲目灭火，一般应在制止泄漏成功后再灭火。否则，极易引起再次爆炸、起火，将造成更加严重的后果。

（7）后续措施及要求。制止泄漏并灭火后，应对泄漏（尤其是破损）装置内的残液实施输转作业。还需对泄漏现场（包括在污染区工作的人和车辆装备器材）进行彻底的洗消，处置和洗消的污水也需回收消毒处理。对损坏的装置应彻底清洗、置换，并使用仪器检测，达到安全标准后，方可按程序和安全管理规定进行检修或废弃。

（8）各装置、罐区要快速关闭或封堵排雨口，应用围堰、环形沟、防火堤或沙袋围堵泄漏物，少量泄漏物可组织回收处理，若大量泄漏物随污水进入装置工业污水系统，应第一时间告知厂调度，由调度协调相关部门如何处置并及时告知动力厂调度。对于泄漏无法收集的危险废物，要用砂土、吸油毡等吸附，吸附后用桶盛装收集，待公司统一安排处置，防止和杜绝二次污染事故（件）发生。

第四节 火灾、爆炸事故应急处置

火灾、爆炸事故主要是指包括压缩或液化气体火灾，易燃液体、易燃固体、自燃物品或遇水易燃物品火灾爆炸事故。一旦出现火灾、爆炸事故，应抓住事故初期的有利时机，立即启动现场应急处置方案、紧急停车并报警，并协助消防人员实施救援。

一、火灾、爆炸事故应急处置原则

不同种类的危险化学品或同一种类的危险化学品在不同情况下发生火灾时，其扑救方法是不同的，若处置不当，不仅不能有效地扑灭火灾，反而会使灾情进一步扩大。另外，由于危险化学品本身及其燃烧产物大多具有较强的毒害性和腐蚀牲，极易造成人员中毒、灼伤。因此，扑救危险化学品火灾是一项极其重要且非常危险的工作，必须精心组织，科学指挥，严密实施，确保万无一失。

（1）应迅速查明燃烧范围、燃烧物品及其周围物品的品名和主要危险特性、火势蔓延的主要途径，明确燃烧的危险化学品及燃烧产物是否有毒。

（2）正确选择最适合的灭火剂和灭火方法安全地控制火灾。先控制，后消灭。针对危险化学品火灾的火势发展蔓延快和燃烧面积大的特点，准确判断，科学决策；以快制快，冷却降温，控制火势；筑堤堵截，防止蔓延。

（3）对有可能发生爆炸、爆裂、喷溅等特别危险需紧急撤退的情况，应按照统一的撤退信号和撤退方法及时撤退。撤退信号应格外醒目，能使现场所有人员都看到或听到。

（4）火灾扑灭后，仍然要派人监护现场，消灭余火。

二、火灾、爆炸应急处置流程

火灾、爆炸应急处置流程如图 3-8 所示。

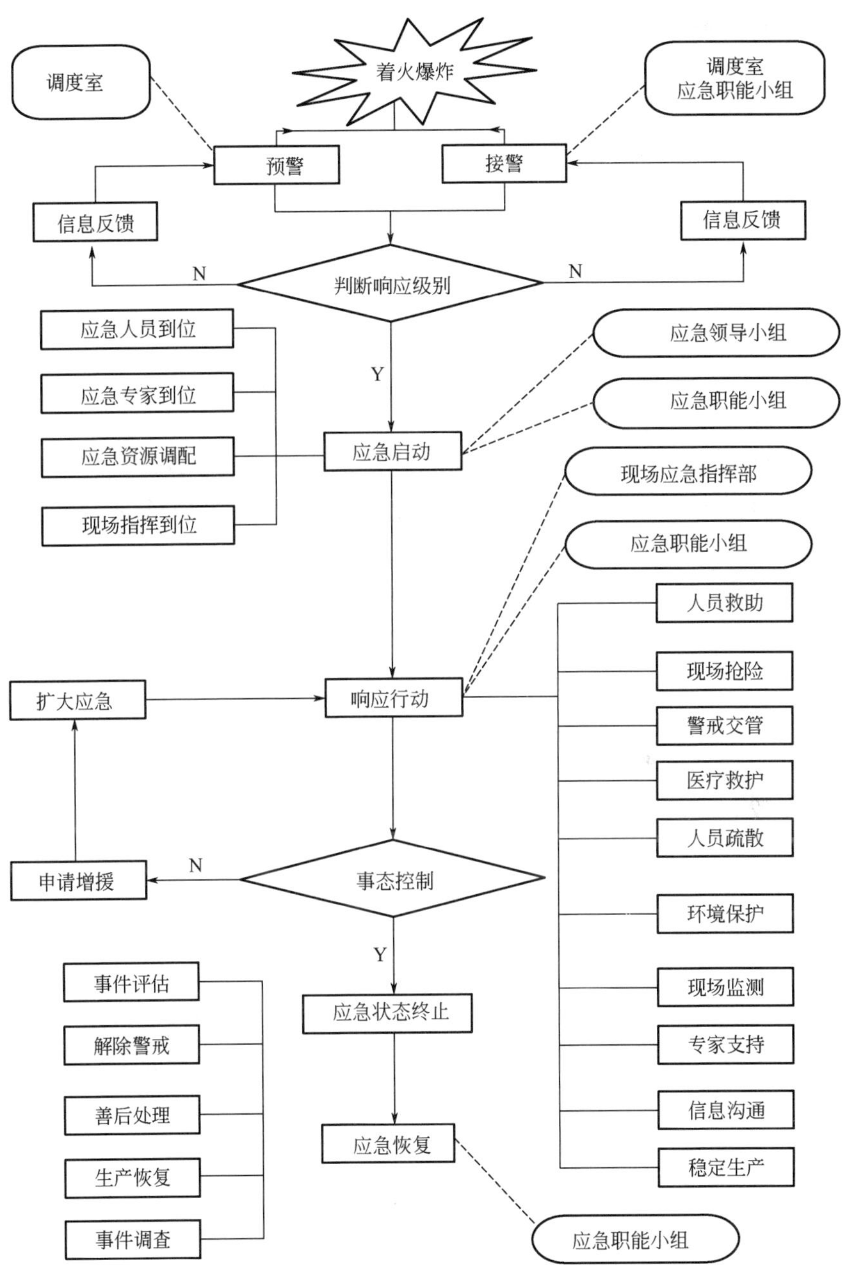

图 3-8　火灾、爆炸应急处置流程

三、火灾、爆炸应急处置方法

（一）公用工程火灾爆炸处置方法

1. 火炬气回收及燃料气系统工段

该工段主要为炼油化工装置提供加热炉燃烧用液化天然气，发生事故后，严格按照液化天然气的特性展开处置。

1）液化天然气危险特性

（1）易蒸发。液化天然气（按甲烷考虑）的沸点是-162℃，易蒸发。液化天然气存储设备及管道也因液化天然气的低温而极易吸热，随着温度升高，液化天然气的蒸气压迅速增大，因此，储罐、蒸发器及管路等设备应有足够的强度，同时应具备相应的泄压措施，以防止温度升高时容器胀裂导致液化天然气泄漏。

液化天然气一旦从储罐、管道或其他设备泄漏出来，一部分急剧气化，与周围空气混合生成冷蒸气雾，在空气中冷凝形成白烟，再稀释受热后与空气形成可燃性气云。可燃性气云若遇到点火源，将引发闪火或蒸气云爆炸等事故。

（2）低温冻伤。由于液化天然气是-166～-157℃的深冷液体，皮肤直接与低温物体表面接触会产生严重的伤害。直接接触时，皮肤表面的潮气会凝结，并粘在低温物体表面上。皮肤及皮肤以下组织冻结，很容易撕裂，并留下伤口。粘接后，可用加热的方法使皮肉解冻，然后再揭开。这时如硬将皮肤从低温表面撕开，就会将这部分皮肤撕裂，所以当戴湿手套工作时应特别注意。

低温液体黏度较低，它们会比其他液体（如水）更快地渗进纺织物或其他多孔的衣料里去。在处理与低温液体或蒸气相接触或接触过的任何东西时，都应戴上无吸收性的手套（PVC 或皮革制成），手套应宽松，这样如发生液体溅到手套上或渗入手套里面时，易于将手套脱下。如有可能发生激烈的喷射或飞溅，应佩戴面罩或护目镜。

（3）扩散性强。由于低温操作，金属部件会出现明显的收缩，在管道系统的任何部位尤其是焊缝、阀门、法兰、管件、密封及裂缝处，都可能出现泄漏和沸腾蒸发，如果不及时封闭这些蒸气，蒸气会逐渐上浮，且扩散较远，容易遇到潜在的火源，十分危险。

（4）低温麻醉。没有充分保护措施，人长期处于低于10℃下环境中，会有低温麻醉的危险，随着体温下降生理功能和智力活动都将下降，心脏功能衰竭，进一步下降会导致死亡。对明显受到体温过低影响的人，应迅速从寒冷地带转移并用温水洗浴使体温恢复，不应该采用干热的方法提升体温。

（5）窒息。呼吸液化天然气低温蒸气有损健康，短时间内，导致呼吸困难，时间一长，就会产生严重的后果。虽然液化天然气蒸气没有毒，但其中的氧含量低，容易使人窒息。如果吸入纯净LNG蒸气而不迅速脱离，很快就会失去知觉，几分钟后便死亡。

（6）冷爆炸。在液化天然气泄漏遇到水的情况下（例如集液池中的雨水），水与液化天然气之间有非常高的热传递速率，液化天然气将激烈地沸腾并伴随大的响声、喷出水雾，导致液化天然气蒸气爆炸。该现象类似水落在一块烧红的钢板上发生的情况。

（7）易燃易爆。天然气无论气态还是液态均属于高度易燃易爆物质。火灾特点是：火焰传播速度较快；质量燃烧速率大，约为汽油的2倍；火焰温度高、辐射热强，易形成大面积火灾；具有复燃、复爆性，难于扑灭。

2）液化天然气事故处置方法

（1）断源灭火。系统发生火灾时，首先应考虑关阀断气。关阀断气，就是控制、切断流向火源处的天然气，使燃烧中止。在未切断气源前，不要急于灭火，以防火灭后气体继续外逸发生第二次着火爆炸。关阀断气灭火时，应注意防止错关阀门而导致意外事故发生；在关阀断气的同时，不间断地冷却着火部位及受火势威胁的邻近部位，火灭之后，仍需继续冷却一段时间，防止复燃或复爆；当火焰威胁进气阀而难以接近时，可在落实堵漏措施的前提下，先灭火，后关阀；关阀断气灭火时，应考虑到关阀后是否会造成前一道工序中的高温、高压设备出现超温、超压而造成爆破事故，故在关阀断气的同时，必须根据具体情况采取相应的断电、停泵、泄压、放空措施。

（2）灭火剂灭火。扑救天然气火灾，可选用的灭火剂很多，通常可选择水、干粉、蒸汽、氮气及二氧化碳等灭火。利用水枪灭火时，宜以60°～70°的倾斜角射入，用高压水流喷射火焰，可取得良好的灭火效果。

（3）堵漏灭火。对气体压力不大的漏气火灾，采取堵漏灭火时，可用湿棉被、湿麻袋、湿布、石棉毡或粘土等封住着火部位，隔绝空气，使火熄灭。在关阀、补焊时，必须严格执行操作规程和动火规定，并迅速进行，以避免二次着火、爆炸。

天然气泄漏尚未着火时，应迅速关闭进气阀门并落实堵漏措施，杜绝气

体外泄。迅速设置警戒区，警戒区应布置在该地区天然气浓度在爆炸下限30%的范围内，并随时注意风向变化。禁止一切车辆驶入警戒区，停留在警戒区的车辆严禁启动。做好灭火准备，防止遇火源发生着火爆炸。消防车到达现场后，不可直接进入天然气扩散地带，应停留在扩散地段上风方向和高坡安全地带。根据现场情况，动员天然气扩散区的居民和职工迅速熄灭一切火种并撤离扩散区。

天然气扩散后可能遇到火源的部位，应作为灭火的主要方向，安排部署，做好扑灭着火爆炸事故的准备。利用喷雾水或蒸汽吹散泄漏的天然气，防止形成爆炸性混合物。险情排除后，经过测试，其浓度确已低于爆炸下限时，方可恢复正常生产。

3）灭火过程需注意的事项

（1）扑灭含有较高硫化氢含量的天然气火灾时，人员要注意防毒，戴好防毒面具或防护面罩等。

（2）进入现场人员，严禁穿铁钉鞋或化纤衣服。可采取淋湿衣服的措施，以防止产生静电火花，操作使用各种消防器材、工具、手电、手抬泵、车辆等，严禁产生火花。

（3）在危险区内不准敲打金属，防止产生火花，必要时可使用铜锤、胶皮锤、木锤等不易产生火花的工具。

（4）为排除室内天然气须破拆门窗时，应选择侧风向，使用木棍敲碎玻璃，以防止产生火花引起爆炸着火。

（5）利用地形、地物（门板、墙壁、设备等）作掩体攻入灭火时，防止冲击波和热辐射对灭火人员的伤害。

（6）注意观察储气罐（柜）爆炸征兆。当发现储气罐排气阀猛烈排气并有刺耳哨声、罐体震动厉害、火焰发白时，便是爆炸前兆，应迅速组织现场全体人员撤离。

（7）充分利用现有的灭火设施。

（8）一切非灭火人员应远离现场。

2. 油品储罐区

1）油品储罐区危险特性

油品储存的形式较多，有立式储罐、卧式储罐和球型储罐；有内浮顶储罐、外浮顶储罐和拱顶罐。

发生火灾时，由于储存的容器、储存形式和储存条件不同，燃烧的特点也不相同。

(1) 先爆炸后燃烧。油品在一定的温度下，能蒸发出大量的蒸气。当这些油蒸气与空气混合达到一定比例时，遇到明火便会发生爆炸。油蒸气爆炸时产生高温，又迅速加热油品，使油品大量蒸发。在油蒸气尚未与空气充分混合时，便在高温的作用下开始燃烧，因而继爆炸之后又形成稳定形式的燃烧。

先爆炸后燃烧是油品发生火灾时较常见的情况之一。储罐爆炸，会使油罐变形，有时将罐盖炸开，对于罐体和固定灭火装置有很大的破坏作用，会造成罐体破裂变形，油品流散，扩大燃烧。

(2) 在燃烧中发生爆炸。在平稳燃烧过程中，在一定的条件下，会由燃烧转变为爆炸。在燃烧过程中出现爆炸，主要发生在以下三种情况下：

① 在储罐内油蒸气浓度超过爆炸上限遇明火而发生燃烧的过程中，由于空气进入储罐内，使油蒸气的浓度达到了爆炸极限范围内，因而使平稳的燃烧瞬间转为爆炸。

② 储罐在火焰或高温的作用下，油蒸气压力急剧增加，在超过储罐所能承受的极限压力时，储罐发生爆炸。

③ 在燃烧油罐的邻近罐内外，油蒸气已经与空气形成爆炸混合物，当遇到燃烧油罐的明火或高温时，可能发生爆炸或燃烧。在燃烧中发生爆炸，会促使火势扩大，对灭火人员的安全有一定的威胁，因此，要求指挥员在扑灭燃烧的同时，要积极采取措施，消除产生爆炸的条件，防止爆炸。

(3) 稳定性燃烧。油品蒸气在未与空气形成爆炸性混合物之前遇到明火或高温时，就会迅速形成稳定性燃烧，如果客观条件不再发生变化，这种稳定性燃烧就将一直延续到油烧完。

(4) 爆炸后不发生燃烧。在油品温度低于闪点，其蒸气浓度接近于爆炸下限时，或是在储罐内只有油蒸气的爆炸混合气体，没有液态油品的情况时，遇到明火或高温，就会发生爆炸。在发生爆炸后，由于没有油品存在，因此不能继续燃烧。

(5) 沸腾和喷溅。黏度比较大、导热性能良好的重质油品中含有水分，或在油层下部垫有水层时，在火焰高温的作用下，水会部分汽化形成具有一定压力的水蒸气，促使燃烧着的油品发生沸腾或喷溅。含有一定水分的重质油品在燃烧过程中，由于液体对流与热传导，水分被加热并迅速汽化，水蒸气冲击燃烧着的液体表面，引起液体翻动，形成油品的沸腾。

2) 几种类型油罐火灾的灭火方法

(1) 喷射火炬型油罐火灾扑救。火灾发生时油罐顶盖未被炸掉，油蒸气

通过油罐裂缝、呼吸阀、量油孔等处冒出，在罐外形成稳定的火炬型燃烧。对于这种燃烧，可采用覆盖法扑救。

使用覆盖物盖住火焰，造成瞬时燃烧缺氧，致使火焰熄灭。这最适用于扑救油罐壁裂缝、呼吸阀、量油孔处火炬型燃烧火焰。采用此法应将人员分工，一部分人负责拿覆盖物灭火；一部分人负责射水掩护。在覆盖之前，用水流对覆盖物及燃烧部位进行冷却。进行灭火时，覆盖人员携带覆盖物，在掩护人员的射水掩护下，自上风方向靠近火焰，迅速覆盖，将火焰窒息。若油罐上孔洞较多，同时形成多个火炬燃烧，应用水流充分冷却油罐的全部表面，尽量使罐内温度及蒸气压降低，再从上风方向将火炬逐个地扑灭。

对从缝隙流淌出的燃烧油，可用沙土或其他覆盖物覆盖，也可喷射泡沫覆盖灭火。

用直流水流扑救裂缝喷油燃烧时，每个裂缝喷油火点至少使用 3~4 支水枪的强力水流喷射，最好使用带架水枪。

扑救这类火灾时应注意：在扑救人员登罐顶前，要判断油罐会不会爆炸（如观察火焰颜色、压力变化情况等），防止伤亡；灭火时，不能立即将着火罐内的油料抽走，防止因罐内压力降低，吸入空气形成爆炸混合气，引起爆炸事故。

（2）无顶盖型油罐火灾扑救。油罐爆炸后罐顶常被掀掉、炸破或塌落，随后在液面上形成稳定燃烧。油罐上的固定式或半固定式灭火设备同时可能会受破坏。扑救这类火灾，应按以下方法扑救。

① 冷却油罐。首先集中力量冷却着火油罐，不使其变形、破裂；同时，组织冷却邻近受热辐射威胁的油罐，特别是下风位置的邻罐。为了防止邻罐的油蒸气被引燃或引爆，应用覆盖物把邻罐的呼吸阀、量油孔等覆盖起来。

② 用固定设施或移动设备灭火。若油罐所设固定灭火设施未受影响，应立即启动进行灭火。若无固定泡沫灭火设施或因爆炸被破坏，则应迅速组织力量，采用移动式泡沫灭火装备（泡沫枪、炮等）灭火。使用移动式泡沫枪炮时，阵地应选在油罐的上风方向，尽可能在地势较高处，并与油罐有一定的距离。

（3）油品外溢型油罐火灾扑救。油罐破裂后油品外溢，残存的油罐及其防火堤内均出现油品燃烧，油罐周围全是燃烧的油火，灭火人员难以接近油罐灭火。这时，即使固定泡沫灭火设备未被破坏，也不能使用，因为着火油罐中火焰即便能扑灭，也由于罐外仍有流淌火，罐内被扑灭的油火又会很快复燃。扑救这类火灾，如有可能应先冷却着火油罐，避免油罐在火焰中进一步破裂和损坏，而使更多的油品流出罐外；如果油罐破坏的十分严重，比如只剩一底座或底部破裂，可不必冷却，而应集中力量先扑救防火堤内的油火，然后再扑救油罐火灾，或者同时扑救。扑救防火堤内的油火时，要集中足够的泡沫枪或泡沫炮，形成包围态势，从防火堤边沿开始喷射泡沫，使泡沫逐渐向中心流动，覆盖整个燃烧液面，然后迅速向罐内火灾发起进攻，扑灭罐内火灾。

在扑救过程中，应注意油品流淌状况，防止其流出堤外，导致火势扩大。必要时，要及时加高加固防火堤。对大面积地面流淌性火灾，应采取围堵防流，分片消灭的灭火方法。

（4）重质油品油罐火灾扑救。扑救重质油品的油罐火灾，争取时间尽快扑灭是非常重要的。如果燃烧时间延长，重质油品就会沸溢喷溅，造成扑救困难。重质油品的燃烧，发生沸溢喷溅的主要原因之一，是其液面下形成有随时间不断增厚的高温油层。破坏其高温油层的形成或冷却降低其温度是防止沸溢喷溅的有效措施。倒油搅拌是一种降低高温油层温度的方法。在罐内液位较高的情况下，用油泵将油罐下部的冷油抽出，注入油罐的上部，使冷热油混合而降低热油温度，可为施放泡沫灭火剂创造有利条件。倒油操作时，不得将罐底水垫层的水带入热油层；同时还要加强罐壁的水冷却，并做好灭火准备；当发现火情异常时，应立即停止倒油。

防止沸溢喷溅，还可从排出罐底的水垫层入手。排水防溅是一种可行方法，即通过油罐底部的虹吸栓将沉积在罐底的水层排出，消除发生沸溢喷溅的条件。在排水操作前，应估算出水垫层的厚度及需要的排水时间。排水时，应有专人监视排水口，防止排水过量出现跑油。

扑救火灾中，要指定专人观察油罐的燃烧情况，判断发生喷溅的时间，保护扑救人员的安全。油罐发生喷溅的时间与罐内重质油品的油层厚度、油品的含水量、油层的传热速度及液面的燃烧速度有关。

根据燃烧油罐外部变化特征，可判断即将出现的沸溢喷溅。重质油罐沸溢喷溅前，会有如下征兆：

① 发出沉闷的巨大的声响。

② 火焰明显增高，火光显著增亮，呈鲜红色或略带黄色。

③ 烟雾由浓变淡、变稀。

④ 罐壁或储罐上部发生颤动。

⑤ 罐内出现连续的“沙沙”声。

在出现这些征兆后，往往持续数秒到数十秒就将发生沸溢喷溅。

同时，对大量的地面重质油品火灾，可视情况采取挖沟导流的方法，将油品导入安全的指定地点，再利用干粉或泡沫一举消灭。

（二）炼化工艺装置火灾爆炸处置方法

炼化生产装置的建筑、设备和工艺的特点，决定了生产装置火灾具有发生火灾的概率高、燃烧速度快、极易蔓延造成大面积火灾、燃烧猛烈、辐射热值高、发生坍塌、毒性气体扩散和爆炸的可能性大的特点。扑救生产装置尤其是石化生产装置火灾，必须贯彻救人第一和准确、迅速的指导思想，要正确运用“先控制，后消灭”的原则，随时掌握火势变化情况，积极抢救被困或遇险人员，保护和疏散物质，迅速控制灾情发展，尽快消除险情，努力减少灾害损失。

以汽油加氢精制装置为例，简述炼化装置火灾、爆炸事故处置。

(1) 现场人员发现险情应判明火灾、爆炸的部位及引起火灾和爆炸的物质特性，迅速报告厂调度、车间，并拨打火警、急救电话报警，说明单位地点和行车路线，并派专人接应消防车、救护车。

(2) 厂调度、车间接到报警后，要立即上报上级并组织应急救援队伍。在消防队员未到达之前，现场人员根据起火或爆炸物质的特点，采取有效方法控制事故的蔓延。如紧急切断物料和电源；将危险物品搬到安全地点；临时修筑防溢堤，或使用沙袋使液体流向安全地带；启动消防灭火设备，或洒水降温；也可以用灭火器、湿布、石棉布等扑灭燃烧气体。

(3) 汽油加氢精制装置几种化学品的处置措施。

① 氢气的消防措施。如果氢气发生火灾持续扩大，并可能发生爆炸，现场人员应迅速撤离泄漏污染区至上风处，并严格限制人员出入。应急处理人员要佩戴自给正压式呼吸器，穿消防防护服。采取灭火措施有：关闭断气法(关闭阀门、切断气源、自行灭火)；水流切封法（采用多支水枪并排交叉，形成密集水流面，集中对准火焰根部射水，同时向火头方向逐渐移动，隔断火焰与空气的接触)；旁路注入法（将惰性气体等灭火剂在喷口前的管道旁通入灭火)。注意不能使用二氧化碳和高压水等具有冷却作用的灭火剂来扑救高温、高压临氢设备和管道泄漏的火灾。因为高温部位的一些密封面可能会因不同材质在急剧降温时收缩程度不同而引发更大的泄漏，使火情加重，甚至酿成灾难性后果。高压水在救火过程中仅限于用来保护其他冷态的设备，以减少火源产生的热辐射对它们的影响。

② 硫化物的消防措施。处置人员必须穿戴全身防火防毒服，先切断气源，

并喷水冷却容器，如果可能可将容器从火场移至空旷处。适合的灭火剂有雾状水、泡沫、二氧化碳、干粉。

③ 氨的消防措施。如发生火灾应采取以下措施：隔离、疏散、转移遇险人员到安全区域，建立500m左右警戒区，并在通往事故现场的主要干道上实行交通管制。除灭火及应急处理人员外，其他人员禁止进入警戒区。处置人员进入火场前，应穿着防化服，佩戴正压式呼吸器。氨气易穿透衣物，且易溶于水，处置人员要注意对人体排汗量大的部位的防护。小火灾时用干粉或二氧化碳灭火器灭火，大火灾时用水幕、雾状水或常规泡沫灭火。储罐发生火灾时，尽可能远距离灭火，使用遥控水枪或水炮扑救。切勿直接对泄漏口或安全阀门喷水，防止产生冻结。安全阀发出声响或变色时应尽快撤离，切勿在储罐附近停留。

④ 汽油的消防措施。能够近端切断泄漏源的应立即关闭阀门，使用泡沫覆盖或干粉结合灭火；不能的，远端切断，控制燃烧，保护周围设备以及管架，泄漏减小后发动总攻。适合的灭火剂有泡沫、干粉、二氧化碳。

（三）危险化学品火灾爆炸处置方法

1. 爆炸品处置方法

（1）迅速判断和查明再次发生爆炸的可能性和危险性，紧紧抓住爆炸后和再次发生爆炸之前的有利时机，采取一切可能的措施，全力制止再次爆炸的发生。

（2）凡有搬移的可能，在人身安全确有可靠保障的情况下，应迅速组织力量，在水枪的掩护下及时将着火源周围的爆炸品搬移至安全区域，远离住宅、人员集聚地，以及重要设施，使着火区周围形成一个隔离带。

（3）禁止用沙土类的材料进行盖压，以免增强爆炸品爆炸时的威力。扑救爆炸品堆垛时，水流应采用吊射，避免强力水流直接冲击堆垛，造成堆垛倒塌引起再次爆炸。

（4）灭火人员应积极采取自我保护措施，尽量利用现场的地形、地物作为掩体，尽量采用卧姿等低姿射水；消防设备、设施及车辆不要停在靠离爆炸品太近的水源处。

（5）灭火人员发现有再次爆炸的危险时，应立即撤离并向现场指挥报告，现场指挥应迅速做出判断，确有发生再次爆炸征兆或危险时，应立即下达撤退命令，迅速撤离灭火人员至安全地带。来不及撤退的灭火人员，应迅速就地卧倒，等待时机和救援。

2. 压缩气体和液化气体事故处置处方法

（1）及时设法找到气源阀门。阀门完好时，只要关闭气体阀门，火势即可自动熄灭。在关阀无效时，切忌盲目灭火，如果在扑救周围火势以及冷却过程中不小心把泄漏处的火焰扑灭了，在没有采取堵漏措施的情况下，必须立即将泄漏处点燃，使其继续稳定燃烧。否则，大量可燃气体泄漏出来与空气混合，遇着火源就会发生爆炸，后果将不堪设想。

（2）选用水、干粉、二氧化碳等灭火剂扑灭外围被火源引燃的可燃物时，应切断火势蔓延途径，控制燃烧范围。

（3）如有受到火焰热辐射威胁的压缩气体或液化气体压力容器，特别是多个压力容器存放在一起的地方，能搬移且安全有保障的，应迅即组织力量，在水枪的掩护下，将压力容器搬移到安全地带，远离住宅、人员集聚地，以及重要设施。抢救搬移出来的压缩气体或液化气体压力容器还要注意采取防火降温和防碰撞等措施。同时，要及时将着火源周围的其他易燃易爆物品搬移至安全区域，使着火区周围形成一个隔离带。

不能搬移的压缩气体或液化气体压力容器，应部署足够的水枪进行降温冷却保护，以防止潜伏的爆炸危险。对卧式储罐或管道冷却时，为防止压力容器或管道爆裂伤人，进行冷却的人员应尽量采用低姿射水或利用现场坚实的掩体防护。

（4）现场指挥应密切注意各种危险征兆，遇有火势熄灭后较长时间未能恢复稳定燃烧或受热辐射的容器安全阀火焰变亮耀眼、晃动以及燃烧产生尖锐噪声等爆裂征兆时，指挥员必须做出准确判断，及时下达撤退命令。现场人员接收到事先规定的撤退信号后，应迅速撤退至安全地带。

（5）在关闭气体阀门时，如果发现储罐或管道泄漏关阀无效，应根据火势大小判断气体压力和泄漏口的大小及其形状，准备好相应的堵漏材料，如软木塞、橡皮塞、气囊塞、黏合剂、弯管工具等。堵漏工作准备就绪后，即可用水扑救火势，也可用干粉、二氧化碳灭火，但仍需要用水冷却烧烫的管壁。火扑灭后，应立即用堵漏材料堵漏，同时用雾状水稀释和驱散泄漏出来的气体。

（6）碰到一次堵漏不成功，需一定时间再次堵漏时，应继续将泄漏处点燃，使其恢复稳定燃烧，以防止潜在发生爆炸的危险，并准备再次灭火堵漏。如果确认泄漏口较大，一时无法堵漏，只需冷却着火源周围管道和可燃物品，控制着火范围，直到燃气燃尽，火势自动熄灭。

（7）气体储罐或管道阀门处泄漏着火时，在特殊情况下，只要判断阀门还有效，也可违反常规，先扑灭火势，再关闭阀门。一旦发现关闭已无效，一时又无法堵漏时，应迅速将泄漏处点燃，继续恢复稳定燃烧。

3. 易燃液体事故处置方法

（1）首先应切断火势蔓延的途径，冷却和疏散受火势威胁的密闭容器和可燃物，控制燃烧范围，并积极抢救受伤和被困人员。如有液体流淌时，应筑堤（或用围油栏）拦截漂散流淌的易燃液体或挖沟导流。

（2）及时了解和掌握着火液体的品名、相对密度、水溶性以及有无毒害、腐蚀、沸溢、喷溅等危险性，以便采取相应的灭火和防护措施。

（3）对较大的储罐或流淌火灾，应准确判断着火面积。大面积（大于 $50m^2$）液体火灾则必须根据其相对密度、水溶性和燃烧面积，选择正确的灭火剂扑救。对不溶于水的液体（如汽油、苯等），使用直流水、雾状水灭火往往无效，可使用普通氟蛋白泡沫或轻水泡沫。使用干粉扑救时，灭火效果要视燃烧面积和燃烧条件而定，最好用水冷却罐壁。

密度比水大而又不溶于水的液体（如二硫化碳，相对密度 1. 3506，20℃）起火时可用水扑救，水能覆盖在液面上灭火，用泡沫也有效。使用干粉扑救时，灭火效果要视燃烧面积和燃烧条件而定，最好用水冷却罐壁，降低燃烧强度。

具有水溶性的液体（如醇类，酮类等），虽然从理论上讲能用水稀释扑救，但是水必须在溶液中占很大比例，这不仅需要大量的水，也容易使液体溢出流淌，而普通泡沫又会受到水溶性液体的破坏（如果加大普通泡沫强度，可以减弱火势）。因此，最好用抗溶性泡沫扑救，用干粉扑救时，灭火效果要视燃烧面积和燃烧条件而定，也需用水冷却罐壁，降低燃烧强度。

对于与水起作用的易燃液体，如乙硫醇、乙酰氯、有机硅烷等禁用含水灭火剂。

（4）扑救毒害性、腐蚀性或燃烧产物毒害性较强的易燃液体火灾，扑救人员必须佩戴防护面具，采取防护措施。对特殊物品的火灾，应使用专用防护服。考虑到过滤式防毒面具的局限性，在扑救毒害品火灾时应尽量使用隔离式空气呼吸器。

（5）扑救各组分闪点不同且黏度较大的介质混合物，如原油和重油等具有沸溢和喷溅危险的液体火灾，必须注意观察发生沸溢、喷溅的征兆，估计可能发生沸溢，喷溅的时间。一旦现场指挥发现危险征兆时，应迅即作出准确判断，及时下达撤退命令，避免造成人员伤亡和装备损失。扑救人员收到统一撤退信号后，应立即撤退至安全地带。

（6）遇易燃液体管道或储罐泄漏着火，在切断火灾蔓延方向并把火势限制在指定范围内的同时，应设法找到输送管道并关闭进、出阀门，如果管道阀门已损坏或储罐泄漏，应迅速准备好堵漏器材，然后先用泡沫、干粉、二氧化碳或雾状水等扑灭地上的流淌火焰，为堵漏扫清障碍；其次再扑灭泄漏处的火焰，并迅速采取堵漏措施。与气体堵塞不同的是，液体一次堵漏失败，可连续堵几次，只要用泡沫覆盖地面，并堵住液体流淌和控制好周围着火源，不必点燃泄漏处的液体。

4. 易燃固体、自燃物品事故处置方法

（1）积极抢救受伤和被困人员，迅速撤离疏散；将着火源周围的其他易燃易爆物品搬移至安全区域，远离灾区，避免扩大人员伤亡和受灾范围。

（2）一些能升华的易燃固体（如2,4-二硝基苯甲醚、二硝基萘、萘等）受热后能产生易燃蒸气。例如，二硝基类化合物燃烧时火势迅猛，若灭火剂在单位时间内喷出的药量太少将导致灭火效果不佳。此外二硝基类化合物一般都易爆炸，遇重物压迫，则有爆炸危险，且硝基越多，爆炸危险性越大，若大量砂土压上去，可能会变燃烧为爆炸。火灾时应用雾状水、泡沫扑救，切断火势蔓延途径。但要注意，明火扑灭后，因受热后升华的易燃蒸气能在不知不觉中飘逸，能在上层与空气形成爆炸性混合物，尤其是在室内，易发生爆燃。因此，扑救此类物品火灾时，应不时地向燃烧区域上空及周围喷射雾状水，并用水扑灭燃烧区域及其周围的一切火源。

（3）黄磷是自燃点很低且在空气中能很快氧化升温自燃的物品，遇黄磷火灾时，禁用酸碱、二氧化碳、卤代烷灭火剂，首先应切断火势蔓延途径，控制燃烧范围，用低压水或雾状水扑救。高压直流水冲击能引起黄磷飞溅，导致灾害扩大。黄磷熔融液体流淌时，应用泥土、砂袋等筑堤拦截，并用雾状水冷却，对冷却后已固化的黄磷，应用钳子钳入储水容器中。来不及钳时可先用砂土掩盖，但应作好标记，等火势扑灭后，再逐步集中到储水容器中。

（4）少数易燃固体和自燃物质不能用水和泡沫扑救，如三硫化二磷、铝粉、烷基铅、保险粉（连二亚硫酸钠）等，应根据具体情况区别处理。宜选用干砂和不用压力喷射的干粉扑救。易燃金属粉末，如镁粉、铝粉禁用含水、二氧化碳、卤代烷灭火剂。连二亚硫酸钠、连二亚硫酸钾、连二亚硫酸钙、连二亚硫酸锌等连二亚硫酸盐，遇水或吸收潮湿空气能发热，引起冒黄烟燃烧，并产生有毒和易燃的二氧化硫。

（5）抢救搬移出来的易燃固体、自燃物质要注意采取防火降温、防水散流等措施。

5. 遇湿易燃物品事故处置方法

（1）首先应了解清楚遇湿易燃物品的品名、数量、是否与其他物品混存、燃烧范围、火势蔓延途径，以便采取相应的灭火措施。

（2）在施救、搬移着火的遇湿易燃物品时，应尽可能将遇湿易燃物品与其他非遇湿易燃物品或易燃易爆物品分开。如果其他物品火灾威胁到相邻的遇湿易燃物品，应将遇湿易燃物品迅速疏散转移至安全地点。如遇湿易燃物品较多，一时难以转移，应先用油布或塑料膜等防水布将遇湿易燃物品遮盖，然后再在上面盖上毛毡、石棉被、海藻席（或棉被）并淋上水。如果遇湿易燃物品堆放处地势不太高，可在其周围用土筑一道防水堤。在用水或泡沫扑救火灾时，对相邻的遇湿易燃物品应留有一定的监护力量。

（3）如果只有极少量的遇湿易燃物品，在征求有关专业人员同意后，可用大量的水或泡沫扑救。水或泡沫刚接触着火点时，短时间内可能会使火势增大，但少量遇湿易燃物品燃尽后，火势很快就会熄灭或减小。

（4）如果遇湿易燃物品数量较多，且未与其他物品混存，则绝对禁止用水或泡沫等湿性灭火剂扑救。遇湿易燃物品起火应用干粉、二氧化碳扑救，但金属锂、钾、钠、铷、铯、锶等物品由于化学性质十分活泼，能与二氧化碳起化学反应，使燃烧更猛烈，所以也不能用二氧化碳扑救。固体遇湿易燃物品应用水泥、干砂、干粉、硅藻土和蛭石等进行覆盖。水泥、砂土是扑救固体遇湿易燃物品火灾比较容易得到的灭火剂，且效果也比较理想。

（5）对遇湿易燃物品中的粉尘火灾，切忌使用有压力的灭火剂进行喷射，这样极易将粉尘吹扬起来，造成粉尘与空气形成爆炸性混合物而导致爆炸事故的发生。

通常情况下，遇湿易燃物品由于其发生火灾时的灭火措施特殊，在储存时要求分库或隔离分堆单独储存，但在实际操作中有时往往很难完全做到，尤其是在生产和运输过程中更难以做到，如铝制品厂往往遍地积有铝粉。对包装坚固、封口严密、数量又少的遇湿易燃物品，在储存时往往同室分堆或同柜分格储存，这就给火灾扑救工作带来了更大的困难，灭火人员在扑救中应谨慎处置。

6. 氧化剂和有机过氧化物事故处置

（1）迅速查明着火的氧化剂和有机过氧化物，以及其他燃烧物的品名、数量、主要危险特性、燃烧范围、火势蔓延途径、能否用水或泡沫灭火剂等扑救。

（2）尽一切可能将不同类别、品种的氧化剂和有机过氧化物与其他非氧化剂和有机过氧化物或易燃易爆物品分开、阻断，以便采取相对应的灭火措施。

（3）能用水或泡沫扑救时，应尽可能切断火势蔓延方向，使着火源孤立起来，限制其燃烧的范围。如有受伤和被困人员的，应迅速积极抢救。

（4）不能用水、泡沫、二氧化碳扑救时，应用干粉、水泥、干砂进行覆盖。用水泥、干砂覆盖时，应先从着火区域四周开始，尤其是从下风处等火势主要蔓延的方向开始覆盖，形成孤立火势的隔离带，然后逐步向着火点逼近。

（5）由于大多数氧化剂和有机过氧化物遇酸类会发生剧烈反应，甚至爆炸，如过氧化钠、过氧化钾、氯酸钾、高锰酸钾、过氧化二苯甲酰等。因此，专门生产、经营、储存、运输、使用这类物品的单位和场所，应谨慎配备泡沫、二氧化碳等灭火剂，遇到这类物品的火灾时也要慎用。

7. 毒害品事故处置方法

（1）毒害品火灾极易造成人员中毒和伤亡事故。施救人员在确保安全的前提下，应采取有效措施，迅速投入力量寻找、抢救受伤或被困人员，并采取清水冲洗、漱洗、隔开、医治等措施。严格禁止其他人员擅自进入灾区，避免人员中毒、伤亡和受灾范围的扩大。同时，积极控制毒害品燃烧和蔓延的范围。

（2）施救人员必须穿着防护服，佩戴防护面具，采取全身防护，对有特殊要求的毒害品火灾，应使用专用防护服。考虑到过滤式防毒面具防毒范围的局限性，在扑救毒害品火灾时应尽量使用隔绝式氧气或空气呼吸器。为了在火场上能正确使用这些防护器具，平时应进行严格的适应性训练。

（3）积极限制毒害品燃烧区域，应尽量使用低压水流或雾状水，严格避免毒害品溅出造成灾害区域扩大。喷射时干粉易将毒害品粉末吹起，增加危险性，所以应慎用干粉灭火剂。

（4）遇到毒害品容器泄漏，可使用水泥、泥土、砂袋等材料进行筑堤拦截，或收集、或稀释，将它控制在最小的范围内。严禁泄漏的毒害品流淌至河流水域。有泄漏的容器应及时采取堵漏、严控等措施。

（5）毒害品的灭火施救，应多采用雾状水、干粉、砂土等，慎用泡沫、二氧化碳灭火剂，严禁使用酸碱类灭火剂灭火。如氰化钠、氰化钾及其他氰化物等，遇泡沫中酸性物质后能生成剧毒物质氢化氰，因此不能用酸碱类灭火剂灭火。二氧化碳喷射时会将氰化物粉末吹起，增加毒害性，此外氰化物一弱酸性，在潮湿空气中能与二氧化碳反应。虽然该反应受空气中水蒸气含量的限制，反应又不快，但毕竟会产生氰化氢，故应慎用。

（6）严格做好现场监护工作，灭火中和灭火完毕都要认真检查，以防疏漏。

8. 腐蚀品事故处置方法

（1）腐蚀品火灾极易造成人员伤亡。施救人员在采取防护措施后，应立即投入寻找和抢救受伤、被困人员，被抢救出来的受伤人员应马上采取清水冲洗、医治等措施。同时，迅速控制腐蚀品燃烧范围，避免受灾范围的扩大。

（2）施救人员必须穿着防护服，佩戴防护面具。一般情况下采取全身防护即可，对有特殊要求的物品火灾，应使用专用防护服。考虑到腐蚀品的特点，在扑救腐蚀品火灾时，应尽量使用防腐蚀的面具、手套、长筒靴等。为了在火场上能正确使用这些防护器具，平时应进行严格的适应性训练。

（3）扑救腐蚀品火灾时，应尽量使用低压水流或雾状水，避免腐蚀品的溅出而扩大灾害区域。如发烟硫酸、氯磺酸、浓硝酸等发生火灾后，宜用雾状水、干砂土、二氧化碳扑救；三氯化磷、氧氯化磷等遇水生产氯化氢，因此在有该类物质的火场，要做好防水保护，可用雾状水驱散有毒气体。

（4）遇到腐蚀品容器泄漏，在扑灭火势的同时应采取堵漏措施。腐蚀品堵漏所需材料一定要注意选用具有防腐性的。

（5）浓硫酸遇水能放出大量的热，会导致沸腾飞溅，需特别注意防护。扑救浓硫酸与其他可燃物品接触发生的火灾，浓硫酸数量不多时，可用大量低压水快速扑救。如果浓硫酸量很大，应先用二氧化碳、干粉等灭火剂进行灭火，然后再把着火物品与浓硫酸分开。

（6）严格做好现场监护工作，灭火中和灭火完毕都要认真检查，以防疏漏。

9. 放射性物品事故处置方法

（1）迅速将人员疏散撤离，远离射线照射灾区；禁止无组织、无指挥的个人施救行动。避免人员伤亡和受灾范围的扩大。

（2）在灭火施救时，应先派出精干人员携带放射性测试仪器，测试辐射（剂）量和范围。测试人员应尽可能地采取防护措施。

对辐射（剂）量超标的区域，应设置写有“危及生命、禁止进入”或“辐射危险、请勿接近”的警告标志牌。

测试人员还应进行不间断的巡回监测，及时掌握放射性物品泄漏情况。

(3) 对辐射（剂）量大的区域，灭火人员不能深入辐射源灭火。对辐射（剂）量小的区域可快速使用水灭火或用泡沫、二氧化碳、干粉扑救，并积极抢救受伤人员。

(4) 对燃烧现场包装没有破坏的放射性物品，可在水枪的掩护下，佩戴防护装备，设法将放射性物品搬移至安全地带。无法搬移疏散的，应就地冷却保护，防止造成新的破损而增加辐射（剂）量。

(5) 对已经破损的容器和放射性物品，切忌搬动或用水流冲击，特别是不要用带有压力的灭火剂喷射，以防止放射性物品污染范围扩大。

(6) 严格做好现场监护，灭火完毕还要认真检查，以防疏漏。

当放射性物品着火时，可用雾状水扑救；灭火人员应穿戴防护用具，并站在上风处，向包件上洒水，这样有助于防止辐射和屏蔽材料（如铅）的熔化，但注意不能使消防用水流失过多，以免造成大面积污染；放射性物品沾染人体时，应迅速用肥皂水洗刷至少 3 次；灭火结束时要很好地淋浴冲洗，使用过的防护用品应在有关部门的监督下进行清洗。

四、火灾（爆炸）事故处置中应注意的问题

(1) 切实做好参与处置人员的安全防护。应针对燃烧物质的理化性质，按防护级别和要求穿（佩）戴全套防护装备，并认真对防护装备的安全性能进行检查，还要安排专人对空气呼吸器的压力等参数以及每位进入撤出泄漏现场的人员姓名和出入时间进行详细记载，对执行灭火及处置泄漏任务的人员还应使用喷雾或开花水流进行掩护。对中毒等受伤人员应从上风方向抢救或引导撤出。

(2) 努力减轻危险化学品的毒害。扑救易燃易爆危险化学品火灾、保护周围设备，以及稀释、驱散泄漏物料时，操作人员应从上风方向喷出开花或喷雾水流；对泄漏的液体有害物质可用沙袋或泥土筑堤拦截，或开挖沟坑导流、蓄积，还可向沟、坑内投入化学消毒剂，使其与有毒物直接起化学作用，从而使有毒物改变性质，成为低毒或无毒的物质。

(3) 正确制定工艺灭火对策，即采取关阀断料、开阀导流、排料泄压、火炬放空、搅拌灭火、紧急停车等工艺措施。

① 关阀断料。利用生产的连续性，切断着火设备、反应器、储罐之间的物料来源，中断燃料的持续供应，降低着火设备压力，为消灭火点创造条件。

② 开阀导流。所谓开阀导流就是关闭着火设备的进料阀，打开出料阀，

使着火设备内的物料，经安全水封装置或砾石阻火器导入安全储罐或排至火炬放空。开阀导流可使着火设备内的残留物料大大减少、压力下降，为灭火创造条件。

③ 惰化窒息。当设备内高闪点物料着火后，可输入氮气置换或用二氧化碳降温。氮气和二氧化碳气体除可以迅速降温外，还有很强的惰化作用。可抑制爆炸、燃烧，最终将火焰窒息。

(4) 严格监控污油、污水的流向。污油通过隔离阀门进入隔油池处理，污水控制流向，通过三级防控导向污水处理车间。

第五节 应急处置个人防护选择

在事故现场，处置人员常要直接面对高温、有毒、易燃易爆及腐蚀性的化学物质，或进入严重缺氧的环境，为防止这些危险因素对救处置人员造成中毒、烧伤、低温伤等伤害，必须加强个人的安全防护，掌握相应的安全防护技术。

一、现场安全防护用品的选择原则

(1) 不同类型的事故其危险程度是不同的，要根据不同的风险对人体无防护条件下的危害性来确定危险程度、危险区域范围，并充分考虑到处置人员所处危害环境的实际安全需要，来确定相应的安全防护等级和防护标准。现场安全防护等级和标准见表3-1和表3-2。

表3-1 现场安全防护等级

危险区 毒类	重度危险区	中度危险区	轻度危险区
剧毒	一级	一级	二级
高毒	一级	一级	二级
中毒	一级	二级	二级
低毒	二级	三级	三级
微毒	二级	三级	三级

表 3-2 现场安全防护标准

级别	防护形式	皮肤防护		呼吸防护
		防化服	防护服	
一级	全身	内置式重型防化服	全棉防静电内外衣	正压式空气呼吸器或全防型滤毒罐
二级	全身	封闭式防化服	全棉防静电内外衣	正压式空气呼吸器或全防型滤毒罐
三级	呼吸	简易防化服	工作服	简易滤毒罐、面罩或口罩、毛巾等

（2）对于危险化学品的火灾爆炸事故现场，则要根据着火后产生的热辐射强度和爆炸后形成的冲击波对人体的伤害程度来采取相应的安全防护措施。

（3）根据事故危害的程度、处置任务的要求、现场环境及处置人员生理条件等因素确定的个人防护器材合理使用。

（4）安全防护等级确定后，并不是一直不变的。在处置初期可能使用高等级的防护措施，但当泄漏的有毒化学品浓度降低时可以降为低一级的防护。

（5）个体防护要求。

① 接触粉尘作业的工作场所需穿戴防尘防护用品：防尘口罩、防尘眼镜、防尘帽、防尘服等。

② 接触有毒物质作业的工作场所必须穿戴防毒用品：防毒口罩、防毒面具等。

③ 有物体打击危险的工作场所必须戴安全帽、穿防护鞋。

④ 层高 2m 以上作业的场所必须系安全带。

⑤ 从事可能造成对眼睛伤害的作业必须戴护目镜或防护面具。

⑥ 从事有可能被传动机械绞辗、夹卷伤害的作业，必须穿戴全身工作服，女工必须戴防护帽，不能戴防护手套，不能佩戴悬露的饰物。

⑦ 噪声超过国家标准的工作场所必须戴防噪声耳塞或耳罩。

⑧ 从事接触酸碱的作业，必须穿戴防酸碱工作服。

⑨ 水上作业必须穿救生衣，使用救生用具。

⑩ 易燃易爆场所必须穿戴防静电工作服。

⑪ 从事电气作业应穿绝缘防护用品，从事高压带电作业应穿屏蔽服。

⑫ 高温、高寒作业时，必须穿戴防高温辐射及防寒护品。

二、现场安全防护用品使用的注意事项

（一）呼吸防护器材

过滤式呼吸器只能在不缺氧的环境和低浓度毒污染下使用，一般不能用于罐、槽等密闭狭小容器中作业人员的防护。隔离式呼吸器能使戴用者的呼吸器官与污染环境隔离，由呼吸器自身供气或从清洁环境中引入空气维持人体的正常呼吸，可在缺氧、有毒、严重污染或情况不明的危险化学品事故处置现场使用，一般不受环境条件限制。

1. 过滤式呼吸器使用注意事项

（1）环境空气中的氧含量低于 18%时不能使用。因为过滤式呼吸器依赖环境空气作为气源，染毒空气经过滤毒后，不能提高其原有的氧气浓度。因此，在一此较封闭空间的火场或泄漏现场内不宜使用。

（2）滤毒罐的滤毒能力有限。不同的滤毒罐具有不同的吸附剂，一种吸附剂一般仅能吸附一种或少数几种毒物，而对其他的毒物就没有吸附作用。因此，使用时要选用针对性的滤毒罐，以保证良好的过滤效果。

（3）正常使用的滤毒罐，其具有的防护作用时间是一定的。一般来说，滤毒罐的防护时间取决于吸附剂的吸附能力、空气的染毒浓度、空气的湿度和温度、使用者的呼吸频率等因素。当发现吸入的过滤空气有异味或呼吸有阻力时，应立即更换滤滤毒罐。

2. 隔绝式呼吸器使用注意事项

（1）自给式氧气呼吸器：由于佩戴呼吸器的人员吸入的是高浓度氧气，所以，未受过训练者使用时，易出现呼吸不适应症状，如出现气闷、头晕不适、恶心、甚至氧中毒症状等；特别注意的是氧气呼吸器不宜在高温环境下使用，一般要求环境温度不超过 60℃，因为氧气瓶是压力瓶，氧气又是助燃的，如果易燃或可燃气体泄漏都可能导致严重后果。

（2）自给式正压空气呼吸器：空气呼吸器气瓶体积较大，使用时间较短。空气瓶的体积规格有 3L、4L、5L、6L、9L，其对应的储空气量分别为 900L、1200L、1500L、1800L、2700L，充装最高压力是 30MPa。其使用时间与容积、气瓶的工作压力和人体耗气速度有关。若以人体正常耗气速度为 30L/min 计，3L、4L、5L、6L、9L 瓶的使用时间分别为 30min、40min、50min、60min、90min。

（3）非自给式供气呼吸器：借助软管或管路连通无污染气源向使用者提供洁净空气，主要用于流动性小的场所的呼吸防护。

（二）皮肤防护器材

在化学事故应急救援中，用于保护人体的体表皮肤免受毒气、强酸、强碱、高温等侵害的特殊服装，通称为皮肤防护器材。皮肤防护器材主要包括防化服、防火服、防火防化服以及与之配套使用的其他头部和脚部防护器材等。

1. 防化服使用注意事项

防化服主要用于化学物质作业场所和应急处理现场人员的防护，从结构上分为全密闭式和非全封闭式。前者采用抗浸透性、抗腐蚀的材料制成，在污染较严重的场所使用；后者主要在轻、中度污染场所使用。

（1）简易防化服，适用于液态化学品溅射的防护。该防化服仅供一次性使用并与防化手套和防化胶靴联用。

（2）封闭式防化服，该防化服可与所有防毒面具配合使用，具有质量轻、防化学毒物的渗透性能良好等优点，可以在救援人员进行现场侦检、救人和消除化学物质污染等任务时作为个人皮肤防护使用。

（3）内置式重型防化服，适用于高浓度危险化学品泄漏后进行堵漏作业使用。

2. 防火服使用注意事项

防火服主要用于危险化学品导致的火灾或爆炸事故现场灭火救援人员的防护，这些服装多数选用耐高温、不易燃、隔热、遮挡辐射热效率高的材料制成。常用的有防火隔热服、避火服。

（1）防火隔热服主要用于靠近或接近火源进行作业。

（2）避火服主要用于短时间穿越火区，短时间进入火场侦察、救人、关阀、抢救贵重物资等作业。

3. 防火防化服使用注意事项

防火防化服能在短时间内抵御高温对人体的袭击，内层为防化材料，可以防止液态或气态的有毒有害化学品对人体的侵袭。主要是在执行同时伴有危险化学品泄漏和火灾事故救援时使用。

4. 手、脚部防护用品使用注意事项

（1）防化手套和防化靴用于有酸碱及其他腐蚀性液体或有腐蚀性液体飞

溅的场所。

(2) 防火隔热手套可接触赤热燃烧物。

(3) 隔热胶靴的筒部、脚部、底及后跟表面采用耐热橡胶，中层采用绝热海绵层或绝热石棉层，胶靴前部用金属护板加强，以防止掉落物落下而击伤，内表面使用棉针织物，表面涂耐热银色，为防止扎透，内层放置薄钢板。

三、个人防护器材及设备的选用

(一) 装置异常时个人防护器材及设备的选用

公用工程、装置出现停风、停电、停水、停蒸汽、DCS 死机、物料中断或物料组成变化等情况时，如果操作得当，都能够退守到安全状态，但不可避免地存在物料泄漏发生中毒窒息、着火爆炸等风险。因此出现异常时，车间或班组应安排专人全面检查个人防护器材及设备完好情况，工艺操作时必须实行双人制。员工必须要有风险辨识的意识，针对性地选择防护器材及设备。

1. 公用工程应急处置个人防护器材及设备选择

(1) 现场所有操作人员都应佩戴相应的防毒面具，携带便携式有毒气体检测仪及可燃气体检测仪。

① 在存在硫化氢环境的火炬、燃料回收等系统操作时，必须佩戴蓝色虑毒盒防毒面罩；

② 在存在一氧化碳环境的废气焚烧等系统操作时，应佩戴白色虑毒盒防毒面罩；

③ 在存在氨环境的储存罐区等操作时，应佩戴绿色虑毒盒防毒面罩；

④ 在存在氯化氰、氢氰酸、氯气环境的水处理等系统作业时，应佩戴灰色虑毒盒防毒面罩；

⑤ 在存在苯、苯胺类、四氯化碳、氯化苦环境的罐区等处操作时，应佩戴褐色虑毒盒防毒面罩。

如果出现检测仪报警，现场人员要立即撤离，操作人员穿戴正压式空气呼吸器后再查看情况，处理泄漏。

(2) 现场存在一些操作困难的工艺阀门，如正常情况阀门处于关闭或阀的开度较小的火炬系统，在异常状态需开启或全开阀门时，操作人员必须识别存在的风险，如果存在坠落风险，就应系挂安全带。

（3）在开关压力较高的阀门或在工艺出现异常时温差较大的法兰口附近操作时，员工应佩戴全面罩。

（4）夜间操作、照明不足时，必须使用防爆手电。

2. 装置区应急处置个人防护器材及设备选择

（1）在不同装置环境应佩戴不同的防毒面罩：

① 在硫黄回收、汽油加氢或柴油加氢等存在硫化氢环境的装置操作时，应佩戴蓝色虑毒盒防毒面罩。

② 在甲烷制氢等存在一氧化碳环境的装置操作时，应佩戴白色虑毒盒防毒面罩。

③ 在催化裂化等存在氨的环境的装置操作时，应佩戴绿色虑毒盒防毒面罩。

④ 在废酸再生等存在二氧化硫环境的装置操作时，应佩戴黄色虑毒盒防毒面罩。

⑤ 在丙烯晴等存在氯化氰、氢氰酸、氯气环境的装置操作时，应佩戴灰色虑毒盒防毒面罩。

⑥ 在催化重整等存在苯、苯胺类、四氯化碳、氯化苦环境的装置操作时，应佩戴褐色虑毒盒防毒面罩。

如果出现检测仪报警，现场人员应立即撤离，操作人员穿戴正压式空气呼吸器后再查看情况，处理泄漏。

（2）装置现场管排、界区等没有操作平台或有平台但操作时临边的部位，必须识别存在的风险，如果存在坠落风险，应采取系挂安全带等防护措施。

（3）开关压力较高的、腐蚀性及刺激性物料的管线阀门，在装置出现异常时温差较大的法兰口附近，以及高低压分界阀门操作时，员工应佩戴全面罩。

（4）接触酸碱的岗位，如废酸再生装置、硝酸装置，操作时应穿防酸碱服，戴防酸碱手套。接触高温的岗位，如锅炉装置、中压蒸汽管线等，操作时应穿耐高温服，戴防高温手套。

事故案例：2003 年 10 月 28 日 15：30 左右，茂名石化分公司联合二车间渣油加氢装置正处于停工吹扫阶段。装置主管在现场检查系统管线吹扫情况时，发现原料油缓冲罐 V103 低点放空线不畅通，只有少许水滴出，于是采用振动和摇晃的方法进行疏通。突然，积聚在该管线内及罐底的冷凝水、蒸汽及管线内的残油等混合物突然喷出，经地面反溅到主管身上及脸上，经医院鉴定，主管身上被烫伤面积约16%，属浅二度烫伤。

（5）接触强光的岗位，如裂解炉、加热炉等，操作时应佩戴护目镜。

（6）接触高噪音的岗位，如装置某系统超压需通过放空管泄压排空的，操作时应佩戴防噪声耳塞。

（7）夜间操作、照明不足时，必须使用防爆手电。

（二）泄漏事故个人防护器材及设备的选用

1. 公用工程

火炬回收、燃料气工段泄漏事故的个人防护器材及设备选用如图3-9所示。

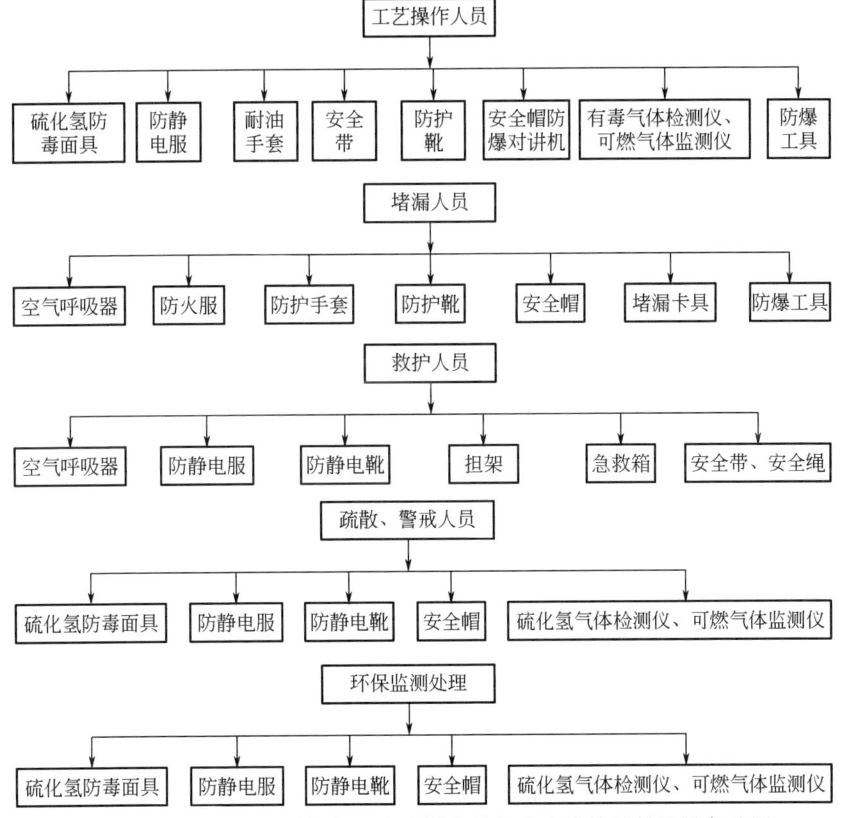

图3-9　火炬回收、燃料气工段泄漏事故的个人防护器材及设备选用

油品储罐区泄漏事故的个人防护器材及设备选用如图3-10所示。

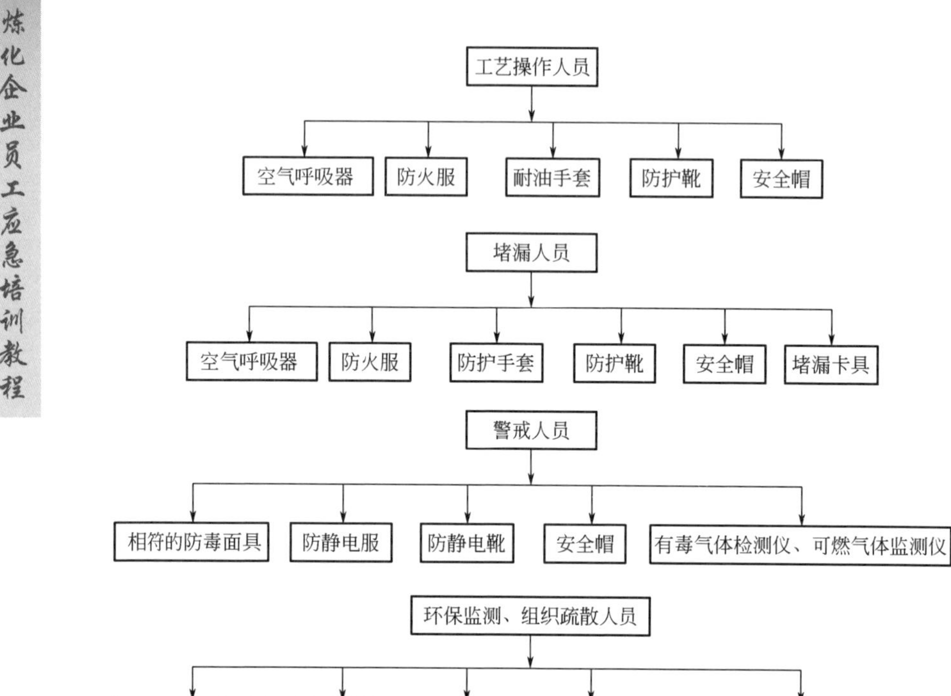

图 3-10　油品储罐区泄漏事故的个人防护器材及设备选用

2. 装置

装置泄漏事故的个人防护器材及设备选用如图 3-11 所示。

（三）火灾爆炸事故个人防护器材及设备的选用

1. 公用工程

火炬回收、燃料气工段火灾爆炸事故的个人防护器材及设备选用如图 3-12 所示。

油品储罐区火灾爆炸事故的个人防护器材及设备选用如图 3-13 所示。

2. 装置

装置火灾爆炸事故的个人防护器材及设备选用如图 3-14 所示。

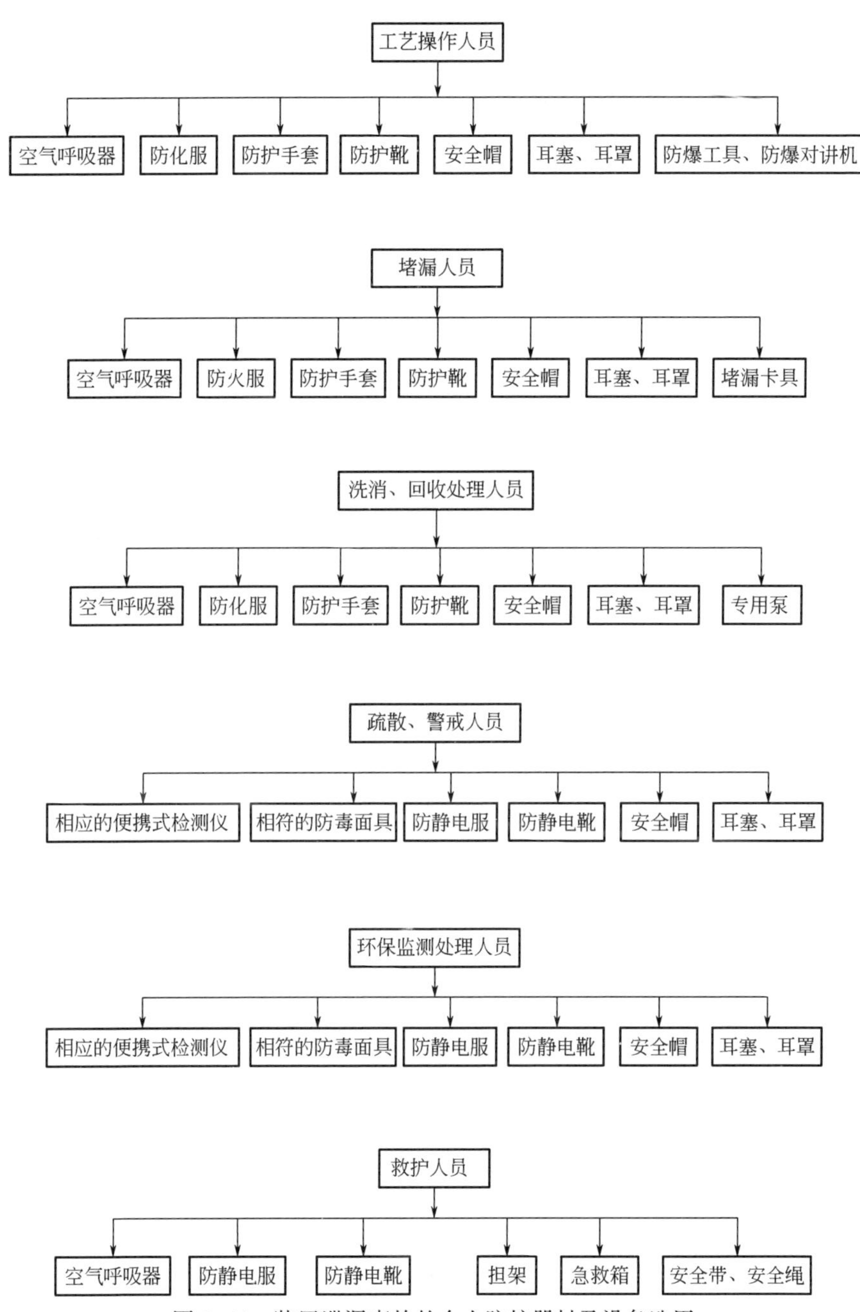

图 3-11 装置泄漏事故的个人防护器材及设备选用

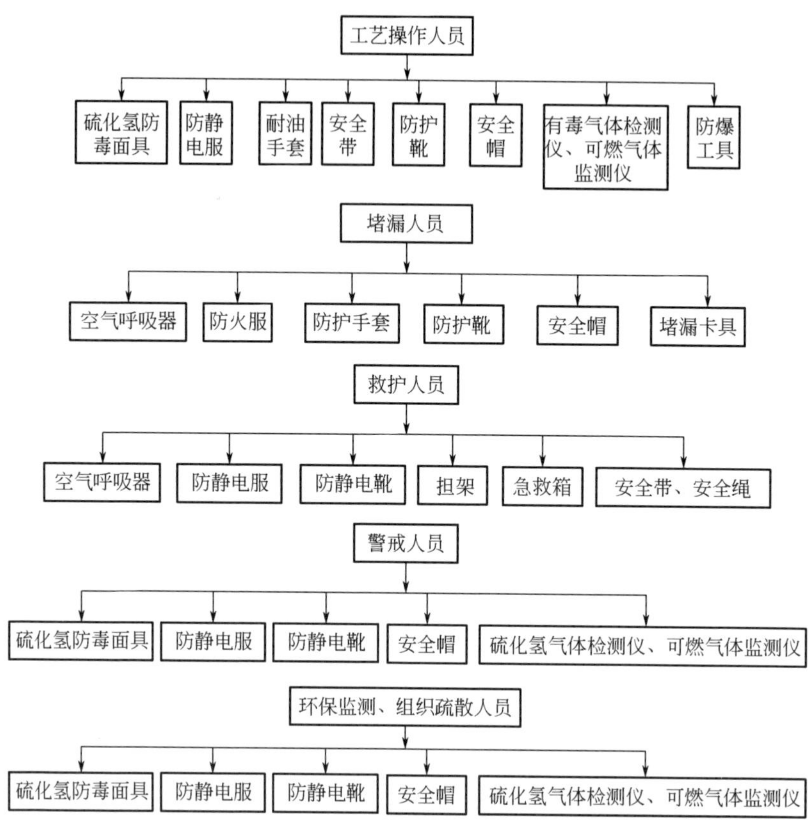

图 3-12　火炬回收、燃料气工段火灾爆炸事故的个人防护器材及设备选用

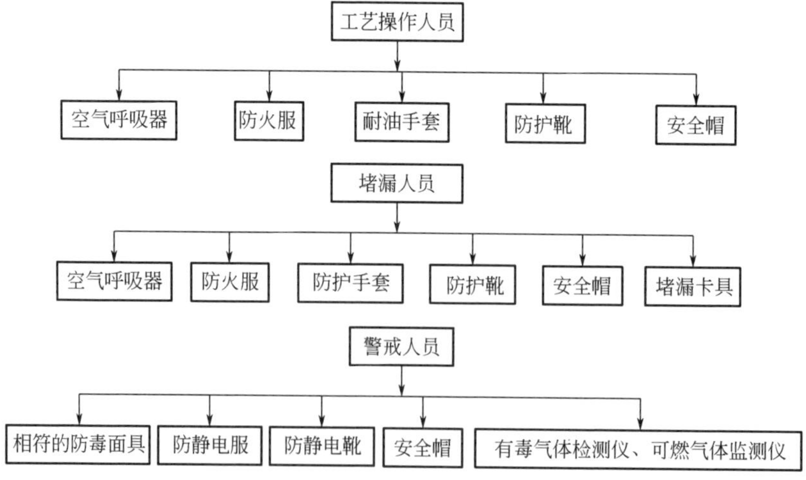

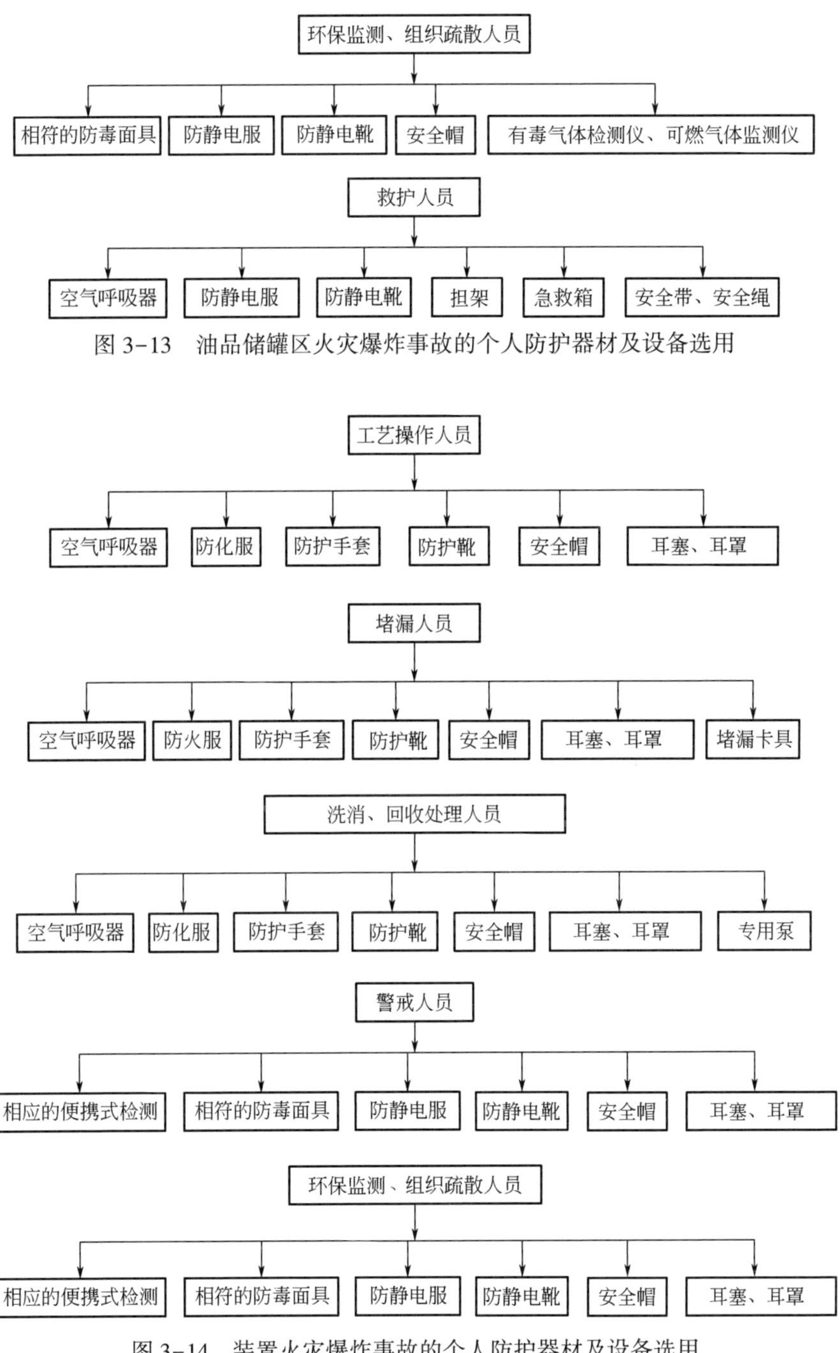

图 3-13　油品储罐区火灾爆炸事故的个人防护器材及设备选用

图 3-14　装置火灾爆炸事故的个人防护器材及设备选用

第六节　危险作业应急处置

危险作业是指从事高空、高压、易燃、易爆、剧毒、放射性等对作业人员产生高度危害的作业，包括进入受限空间作业、挖掘作业、高处作业、移动式起重机吊装作业、管线打开作业、临时用电作业和动火作业等。

一、危险作业及风险分析

受限空间作业是指在生产或施工作业区域内进入炉、塔、釜、罐、仓、槽车、烟道、隧道、下水道、沟、坑、井、池、涵洞等封闭或半封闭，且有中毒、窒息、火灾、爆炸、坍塌、触电等危害的空间或场所的作业。

受限空间作业的危险：存在或可能产生有毒有害气体或机械、电气等危害；存在或可能产生掩埋作业人员的物料；内部结构可能将作业人员困在其中（如内有固定设备或四壁向内倾斜收拢）。

挖掘作业是指在生产、作业区域人工或使用推土机、挖掘机等施工机械，通过移除泥土形成沟、槽、坑或凹地的挖土、打桩、地锚入土作业。或者在拆除建筑物、在墙壁开槽打眼，并因此造成某些部分失去支撑的作业。

挖掘作业的危险因素：土壤不稳定、掘出材料、地下公用设施、相邻结构、高架公用设施、附近区域的作业、交通、人员进入、机器和操作员。

高处作业是指在距坠落高度基准面 2m 及以上有可能坠落的高处进行的作业。坠落高度基准面是指可能坠落范围内最低处的水平面。

高处作业的危险：人员坠落或工具、材料、零件高处坠落。

吊装作业是指在检维修过程中利用各种吊装机具将设备、工件、器具、材料等吊起，使其发生位置变化的作业。

在施工过程中，可能发生起重作业事故主要体现在：超载吊装或违反安全规程操作，造成重大事故（如倾倒、断臂）；吊装作业时吊车腿没有按照地质情况和吊装极限考虑；自然灾害（如雷电、沙尘暴、地震强风、强降雨、暴风雪等）对设施的严重损坏。

管线/设备打开作业是指采取任何方式改变了封闭管线或设备及其附件完

整性的作业。

临时用电作业是指在生产或施工区域内临时性使用非标准配置380V及以下的低电压电力系统不超过6个月的作业。

临时用电可能出现的事故类型主要有：漏电、人体触电引起的人员触电事故；布设及用电不规范导致的火灾事故；超负荷用电导致的电气设备损坏或临时用电系统破坏瘫痪。

动火作业是指在具有火灾爆炸危险性的生产或施工作业区域内可能直接或间接产生明火的各种临时作业。

动火作业中可能出现的风险主要有：施工人员没有佩戴护目镜，沙子会进入眼睛；动火区域内的天然气浓度较高时，可能产生静电火灾爆炸等危害；当动火点的天然气浓度高于爆炸下限的0.2%时，在动火时可能引发火灾事故。

二、个人防护器材及设备的选用

（一）受限空间作业

（1）在有缺氧、富氧、有毒有害等环境中，应佩戴隔离式防毒面具，备有可燃气体检测仪、有毒介质检测仪。

（2）在易燃易爆环境中，应使用防爆型低压灯具及不发生火花的工具，不准穿戴化纤织物。

（3）在酸碱等腐蚀性环境中，应穿戴好防腐蚀护具（扒渣服、耐酸靴、耐酸手套、护目镜）。

（二）挖掘作业

（1）作业人员必须佩戴安全帽等防护器具。

（2）在有缺氧、富氧、有毒有害等环境中，应佩戴隔离式防毒面具，备有可燃气体检测仪、有毒介质检测仪。

（3）要求设置作业现场围栏、警戒线、警告牌、夜间警示灯。

（三）高处作业

（1）作业人员必须戴安全帽，拴安全带，穿防滑鞋。作业前要检查其符合相关安全标准，作业中应正确使用。

（2）搭设的脚手架、防护围栏应符合相关安全规程。

（3）在石棉瓦、瓦楞板等轻型材料上作业，应搭设并站在固定承重板上作业。

（四）吊装作业

（1）操作人员在进行高处作业时，必须正确使用安全带，安全带应高挂低用，地面操作人员必须戴安全帽。

（2）钢屋架安装时，必须搭设牢固可靠的操作台，需在梁上行走时，应设置护栏横杆或绳索。

（五）管线/设备打开作业

（1）管线打开作业时，须选择和使用合适的个人防护装备，专业人员按防护要求建立个人防护装备清单，清单包括使用何种、何时使用、何时脱下个人防护装备等内容。

（2）对含有剧毒物料等可能立刻对生命和健康产生危害的管线（设备）进行打开作业时，应遵守以下要求：所有进入到受管线打开影响区域内的人员，包括预备人员均须穿戴所要求的个人防护装备；对于受管线打开影响区域外（位于路障或警戒线之外但能够看见工作区域）的人员，可不穿戴个人防护装备，但必须确保能及时获取个人防护装备。

（六）临时用电作业

（1）临时用电作业检查和操作人员必须按规定穿戴绝缘胶鞋、绝缘手套，必须使用专用绝缘工具和安全设备。

（2）临时用电设施应有漏电保护器，用电设备、线路容量、负荷应符合要求。

（七）动火作业

（1）进入施工现场必须穿工作服，佩戴护目镜，劳保用品穿戴整齐。

（2）施工现场应配备消防车及医疗救护设备和器材。

（3）进入井场的设备必须戴防火罩，人员进入井场必须关闭手机，佩戴空气呼吸器。

三、危险作业应急处置

（一）高处坠落事故应急处置措施

（1）出现高处坠落险情后，应及时撤离处在危险区域的施工作业人员，并对现场进行警戒。

（2）项目经理应立即按照响应流程图向上级部门和主管人员报告，并实施现场抢救。根据伤员所伤部位采取正确救护手段，骨折伤员尽量避免挪动和拉起。颅骨造成伤害的人员应特别注意脑震荡，脊椎受伤人员要静卧，防止造成脊椎损伤而导致瘫痪。

（3）配合上级事故调查组进行事故的调查、分析和处理。

事故案例：

2013 年 1 月 28 日 10：30，四川石化公司生产一部，在炼油区火炬管网系统气密性检查作业过程中，操作人员在三层平台上开阀门时扳手滑脱，由于惯性，操作人员冲出护栏从三层平台坠落地面，发生高处坠落事故，造成 1 人死亡。

（二）物体打击事故应急处置措施

（1）出现物体打击事故后，应及时停止现场的任何机械及其他作业，并疏散现场的施工作业人员。

（2）项目经理应立即按照响应流程图向上级部门和主管人员报告，并实施现场抢救。出血性外伤应及时采取应急止血措施，避免伤员因失血过多造成生命危险。

（3）配合上级事故调查组进行事故的调查、分析和处理。

事故案例：

2012 年 1 月 5 日，锦州石化公司加氢车间一加氢装置发生物体打击事故，放空管线出口喷出的高压氢气产生的反作用力，以及喷出的高压氢气产生的静电导致氢气闪爆产生的爆炸冲击力，致使放空线瞬间反向推倒，推倒管线砸伤安全监督王某某头部，导致其当场死亡。

（三）机械伤害事故应急处置措施

（1）发生机械伤害后，机械设备必须停止继续作业，避免事故进一步的扩大。

（2）项目经理应立即按照响应流程图向上级部门和主管人员报告，并实施现场抢救。

（3）配合上级事故调查组进行事故的调查、分析和处理。

事故案例：

2015 年 1 月 21 日 14：50 左右，抚顺石化公司石油二厂焦化车间除焦班底盖机岗位一名员工被发现面朝焦池侧躺在抓斗桥式起重机东侧维护平台内，经抢救无效死亡。

（四）触电事故应急处置措施

（1）如发现高空作业触电事故应及时切断电源，并停止一切用电施工作业，对有可能继续造成人员伤害或财产损失的危险源进行清除，以免再次发生事故或造成更大的财产损失。

（2）项目经理应立即按照响应流程图向上级部门和主管人员报告，并实施现场抢救。

（3）配合上报主管部门和指挥部开展调查处理工作，并做好稳定社会和伤亡人员的善后处理工作。

事故案例：

2001 年 5 月 24 日 9：50，辽宁省某石化厂总变电所所长刘某，在高压配电间看到 2# 进线主受柜里面有灰尘，于是就找来一把笤帚打扫，造成高压电触电事故。经现场的检修人员紧急抢救苏醒后，送往市区医院。经医院观察诊断，右手腕内侧和手背、右肩胛外侧（电流放电点）三度烧伤，烧伤面积为 3%。

（五）脚手架坍塌事故应急处置措施

（1）脚手架出现紧急危险情况后，应及时撤离施工作业面现场的施工人员，并将现场周边的机械设备撤离至安全地段。

（2）项目经理应立即按照响应流程图向上级部门和主管人员报告，并实施现场抢救。

（3）配合上报主管部门和指挥部开展调查处理工作，并做好稳定社会和伤亡人员的善后处理工作。

事故案例：

2014 年 4 月 28 日 7：05，中石化胜利油建工程有限公司在地处东营市东营区的山东万通集团东营海欣仓储有限公司球形罐区施工工地，对 5000m^3 液化气球罐进行现场制造（组焊）作业时，发生球罐内操作平台坍塌事故，共造成 5 人死亡，6 人受伤，直接经济损失 540 万元。

（六）火灾及防爆事故应急处置措施

（1）发现火情要立即查清火源点及起火原因，扼制火势发展和蔓延。

（2）及时拨打 119 报警，同时将事故情况上报预案指挥部以便及时处理。

（3）现场应急预案小组所有能参战员工应利用已备灭火器、消防器材、器具实施救助。

（4）切断火源及火路，对现场的物资库、易燃易爆物品及时隔离和转移，避免事态扩大和蔓延。

（5）对现场人员进行清点，如火场亦有被火势围困人员要首先实施有计划的救助。

（6）在消防人员到来后，服从并协助消防指挥人员采取救助。

（7）对烧伤及因缺氧造成气窒人员及时采取救护措施，并据情及时送往医院或拨打 120 求救。

（8）配合上级主管部门和指挥部开展调查处理，并做好稳定社会和伤亡人员的善后处理工作。

事故案例：

2004 年 4 月 16 日，西南油气田分公司输气管理处因管压不足，进行管网改造。该公司负责人黄某在无任何手续、作业方案的情况下安排人员动火作业，在进行管线碰头作业时，施工电焊引燃了天然气，作业场所空间有限，焊工王某在逃离时跑进一条 3.5m 深的巷子而无法逃生，当场死亡。

第四章　常用应急装备与设施及其使用方法

第一节　安全消防应急装备与设施

一、灭火器

（一）常用灭火器

灭火器由筒体、器头、喷嘴等部件组成，借助驱动压力可将所充装的灭火剂喷出，达到灭火的目的。灭火器由于结构简单、操作方便、轻便灵活而被广泛使用，是扑救各类初期火灾的重要消防器材。

灭火器的种类很多，按其移动方式可分为：手提式和推车式；按驱动灭火剂的动力来源可分为：储气瓶式、储压式、化学反应式；按所充装的灭火剂可分为：泡沫灭火器、干粉灭火器、卤代烷灭火器、二氧化碳灭火器、酸碱灭火器、清水灭火器等。我国灭火器的型号由类、组、特征代号和主参数四部分组成（图 4-1）。

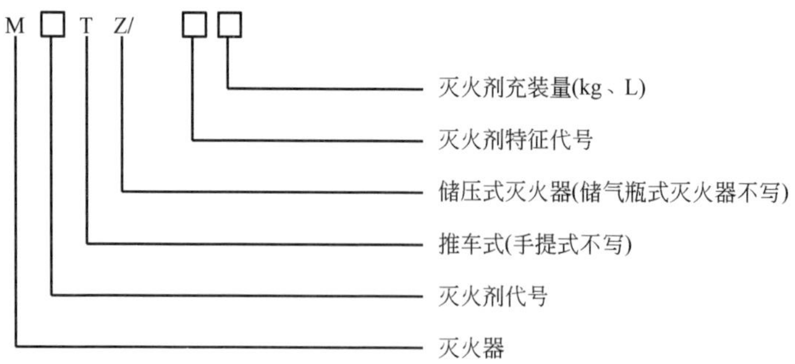

图 4-1　灭火器型号编制形式

注：如产品结构有变化时，其改进代号可加在原型号的尾部，以示区别。

类、组和特征代号用汉语拼音表示具有代表性的字头，主参数是灭火剂的充装量。灭火器型号编制方法见表 4-1。

表 4-1　各种灭火器的型号编制方法

<table>
<tr><th rowspan="2"></th><th rowspan="2">组</th><th rowspan="2">代号</th><th rowspan="2">特征</th><th rowspan="2">代号含义</th><th colspan="2">主参数</th></tr>
<tr><th>名称</th><th>单位</th></tr>
<tr><td rowspan="13">灭火器 M</td><td rowspan="2">水
S(水)</td><td>MS</td><td>酸、碱</td><td>手提式酸碱灭火器</td><td rowspan="13">灭火器额定充装量</td><td rowspan="2">L</td></tr>
<tr><td>MSQ</td><td>清水,Q(清)</td><td>手提式清水灭火器</td></tr>
<tr><td rowspan="3">泡沫
P(泡)</td><td>MP</td><td>手提式</td><td>手提式泡沫灭火器</td><td rowspan="3">L</td></tr>
<tr><td>MPZ</td><td>舟车式,Z(舟)</td><td>舟车式泡沫灭火器</td></tr>
<tr><td>MPT</td><td>推车式,T(推)</td><td>推车式泡沫灭火器</td></tr>
<tr><td rowspan="3">干粉
F(粉)</td><td>MF</td><td>手提式</td><td>手提式干粉灭火器</td><td rowspan="3">kg</td></tr>
<tr><td>MFB</td><td>背负式,B(背)</td><td>背负式干粉灭火器</td></tr>
<tr><td>MFT</td><td>推车式,T(推)</td><td>推车式干粉灭火器</td></tr>
<tr><td rowspan="3">二氧化碳
T(碳)</td><td>MT</td><td>手提式</td><td>手提式二氧化碳灭火器</td><td rowspan="3">kg</td></tr>
<tr><td>MTZ</td><td>鸭嘴式,Z(嘴)</td><td>鸭嘴式二氧化碳灭火器</td></tr>
<tr><td>MTT</td><td>推车式,T(推)</td><td>推车式二氧化碳灭火器</td></tr>
<tr><td rowspan="2">1211
Y(1)</td><td>MY</td><td>手提式</td><td>手提式 1211 灭火器</td><td rowspan="2">kg</td></tr>
<tr><td>MYT</td><td>推车式,T(推)</td><td>推车式 1211 灭火器</td></tr>
</table>

（二）炼化装置常见火灾类型及常用灭火器

1. 炼化装置常见火灾类型

由于炼化装置生产原料类型及工艺特性，易发火灾类型包括石油类固体固体产品火灾（A 类）、可燃液体火灾（B 类）、可燃气体火灾（C 类）、可燃性金属火灾（D 类）和电气火灾（E 类）共五类火灾。

2. 炼化装置常用灭火器

炼化装置常用灭火器主要有手提储压式（ABC 型）干粉灭火器，充装量分为 1kg、2kg、5kg、8kg 和 10kg 四种；推车储压式（ABC 型）干粉灭火器，充装量分为 25kg、35kg、50kg、70kg 和 100kg 五种；手提式二氧化碳灭火器，充装量分为 2kg、3kg、5kg 和 7kg 三种；推车式二氧化碳灭火器，充装量分为 12kg 和 24kg 两种；手提式泡沫灭火器，充装量分为 3L、6L 和 9L 三种。

3. 灭火器的最大保护距离

灭火器的保护距离是指配置场所任意着火点到最近灭火器设置点的行走距离。设置在 A（B）类配置场所的灭火器，最大保护距离见表 4-2。

表 4-2　A（B）类配置场所灭火器的最大保护距离

危险等级	手提式灭火器	推车式灭火器
严重危险级	15(9)m	30(18)m
中度危险级	20(12)m	40(24)m
轻度危险级	25(15)m	50(30)m

注：括号（）前数字为 A 类配置场所，括号（）内为 B 类配置场所；C 类配置场所灭火器的最大保护距离，参照 B 类配置场所的规定；E 类配置场所灭火器的最大保护距离，参照同时存在 A、B、C 配置场所灭火器的最大保护距离的规定；设置有固定灭火装置的场所，对灭火器的最大保护距离没有影响，可分别按照上表规定配置。

（三）干粉灭火器适用火灾类型

干粉灭火剂是由具有灭火效能的无机盐和少量的添加剂经干燥、粉碎、混合而成微细固体粉末。在加压气体作用下，干粉灭火器通过喷出的粉雾与火焰接触、混合时发生的物理、化学作用灭火。

除扑救金属火灾的专用干粉化学灭火剂外，干粉灭火剂一般分为 BC 干粉灭火剂和 ABC 干粉灭火剂两大类，例如碳酸氢钠干粉、改性钠盐干粉、钾盐干粉、磷酸二氢铵干粉、磷酸氢二铵干粉、磷酸干粉和氨基干粉等灭火剂。

炼化装置通常选用的干粉灭火器为 ABC 型干粉灭火器，其中，碳酸氢钠干粉灭火器适用于易燃、可燃液体与气体，以及带电设备的初起火灾，即适用于 B、C 类火灾和电气火灾；磷酸铵盐干粉灭火器除可用于上述几类火灾外，还可扑救固体类物质的初起火灾，即适用于 A、B、C 类火灾和电气火灾。但是以上灭火器都不能用于扑救金属燃烧火灾。

（四）手提式干粉灭火器

1. 基本结构

手提式干粉灭火器主要由筒体、瓶头阀、喷射软管（喷嘴）等组成，具体结构部件如图 4-2 所示。

2. 使用前的检查

（1）筒体无明显腐蚀、形变，灭火器专有标识清晰。

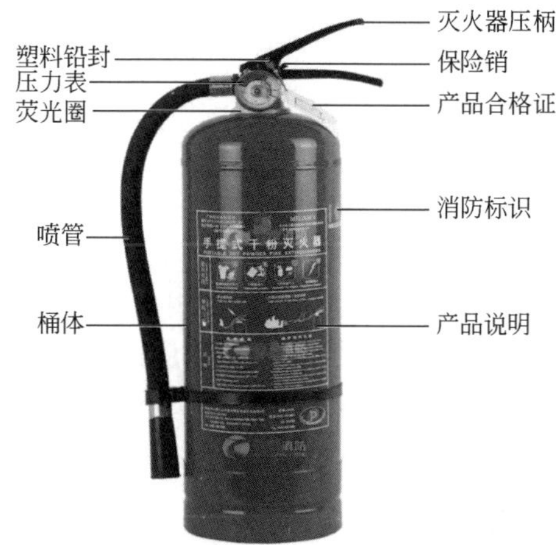

图 4-2　手提式干粉灭火器实物图

（2）灭火器铅封、保险销、压把完好。

（3）喷管连接可靠，无龟裂、折断等影响使用的损伤。

（4）查看灭火器压力表，压力表指针在绿色区域内，证明压力符合要求，灭火器可以使用；压力表指针在红色区域内，说明灭火器压力不足，不得使用，需及时回收充装或报废；压力表指针在黄色区域内，说明灭火器压力高，可以使用，但应注意安全。

（5）灭火器使用年限应在有效期范围内，手提式干粉灭火器有效期自出厂之日起，筒体有效期为 10 年，灭火剂有效期为 5 年。

（6）晃动筒体，感觉内部灭火剂无明显结块。

3. 使用方法

（1）提（扛）到火场。

（2）去掉铅封，拔掉保险销。

（3）一手扶着喷管，一手按下压把。

（4）站在上风向，由近及远对准火焰根部喷射。

4. 注意事项

（1）拔保险销时不能紧握把手，否则保险销无法拔出。

（2）灭火时，距离着火点不应超过灭火器有效射程。

（3）室外灭火时应站在下风向灭火，否则喷射的干粉容易遮挡视线，同时火灾热辐射伤害还能造成人员伤害。

(4) 扑救容器内液体火灾时，应沿容器器壁喷扫，以使干粉能够覆盖整个容器开口表面，切不可将灭火剂直接冲击液面，以防将可燃液体冲出容器，造成火势扩大。

(5) 扑救地面流淌火时，应由近及远向前平推，左右横扫，防止火焰回窜。

(6) 干粉灭火剂冷却作用甚微，灭火后要防止复燃。

(7) 应将灭火器筒体向上直立，放置在清洁干燥的环境中，注意防潮，储存温度为-10~45℃，严禁烈日暴晒。

(五) 推车式干粉灭火器

1. 基本结构

推车式干粉灭火器一般包括喷筒、筒体、车架、保险装置、器头及防护圈等部分（图4-3）。

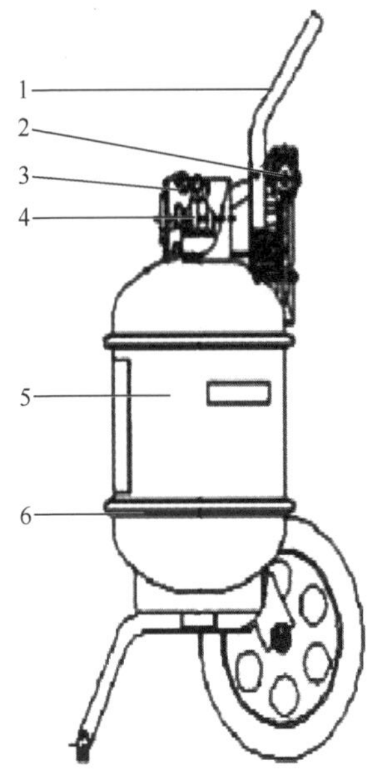

图4-3 推车式干粉灭火器结构图

1—车架总成；2—喷筒总成；3—保险装置；4—器头总成；5—筒体总成；6—防护圈

注：推车灭火器充装量有20kg、35kg、50kg、70kg等4种。

2. 使用前的检查

(1) 筒体无明显腐蚀、形变，灭火器专有标识清晰。

(2) 灭火器铅封、保险销、压把完好。

(3) 喷管连接可靠，无折断等影响使用的损伤。

(4) 查看灭火器压力表指针在绿色区域内，证明压力符合要求，灭火器可以使用；压力表指针在红色区域内，说明灭火器压力不足，不得使用，需及时回收充装或报废；压力表指针在黄色区域内，说明灭火器压力高，可以使用，但应注意安全。

(5) 灭火器使用年限在有效期范围内，推车式干粉灭火器有效期自出厂之日起，筒体有效期为10年，灭火剂有效期为5年。

3. 使用方法

(1) 把干粉车拉或推到现场。

（2）右手抓着喷粉枪，左手顺势展开喷粉胶管，直至平直，不能弯折或打圈。

（3）除掉铅封，拔出保险销。

（4）用手掌使劲按下供气阀门。

（5）左手把持喷粉枪管托，右手把持枪把用手指扳动喷粉开关，对准火焰喷射，不断靠前左右摆动喷粉枪，把干粉笼罩住燃烧区，直至把火扑灭为止。

4. 注意事项

（1）拔保险销时不能紧握把手，否则保险销无法拔出。

（2）灭火时，距离着火点不应超过灭火器有效射程。

（3）室外灭火时应站在下风向灭火，否则喷射的干粉容易遮挡视线，同时火灾热辐射伤害还能造成人员伤害。

（4）扑救容器内液体火灾时，应沿容器器壁喷扫，以使干粉能够覆盖整个容器开口表面，切不可将灭火剂直接冲击液面，以防将可燃液体冲出容器，造成火势扩大。

（5）扑救地面流淌火时，应由近及远向前平推，左右横扫，防止火焰回窜。

（6）干粉灭火剂冷却作用甚微，灭火后要防止复燃。

（7）应将灭火器筒体向上直立，放置在清洁干燥的环境中，注意防潮，储存温度为-10~45℃，严禁烈日暴晒。

（六）二氧化碳灭火器适用火灾类型

二氧化碳灭火器适用于扑救电气设备、精密仪器仪表及图书档案火灾，不适于扑救金属钠、钾、镁、铝、金属氧化物及在惰性介质中可燃烧的物质（如硝酸纤维）的火灾。

（七）手提式二氧化碳灭火器

1. 基本结构

手提式二氧化碳灭火器由钢瓶、喷筒、把手、喷管、提把、压把、保险销等组成，如图 4-4 所示。

2. 使用前的检查

（1）灭火器铅封、保险销、压把完好。

（2）喷管及喷嘴连接可靠，无裂纹、破损等影响使用的损伤。

（3）筒体无明显腐蚀、形变，是否有防冻伤措施。

（4）灭火器使用年限在有效期范围内，手提式二氧化碳灭火器有效期自出厂之日起，有效期为 12 年。

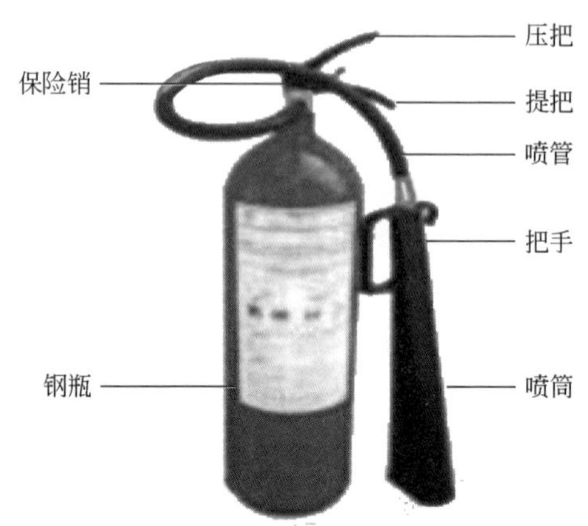

图 4-4　手提式二氧化碳灭火器结构

3. 使用方法

（1）提到火场。

（2）除掉铅封，拔掉保险销。

（3）调整喷管方向对准着火部位。

（4）压下压把，站在上风向由近及远向火焰根部喷射。

4. 注意事项

使用二氧化碳灭火器时应注意手部防护，以免冻伤。

推车式二氧化碳灭火器一般由两人操作，使用时应注意封闭空间的窒息风险。

（八）泡沫灭火器

1. 泡沫灭火器原理及适用范围

泡沫灭火器内有两个容器，分别盛放两种液体，分别为硫酸铝和碳酸氢钠溶液，除了以上两种反应物外，灭火器中还加入了一些发泡剂。正常放置状态下，两种溶液互不接触，不发生任何化学反应，当需要泡沫灭火时，将灭火器倒立，两种溶液混合在一起，就会产生大量的二氧化碳气体，打开开关，泡沫从灭火器中喷出，覆盖在燃烧介质上，使燃烧介质与空气隔离，并降低温度，达到灭火目的。

泡沫灭火器适用于扑救一般 B 类火灾，如油制品、油脂等火灾，也适用于 A 类火灾，但不能扑救 B 类火灾中的水溶性可燃、易燃液体的火灾，如醇、酯、醚、酮等物质引发的火灾；也不能扑救带电设备及 C 类火灾和 D 类火灾。

2. 基本结构

手提式泡沫灭火器一般由筒体、筒盖、虹吸管、压把、提把、泡沫混合液、喷射软管及泡沫喷枪等部分组成（图 4-5、图 4-6、图 4-7、图 4-8），推车式泡沫灭火器除车架外其余组成部件与手提式泡沫灭火器基本相同。

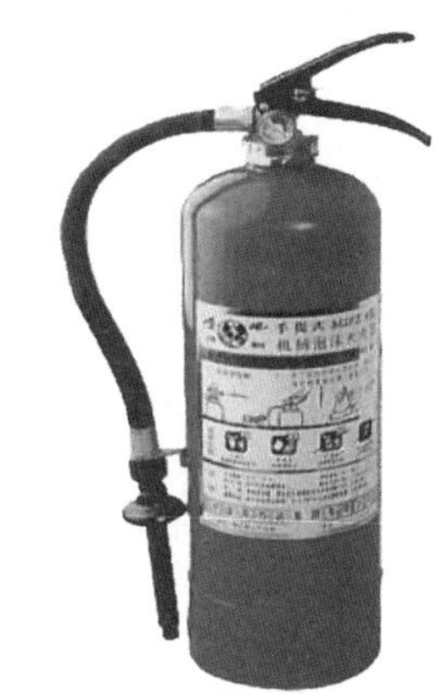

图 4-5　手提式泡沫灭火器

图 4-6　推车式泡沫灭火器

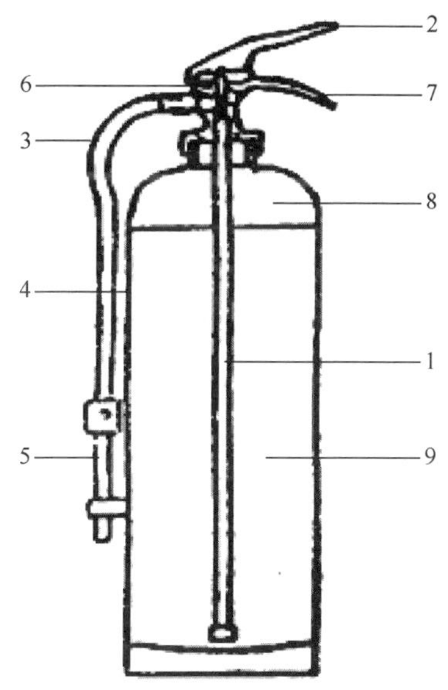

图 4-7　储压式空气泡沫灭火器

1—虹吸管；2—压把；3—喷射软管；4—筒体；5—泡沫喷枪；6—筒盖；7—提把；8—加压氮气；9—泡沫混合液

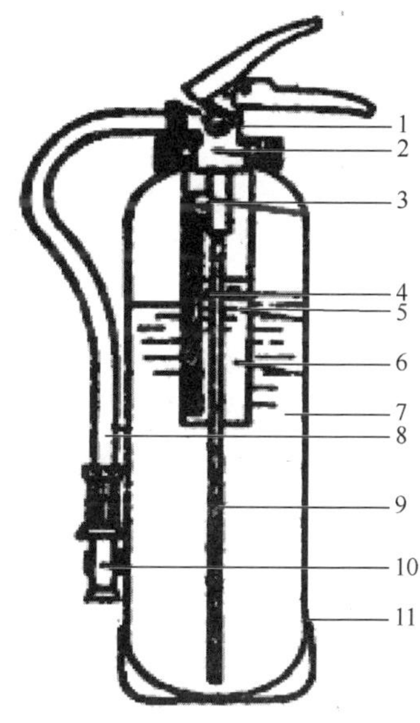

图 4-8　分装式空气泡沫灭火器

1—压力表；2—筒盖；3—混合器；4—吸液管；5—内胆；6—泡沫液；7—清水；8—喷射软管；9—吸水管；10—泡沫喷枪；11—筒体

3. 使用前检查

（1）灭火器压力表的外表面不得有变形、损伤等缺陷，否则应更换压力表。

（2）检查压力表的指针是否指在绿区（绿区为设计工作压力值），否则应充装驱动气体。

（3）检查灭火器喷嘴是否有变形、开裂、损伤等缺陷，否则应予以更换。

（4）灭火器的压把、阀体等金属件不得有严重损伤、变形、锈蚀等影响使用的缺陷，否则必须更换。

（5）筒体严重变形、筒体严重锈蚀（漆皮大面积脱落，锈蚀面积不小于筒体总面积的三分之一者）或连接部位、筒底严重锈蚀的必须报废。

（6）灭火器的橡胶、塑料件不得变形、变色、老化或断裂，否则必须更换。

4. 使用方法

（1）提到火场，灭火器不得过分倾斜。

（2）一手堵住喷嘴，一手拿住筒底将灭火器倒置，并上下晃动。

（3）将喷嘴对准着火部位喷射，切忌直接对准液面喷射。

（4）灭火后将灭火器喷嘴朝下放在地上。

5. 使用技巧

（1）在扑救可燃液体火灾时，如已呈流淌状燃烧，应将泡沫由远而近喷射，使泡沫完全覆盖在燃烧液面上。

（2）在容器内燃烧时，应将泡沫射向容器的内壁，使泡沫沿着内壁流淌，逐步覆盖着火液面。

（3）在扑救固体物质火灾时，应将射流对准燃烧最猛烈处。

（4）使用时，灭火器应始终保持倒置状态，否则会中断喷射。

推车式泡沫灭火器使用时一般由两人操作，使用方法与手提式化学泡沫灭火器相同。

二、消火栓

消火栓是一种与供水管路连接，由阀、出水口和壳体等组成的固定式消防供水（或泡沫液）装置，其主要作用是控制可燃物、隔绝助燃物、消除着火源。消火栓主要供消防车从室外消防给水网取水实施灭火，也可以直接连接水带、水枪出水灭火，是扑救火灾的重要消防设施之一。

（一）消火栓分类及适用范围

按照安装位置消火栓分为室内消火栓（图 4-9）和室外消火栓（图 4-10）。消火栓主要应用于以下火灾：

（1）适用于石油化工企业、储罐区、仓库、飞机库、车库、港口码头等场所。

（2）适用于一般固体可燃物火灾现场。

（3）不得用于扑救遇水发生化学反应而引起燃烧、爆炸的物质引发的火灾（如锂、钠、钾、烷基铝）。

图 4-9 室内消火栓

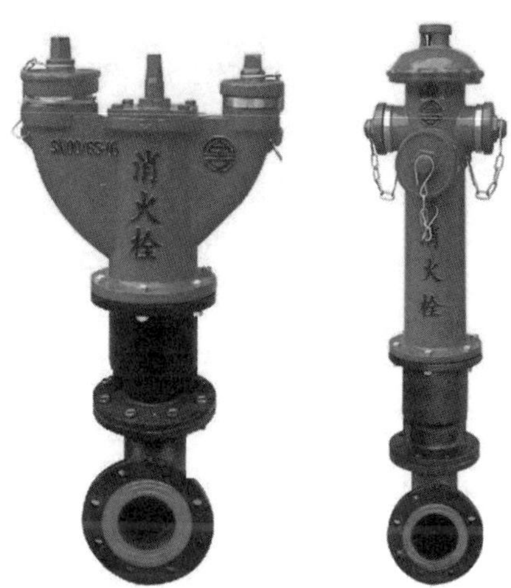

图 4-10 室外消火栓

（二）消火栓系统组成

消火栓系统主要由消火栓、消防水带、消防枪等组成（图 4-11），在灭火救援过程中，消火栓可以为消防车供水。

（三）室外消火栓

室外消火栓分为地上消火栓和地下消火栓，其基本结构如图 4-12 所示。

1. 室外消火栓系统使用前检查

（1）检查栓体有无锈蚀，有无裂纹，帽盖有无松动。

（2）检查消火栓接口管牙是否完好。

(a) 室外消火栓

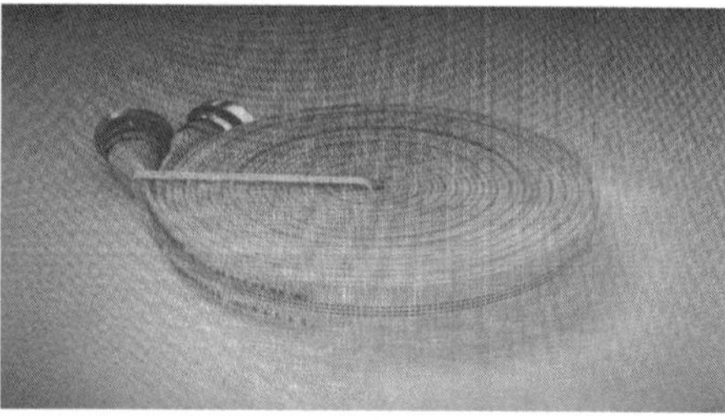

(b) 消防水带

(c) 直流—开花两用消防水枪

图 4-11　消火栓系统部件

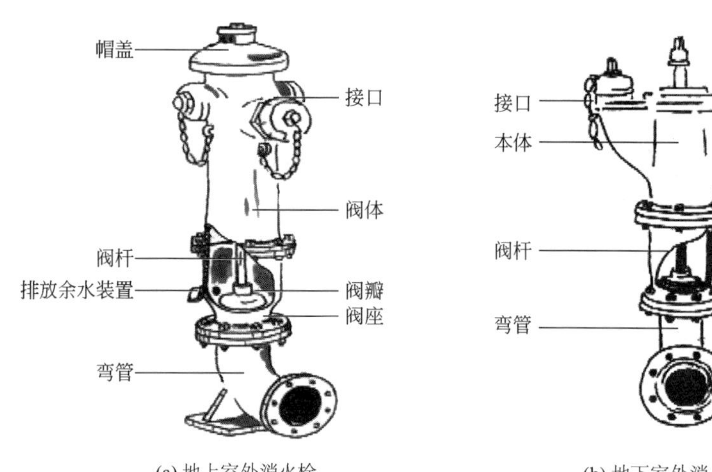

(a) 地上室外消火栓　　(b) 地下室外消火栓

图 4-12　消火栓结构图

（3）检查管牙接口与水带连接是否牢靠，以免供水后水带与接口脱开伤人。

（4）检查消防水带是否破损、水带衬里是否起层、脱落或老化。

（5）检查消防水带管牙接口是否完好，接口胶圈是否完好，管牙接口卡扣钢圈是否脱扣。

（6）检查消防水枪接口是否有破损、接口胶圈是否完好，旋转式“喷雾—直流”喷嘴调整是否灵活。

2. 室外（地上）消火栓的使用操作

（1）取出消防水带。

（2）展开消防水带。

（3）连接消火栓，将消防水带管牙接口对准消火牙接口。

（4）连接消防水枪，将消防水带管牙接口对准消防栓接口，顺时针旋转管水枪接口，两手相对旋转。

（5）打开消火栓控制阀，使用专用扳手，逆时针方向开启消火栓出水控制阀。

（6）扑救（控制）火情，站在上风向，将消防水枪对准火场喷射进行灭火。

3. 注意事项

（1）消火栓使用操作必须由两个人同时进行，且操作消防水带人员身体条件适合。

（2）消火栓开启前要确认非在用出水口闭合有效，水带与消火栓连接牢固可靠。

（3）展开消防水带时，注意不要扭折。

（4）要缓慢开启消火栓供水阀门，逐渐提高供水压力，以免水流反冲击作用力过大而造成人员受伤。

（5）消防水带使用后必须放在阴凉处晾干，收卷存放。寒冷地带使用消防水带，使用后要及时控干消防水带内积水，以免冻结。

（6）消防水带使用时严禁在尖锐物体上拖拽，过道处做好防护。

（7）停用消火栓时，应缓慢关闭供水阀门直至不再出水，切不可野蛮关阀，以免造成阀门损坏。

（8）消火栓使用后应能够自动泄水，寒冷地区应增加手动泄水阀，每次使用后及时将消火栓内的存水排净，以免发生消火栓冻裂。

（9）扑救非水溶性可燃易燃液体火灾、油品火灾，以及储存大量浓硫酸、浓盐酸、浓硝酸的场所发生的火灾，不能有直流水向液面喷射扑救，以免发生飞溅而扩大火情，可用雾状水扑救。

（10）扑救水溶性物质火灾建议采用雾状水。

（四）室内消火栓

1. 室内消火栓类型

室内消火栓是一种安装在室内的消火栓，按出水口型式可分为：单出口室内消火栓和双出口室内消火栓；按栓阀数量可分为：单栓阀（以下简称单阀）室内消火栓和双栓阀（以下简称双阀）室内消火栓；按结构型式可分为：直角出口型室内消火栓、45°出口型室内消火栓、旋转型室内消火栓、减压型室内消火栓、旋转减压型室内消火栓、减压稳压型室内消火栓、旋转减压稳压型室内消火栓等（图 4-13）。

(a) 单阀双出口室内消火栓

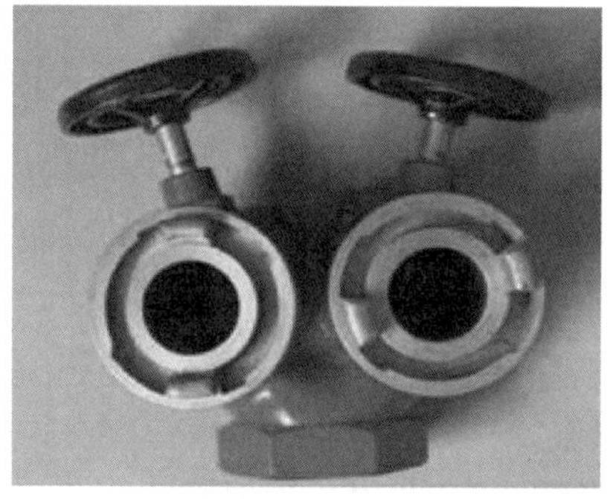

(b) 双阀双出口室内消火栓

(c) 减压稳压型室内消火栓

(d) 单阀单出口室内消火栓

图 4-13　室内消火栓常见类型

2. 室内消火栓使用前检查

（1）检查消火栓接口管牙是否完好。

（2）检查消防水带管牙接口是否完好，接口胶圈是否完好，管牙接口卡扣钢圈是否脱扣。

（3）检查管牙接口与水带连接是否牢靠，以免供水后造成人员受伤。

（4）检查消防水带是否破损、水带衬里是否起层、脱落或老化。

（5）检查消防水枪接口是否有破损、接口胶圈是否完好，旋转式“喷雾—直流”喷嘴调整是否灵活。

3. 室内消火栓使用操作

（1）取出消防水带。

（2）展开消防水带。

（3）连接消火栓，将消防水带管牙接口对准消火栓接口，顺时针旋转管牙接口。

（4）连接消防水枪，将消防水带管牙接口对准消防水枪接口，顺时针旋转。

（5）打开消火栓控制阀，逆时针方向打开消火栓水阀。

（6）扑救（控制）火情，对准火焰根部，进行灭火。

4. 注意事项

（1）消火栓使用操作必须由两个人同时进行，且操作消防水带人员身体条件适合。

（2）消火栓开启前要确认非在用出水口闭合有效，水带与消火栓连接牢固可靠。

（3）展开消防水带时，注意不要扭折。

（4）要缓慢开启消火栓供水阀门，逐渐提高供水压力，以免水流反冲击作用力过大而造成人员受伤。

（5）消防水带使用后必须放在阴凉处晾干，收卷存放。寒冷地带使用消防水带，使用后要及时控干消防水带内积水，以免冻结。

（6）消防水带使用时严禁在尖锐物体上拖拽，过道处做好防护。

（7）停用消火栓时，应缓慢关闭供水阀门直至不再出水，不可野蛮关阀，以免造成阀门损坏。

（8）扑救非水溶性可燃易燃液体火灾、油品火灾，以及储存大量浓硫酸、浓盐酸、浓硝酸的场所发生的火灾，不能有直流水向液面喷射扑救，以免发生飞溅扩大火情，可用雾状水扑救。

（9）扑救水溶性物质火灾建议采用雾状水。

三、消防水炮

消防水炮是一种能够将一定流量、一定压力的水通过能量转换，将势能（压力能）转化为动能，使水以较快的速度从炮头出口喷出，形成射流，从而扑灭一定距离以外火灾的装置。

（一）消防水炮类型

按照安装形式消防水炮可分为固定式消防水炮和移动式消防水炮，其中固定式消防水炮是安装在固定支座上的消防水炮，也包括固定安装在消防车、消防艇等上的消防水炮，固定式消防水炮又分为手轮式和手柄式两种（图 4-14）；移动式消防水炮是指安装在可移动支座上的消防水炮，移动式消防水炮又分为手抬式、拖车式和折叠自摆式三种（图 4-15）。

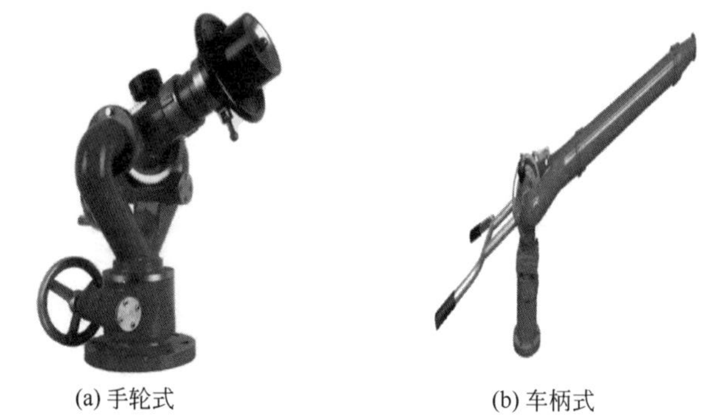

(a) 手轮式　　(b) 车柄式

图 4-14　固定式消防水炮

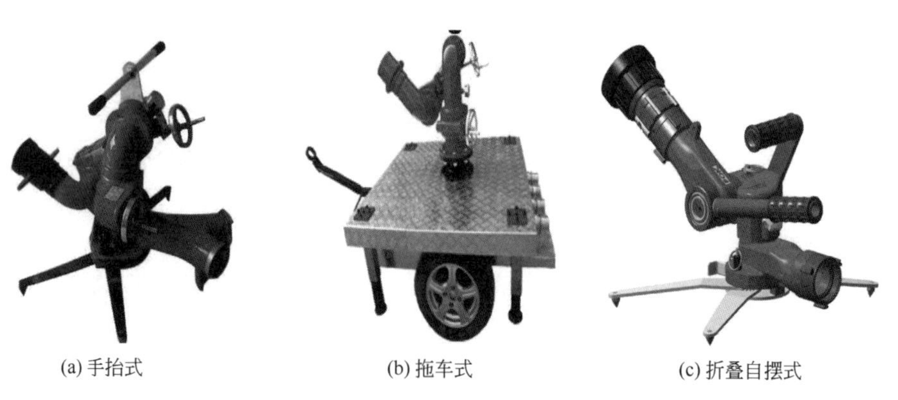

(a) 手抬式　　(b) 拖车式　　(c) 折叠自摆式

图 4-15　移动式消防水炮

按照控制方式消防水炮可分为手动消防水炮和远控消防水炮，其中远控消防水炮又分为由电机控制的固定式远控消防水炮和移动式遥控消防水炮（图 4–16）。

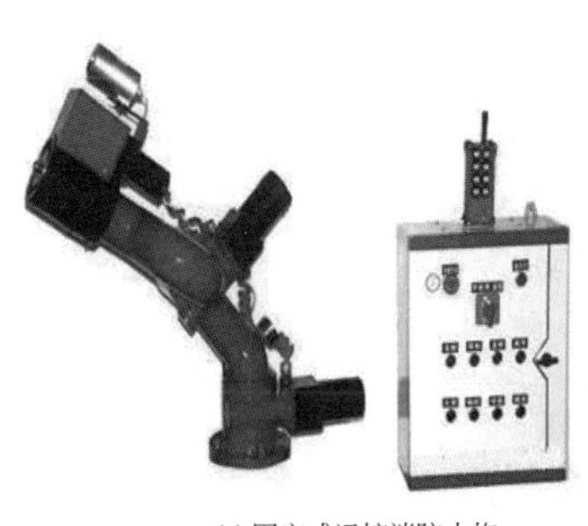

(a) 固定式远控消防水炮　　(b) 移动式遥控消防水炮

图 4–16　远控消防水炮

消防水炮主要由炮体、喷管、操作部件和入口部件等组成。相同的水炮主体对应不同的喷管部件，可实现不同的水流。配备不同的操作部件，可实现手柄式、手轮式和电动式的互换。

表 4–3　消防水炮部件种类与特点

部件	种类	特点
喷管	柱/雾状可调喷嘴	可将水进行柱/雾状喷射
	柱状喷嘴	可将水进行柱状喷射
操作部件	手柄	手动操作方式,方便快捷
	手轮	手动操作方式,方便精确
	电机	电动操作方式,可实现远程控制
入口部件	法兰连接	与底座固定连接
	弯管	与消防水带连接

（二）消防水炮适用范围

（1）适用于石油化工企业、储罐区、仓库、飞机库、车库、港口码头等场所。

（2）适用于一般固体可燃物火灾现场。

（3）不得用于扑救遇水发生化学反应而引起燃烧、爆炸的物质引发的火

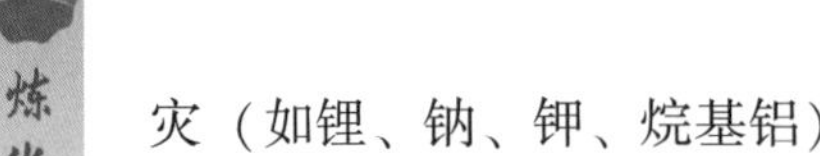

灾（如锂、钠、钾、烷基铝）。

（三）手柄式固定消防水炮

1. 结构部件

手柄式固定消防水炮由喷嘴、压力表、俯仰调节阀、炮体、操作手柄、水平调节阀、进水蝶阀、入口法兰等组成（图 4-17）。

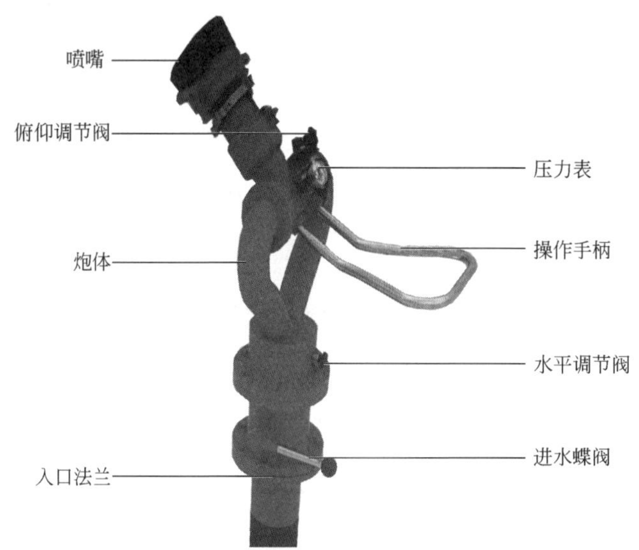

图 4-17　手柄式固定消防水炮结构图

2. 使用前检查

（1）检查进水管线是否完好，入口法兰是否紧固，确保水炮炮体无损伤。

（2）检查进水球阀阀体有无裂纹等可见性损坏，阀门开关是否灵活。

（3）可调喷嘴配件齐全完好，喷嘴旋转调节灵活，喷嘴出口无堵塞。

（4）压力表、俯仰调节阀、水平调节阀、操作手柄等附件完好。

（5）水炮水平转向操作、俯仰操作灵活。

3. 使用操作

（1）微开进水蝶阀。

（2）松开水平调节阀，控制操作手柄调整水平方向对准火场，锁紧水平调节阀。

（3）松开俯仰调节阀，控制操作手柄调整俯仰角度到合适位置，锁紧俯仰调节阀。

（4）顺时针或逆时针调整喷嘴，可实现水流直流与喷雾状态转换和水流调节。

（5）水炮位置调整好后，逐渐开启入水阀，对准着火部位或火场附近设备进行喷射或冷却，直至把火扑灭。

4. 注意事项

（1）应经常检查消防水炮的完好性和操作灵活性，发现故障及时维修。

（2）消防水炮应该在使用压力范围内使用，其供水压力不能低于工作压力，不能超过最大工作压力（1.6MPa）。

（3）喷射时，炮口下严禁站人，以免造成人员受伤。

（4）喷射操作时，应调整好炮口方向和角度，然后增大水量。

（5）每次使用后应将消防水炮内余水排净，保持消防水炮内干燥。

（6）非工作状态下，炮口应保持水平，锁紧俯仰调节阀和水平调节阀。

（7）扑救油品火灾，应注意消防水炮炮体喷射角度。

（8）扑救非水溶性可燃易燃液体火灾、油品火灾，以及储存大量浓硫酸、浓盐酸、浓硝酸的场所发生的火灾，不能有直流水向液面喷射扑救，以免发生飞溅扩大火情，可用雾状水扑救。

（9）扑救水溶性物质火灾建议采用雾状水。

（四）手轮式固定消防水炮

1. 结构部件

手轮式固定消防水炮由喷嘴、炮管、压力表、俯仰锁定装置、俯仰调节手轮、俯仰调节齿轮、水平调节手轮、水平转向齿轮、进水球阀、进水球阀手柄等组成（图 4-18）。

2. 使用前检查

（1）检查进水管线是否完好，入口法兰紧固是否，有无泄漏。

（2）检查进水球阀阀体有无裂纹等可见性损坏，阀门开关是否灵活。

（3）可调喷嘴配件齐全完好，喷嘴出口无堵塞（直流—水雾可调喷嘴，检查喷嘴旋转调节灵活性）。

（4）压力表、俯仰调节手轮、水平调节手轮、俯仰锁定装置等附件完好。

（5）水炮俯仰调节齿轮、水平调节齿轮润滑良好，水平转向操作、俯仰操作灵活。

图 4-18 手轮式固定式消防水炮结构图

3. 使用操作

(1) 抬起俯仰调节锁定装置，小开度开启进水阀门，观察水流和压力。

(2) 摇转俯仰调节手轮，调整水炮到合适俯仰角度（顺时针摇转水炮俯仰角度增大，逆时针摇转水炮俯仰角度减小）。

(3) 摇转水平调节手轮，调整水炮到合适位置（顺时针摇转水炮转向右侧，逆时针摇转水炮转向左侧）。

(4) 缓慢增大水炮进水阀门开度，观察水炮压力表，逐渐调整水炮到合适出水量（不得超出水炮最大压力 1.6MPa）。

4. 注意事项

(1) 应经常检查水炮的完好性，发现故障及时维修。

(2) 检查水炮俯仰调节齿轮和水平转向调节齿轮的润滑性，确保俯仰调节和转向调节操作灵活。

(3) 消防水炮应该在使用压力范围内使用，其供水压力不能低于工作压力，不能超过最大工作压力（1.6MPa）。

(4) 喷射时，炮口下严禁站人，以免造成人员受伤。

（5）喷射操作时，应调整好炮口方向和角度，然后增大水量。

（6）每次使用后应将炮内余水排净，保持炮内干燥，冬季寒冷天气做好防冻。

（7）非工作状态下，炮口应保持处于最大俯角限位状态，锁定俯仰限位装置和水平转向手轮。

（8）扑救油品火灾时，应注意炮体喷射角度。

（9）扑救非水溶性可燃易燃液体火灾、油品火灾，以及储存大量浓硫酸、浓盐酸、浓硝酸的场所发生的火灾，不能有直流水向液面喷射扑救，以免发生飞溅扩大火情，可用雾状水扑救。

（10）扑救水溶性物质火灾建议采用雾状水。

（五）布利斯水炮

1. 布利斯水炮简介

布利斯水炮是一种结构简单，操作简便，轻巧灵活的便携移动式消防水炮，其最大特点是在炮身安装了安全阀，能在水炮突然移动时关闭水流，从而降低水炮失控时对人员造成的伤害。

2. 结构部件

布利斯水炮主要由旋转进水口、旋转出水口、安全阀手柄、安全阀手柄锁定钮、安全固定带连接环、支撑腿、钨钢防滑钉、俯仰调节机械装置和自摆装置等部件组成（图 4-19、图 4-20）。

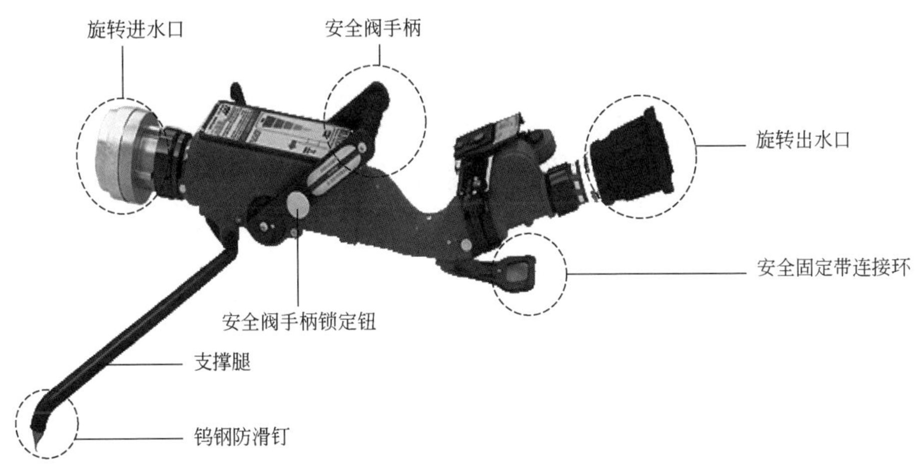

图 4-19　布利斯水炮组成部件 1

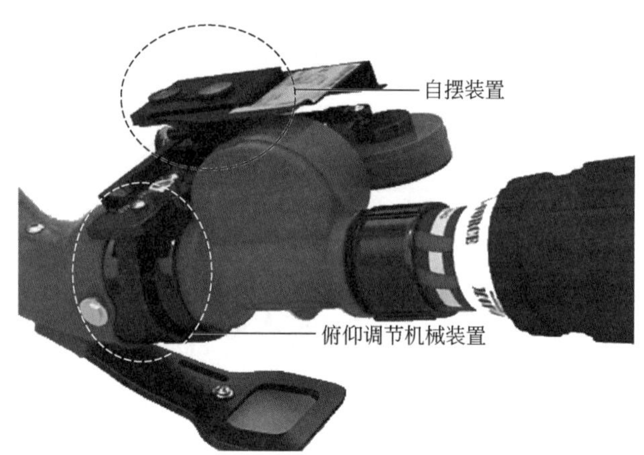

图 4-20　布利斯水炮组成部件 2

3. 使用操作

（1）提携水炮。操作人员携带水炮快速赶至火场；打开水炮支撑脚，放置地面且支牢；在水带未充水情况下，若要移动水带，可收起支撑脚搬动；在水带充水情况下，可提着阀柄和一个支脚移动。

（2）固定水炮。水炮在喷射过程中，炮头会产生相当大的反作用力（图 4-21），因此操作时必须固定水炮，以避免水炮发生侧移，可采用四种固定方法（图 4-22）。

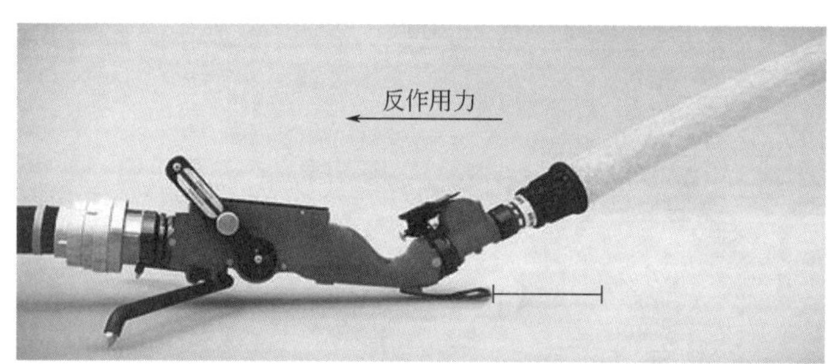

图 4-21　水炮反作用力示意图

① 体重固定。在摩擦力较好的地面上使用时，操作者将自身的体重施加在水炮或水带上，可以有效地阻止水炮侧滑。

② 防滑钉固定。在炮身底部和支撑脚上装有钨钢防滑钉，可在地面上固定水炮防止滑移；具体操作时，将防滑钉放进裂缝或孔洞中可以增加防滑效果。

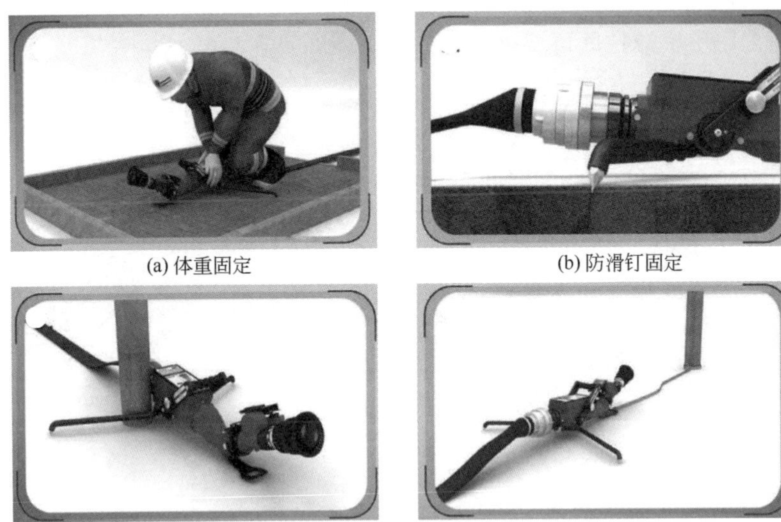
(a) 体重固定　(b) 防滑钉固定
(c) 撑脚固定　(d) 拴住固定

图 4-22　布利斯水炮固定方法

③ 撑脚固定。布利斯水炮炮身有两只撑脚，拉开撑脚即可定位作业，撑脚撑开、缩折都有弹簧定位扣固定。

撑脚还可以后置作为钩子钩住立柱墙体等固定物体达到更加稳定的效果。

④ 拴住固定。将水炮配备的安全固定带末端带环套在或拴在固定物体上。另一端的挂钩穿过带环拉紧，注意使安全固定带尽可能地贴近地面。挂钩钩住前端的固定带连接环。

（3）旋转进水口。布利斯水炮装有上下转动进水口，可上下旋转 20°，从而不必抬起炮身就可以连接各种不同尺寸的水带（图 4-23）。

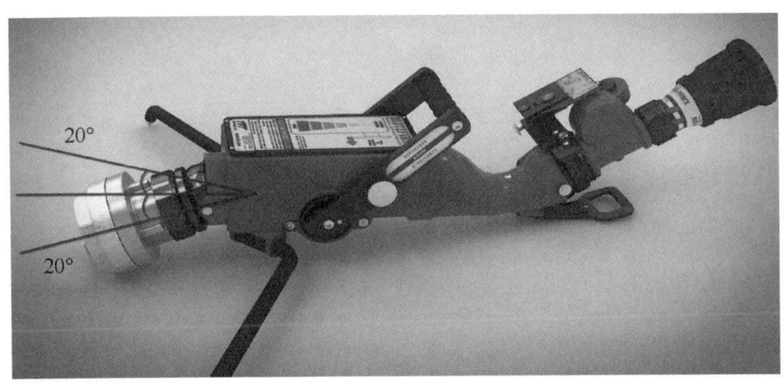

图 4-23　旋转进水口

（4）旋转出水口。布利斯水炮出水口可左右转动 20°，俯仰角上下 10°～50°转动，用手推或拉即可调整射流方向（图 4-24）。

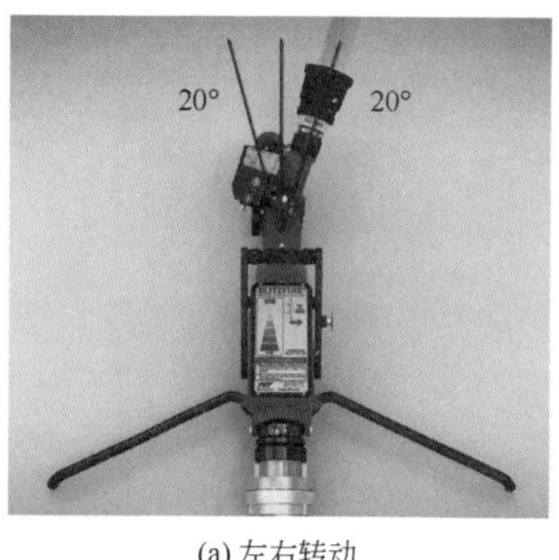

(a) 左右转动

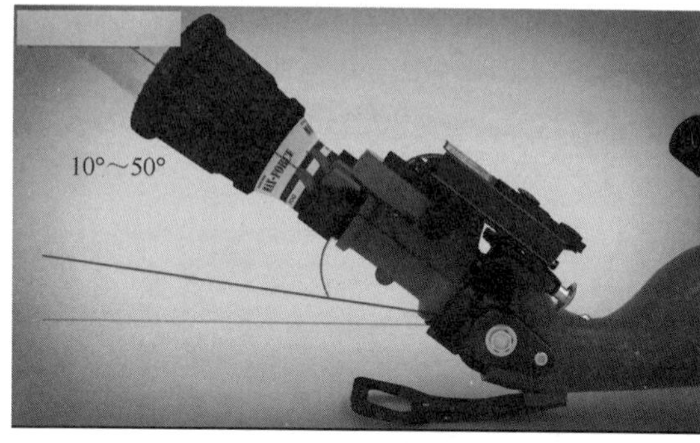

(b) 上下转动

图 4-24 旋转出水口

（5）打开安全阀。

① 拉出安全阀手柄右侧的安全阀手柄锁定钮。

② 将手柄向后拉起打开阀门，将安全阀手柄放置在所需的挡位上。

（6）流量控制。布利斯水炮阀门既可用来控制流量，又具有安全关闭的功能。阀门手柄向后，阀门则全开；阀门手柄向前，阀门关闭（图 4-25）。阀门设有六挡流量定位（图 4-26），操作人员可根据实际情况调节流量。

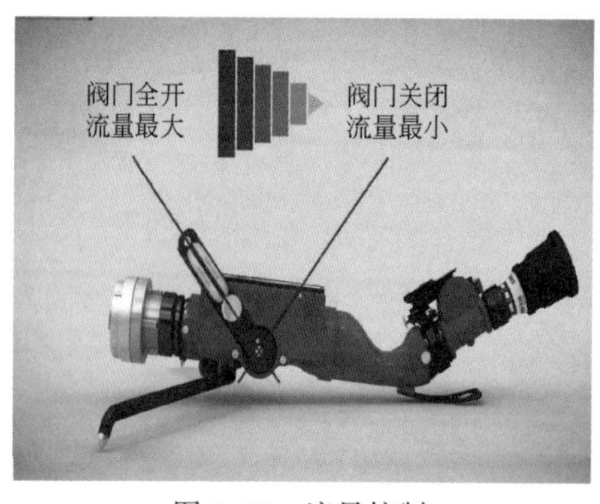

图 4-25 流量控制

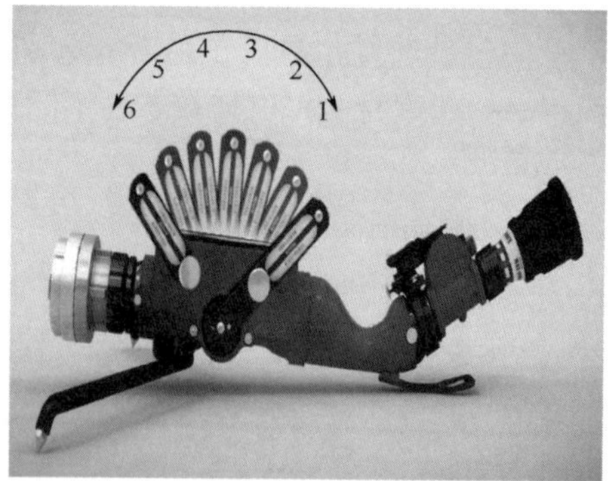

图 4-26 流量定位

（7）自摆装置操作。布利斯水炮还可以通过自身配置的自摆装置来进行均匀的左右摇摆喷射。

自摆操作步骤：

① 将布利斯水炮放置在需要喷射覆盖范围的中央线位置。

② 调整好左右摆动角度，然后按下绿色开始按钮。

③ 调整好俯仰角度，最后开启水炮阀门，炮身便开始有节奏的均匀度左右摇摆喷射。

自动改手动操作步骤：

① 关闭水炮阀门。

② 按下红色停止按钮，此时绿色按钮跳起。

③ 将炮头手动转到需要的位置。

4. 注意事项

(1) 在充水情况下移动水炮时，应关闭阀柄并锁定，以防止阀门突然打开。

(2) 安全固定带固定时，水炮和固定点距离应尽量缩短，在水炮出水前将水炮固定并拉紧。

(3) 水炮不要放置在任何物体上，防止防滑钉脱离地面。

(4) 自摆装置工作时，操作人员的手应远离转动水炮部位，避免被转动的齿轮夹住而遭受伤害。

(5) 自摆装置工作时，应放置在结实且容易固定的地面上。

(6) 布利斯水炮是依靠水压的推动实现自摆功能的，自摆时，水压必须达到 0.5MPa 以上，否则不能实现自摆。

(7) 在需要采用泡沫灭火时，应首先更换泡沫炮头。

四、防火服

防火服是消防员、现场紧急处置人员及高温作业人员近火作业时穿着的防护服装，用来对其上下躯干、头部、手部和脚步进行隔热防护。防火服具有防火、隔热、阻燃、反辐射热、耐磨、耐折等特性，可分为轻便式防火服和重型防火服。

防火服套装包括防火上衣、防火裤、防火头罩、防火手套、防火脚套、防火靴及空气呼吸器背囊。

(一) 防火服检查

(1) 防火服外部保护层（锡箔）应完好，无破损、脱落。

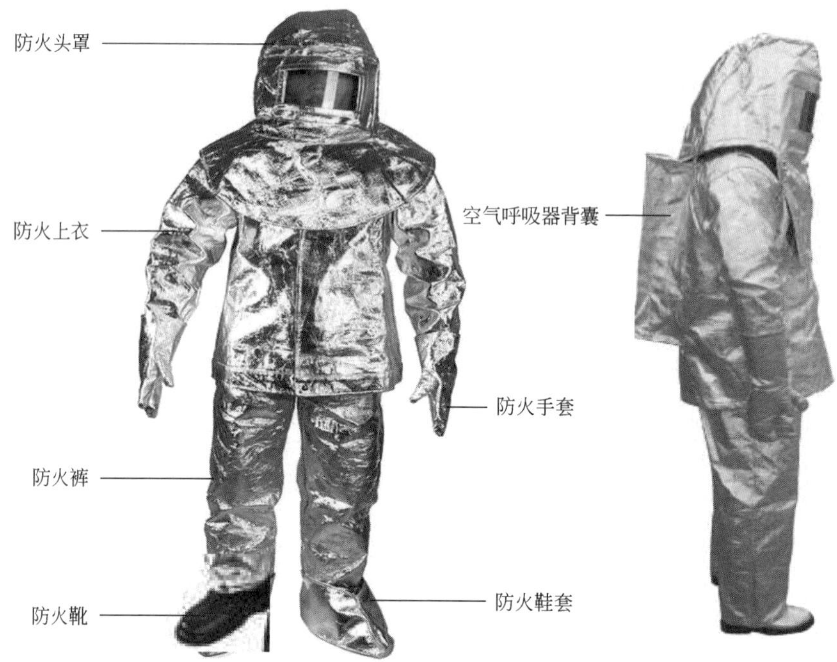

图 4-27　防火服套装

（2）头罩视窗无妨碍视觉的磨损。

（3）防火靴完好，无断底、龟裂。

（4）防火手套完好，防护层（铝箔）无破损、脱落现象。

（5）防火服纽扣、收紧带齐全。

（二）连体防火服穿戴

（1）拉开防火服拉链。

（2）先将腿伸进连体防火服。

（3）伸进手臂。

（4）拉上拉链，扣好按扣。

（5）穿上防火靴，盖好防火鞋套。

（6）戴好防火头罩。

（7）戴好防火手套。

（三）重型防火服穿戴

（1）背上空气呼吸器。

(2) 穿好防火服裤子，收好腰带，穿好防火靴。

(3) 穿上防火服装的上衣。

(4) 将快速接头和压力接头从上衣口袋中伸出。

(5) 连接空气呼吸器快速接头，打开气瓶阀。

(6) 拿起保护脸部面罩，理顺收紧带，由下巴向上套在头上。

(7) 拉紧收紧带，确保面罩紧贴面部。

(8) 放下上衣护胸布，带好防火手套。

(四) 注意事项

(1) 穿戴防火服要确保防火裤完全罩住防火靴。

(2) 使用及存放时，应尽可能避免接触强酸、强碱等腐蚀性物品，以免损坏防火服铝箔表面。

五、火灾报警控制系统

(一) 自动火灾报警控制系统组成

自动火灾报警控制系统由现场固定式可燃气体检测报警仪、可燃气体监测控制柜、自动火灾报警按钮、烟感（或温感或光感）探头、火灾报警中心控制器、声光报警器、雨淋阀等部分组成（图 4-28）。

(二) 自动火灾报警控制系统功能及工作原理

JB—QB—CH8000 型火灾报警中心控制器（联动型）具有火警、联动报警、故障和正常四种控制状态，控制模式分为可燃气体监测自动控制、现场手动控制和火灾报警系统控制三种（图 4-29）。

在可燃气体监测自动控制模式下，现场固定式可燃气体监测报警仪将现场可燃气体监测浓度数据传递给可燃气体监测控制柜，经过气体监测控制柜对收集数据进行分析判断与处理，将信息反馈给 JB—QB—CH8000 型火灾报警中心控制器，火灾报警控制器输出电信号给现场雨淋阀电池阀，电池阀打开，雨淋阀供水，现场固定式水喷淋喷水，从而达到可燃气体稀释和设备防护目的，实现联动控制状态。

控制器可以通过启动现场防爆手动报警按钮，将火警信号报告控制室控制器面板，控制器自动启动火灾控制系统，将电信号传输给现场雨淋阀，启动现场喷淋。

手动控制模式下，在发现现场火灾情况下，紧急打开雨淋阀手动控制阀

(a) 可燃气体监测控制柜

(b) 手动火灾报警按钮

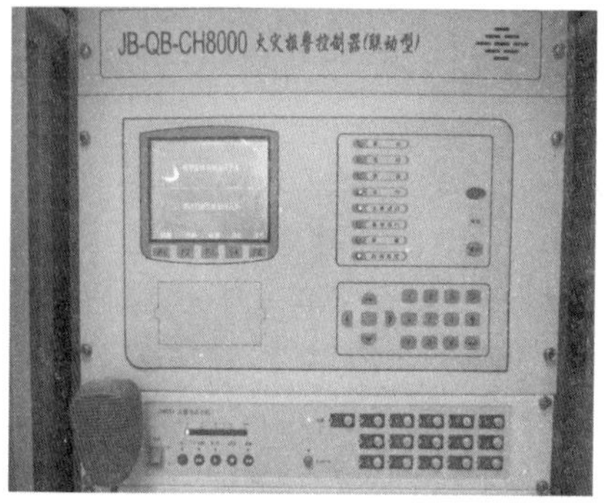

(c) 火灾报警中心控制器（联动型）

(d) 雨淋阀

(e) 声光报警器图

(f) 计算机控制中心

图 4-28　火灾报警控制系统组成

门，雨淋阀启动喷淋，并通过现场雨淋阀压力报警开关将信号传递给控制室火灾报警控制器，控制器传输信号给雨淋阀，电池阀打开，维持雨淋阀喷淋系统工作。

JB—QB—CH8000 型火灾报警控制器分为手动控制有效和自动控制有效

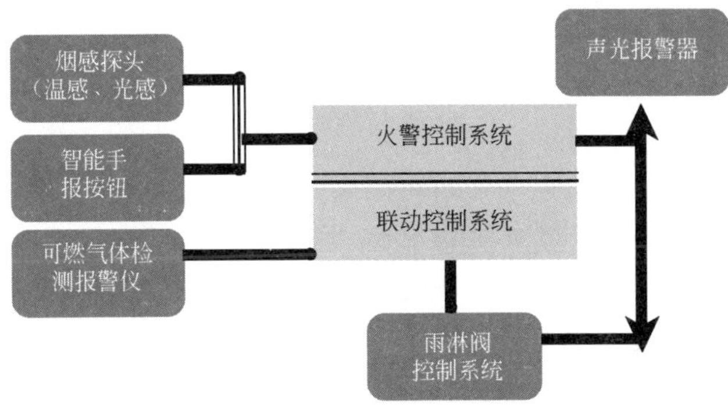

图 4-29　工作原理图

两种联动状态，在自动控制有效情况下，才能实现以上联动控制功能，在手动控制状态下，以上操作无效。

（三）系统操作

1. 火警操作

火警联动操作程序如图 4-30 所示。

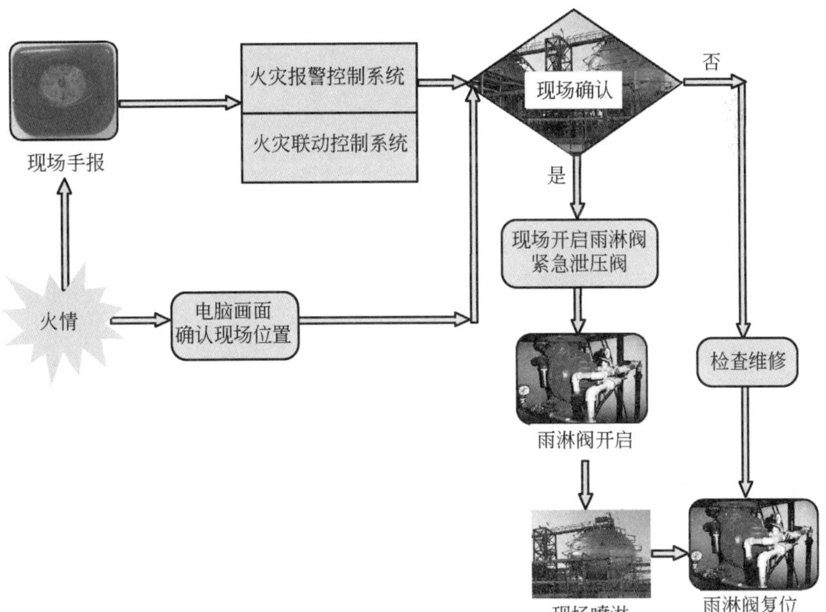

图 4-30　火警联动操作程序

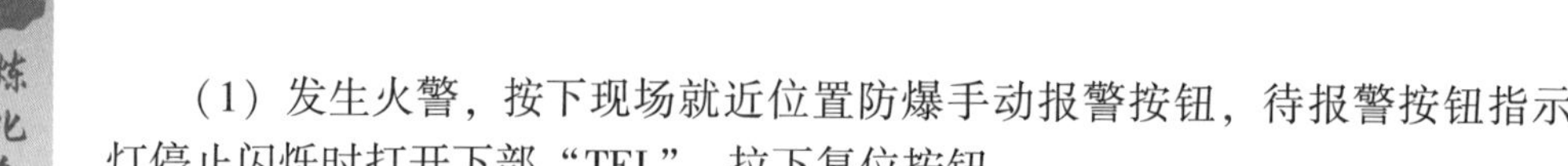

（1）发生火警，按下现场就近位置防爆手动报警按钮，待报警按钮指示灯停止闪烁时打开下部“TEL”，拉下复位按钮。

（2）打开控制器连接计算机窗口，点击报警信息进入火灾报警平面布置图，查找确认火灾报警发生地点。

（3）按下联动控制确认火灾报警按钮，启动控制器联动系统（现场水喷淋阀打开，喷淋水喷出，稀释泄漏介质，冷却设备）。

（4）现场火情消除后，按下控制器面板或连接计算机屏幕上复位按钮，系统进行复位，恢复联动报警监测运行状态。

（5）控制室自动复位失效的情况下，需打开现场复位球阀，雨淋阀膜腔充水，待压力上升后（1.0MPa）雨淋阀恢复至待用状态。

（6）通知仪表人员检查确认火灾报警控制系统复位状态。

2. 自动（控制）操作

自动（控制）操作程序如图 4-31 所示。

（1）在联动系统自动有效状态下，现场可燃气体检测报警仪将检测信号传输至控制室柜，控制器报警，联动控制系统启动，雨淋阀自动开启。

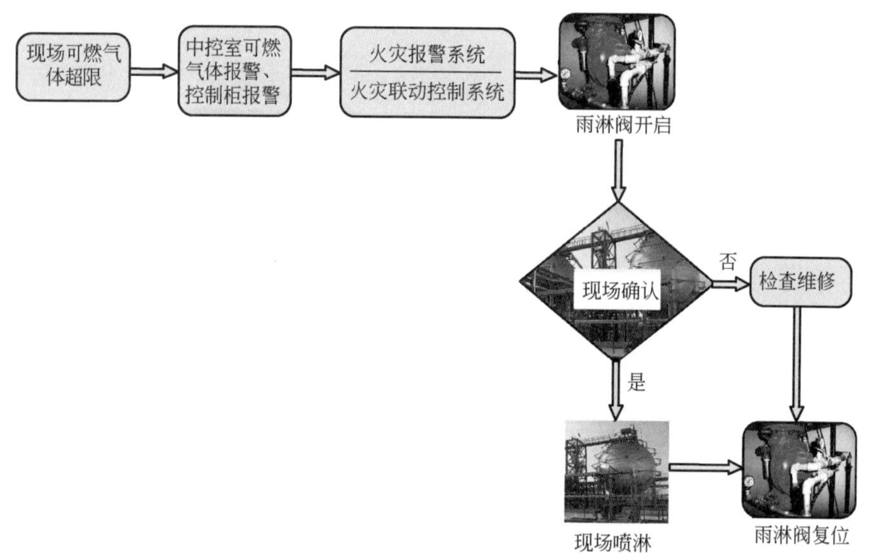

图 4-31　自动（控制）操作程序

（2）在确认现场泄漏消除且可燃气体检测系统报警终止后，按下控制器面板或连接计算机屏幕上复位按钮，系统进行复位，恢复联动报警监测运行状态。

（3）控制室自动复位失效的情况下，需执行手工操作程序。

3. 手动操作

在火灾联动控制系统处于手动控制模式和联动控制系统失效（包括系统供电中断）的情况下，可以采取手动打开雨淋阀操作（图 4-32）。

（1）发现现场火灾，现场人员迅速赶往雨淋阀室。

（2）关闭排水阀，打开雨淋阀紧急手动控制阀门。

（3）雨淋阀启动，现场固定水喷淋系统喷水。

（4）火警消除后，打开复位球阀，雨淋阀膜腔充水。

（5）待压力上升后（1.0MPa），关闭复位球阀，雨淋阀恢复待用状态。

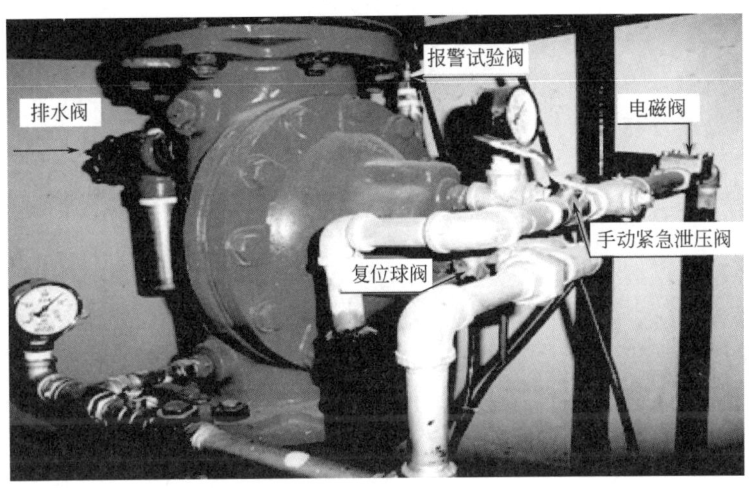

图 4-32 雨淋阀结构图

4. 阀组维护与测试

主排水测试：关闭出口蝶阀；缓慢打开排水阀，观察水流，水流不平稳说明供水管路不畅；水流稳定后，关闭排水阀，打开出口蝶阀。

报警测试：关闭报警管路阀；打开警铃试验阀，判断警铃是否发出警报；关闭报警试验阀，打开报警泄水阀，排净管路余水；关闭报警泄水阀，打开报警管路阀。

投用状态下，紧急泄压阀、复位球阀、报警试验阀都要处于关闭状态，报警管路阀处于常开状态。

六、安全检测仪表

（一）安全检测仪表使用场所

安全检测仪表广泛应用于石油、石化、煤矿、冶金、环保、消防应急、救援监测、城市公用事业安全检测、危险化学品物质泄漏及放射性等气体环境和伤害的场所的检测。

（1）可燃性气体检测仪主要用于危险场所易燃易爆可燃性气体的检测、救援监测及危险气体泄漏部位的检测。

（2）有毒有害气体检测仪主要用于存在或可能存在硫化氢、一氧化碳、氨气、二氧化硫等有毒有害气体场所的检测。

（3）氧气检测报警仪主要用于空气中的氧含量检测，塔、釜、罐、槽车、下水道等封闭、半封闭以及氮气环境存在或可能存在缺氧环境的氧含量检测和制氧、储氧及高压氧舱等环境的氧含量检测。

（4）射线检测仪主要用于存在辐射伤害的场所或作业。

（二）安全检测仪表的分类

气体检测仪按检测气体类型可分为可燃性气体检测仪、有毒气体检测仪、常见气体检测仪、特殊气体检测仪；按使用场所可分为常规型和防爆型；按功能可分为单一检测仪和多功能检测仪；按使用安装方式可分为便携式（手持式）和固定式（安装式、壁挂式）；按采样方式可分为扩散式和泵吸式；按检测原理可分为可燃性气体检测有催化燃烧型、半导体型、热导型和红外线吸收型等。有毒气体检测仪有电化学型、半导体型等（图 4-33）。射线检测仪也是安全检测仪表的一种。

（三）XP-311A 型可燃气体检测报仪

XP—311A 型可燃气体检测仪，内置有小型气泵，是一款超小型自动吸入式，具本质安全防爆结构的可燃气体检测报警仪表具有以下特点：

（1）测定区间两挡转换，检测范围大，从低到高，L 挡测 0~10%爆炸下限，H 挡测 0~100%爆炸下限。

（2）带刻度照明功能，在黑暗中也可以测量。

（3）操作性优良，用一只手即可操作，只要旋转旋钮 ON/OFF，就可以将电池电压检测、测定范围转换。

（4）带两种警报功能，气体浓度超出警报设定值及电池电压不足时发出

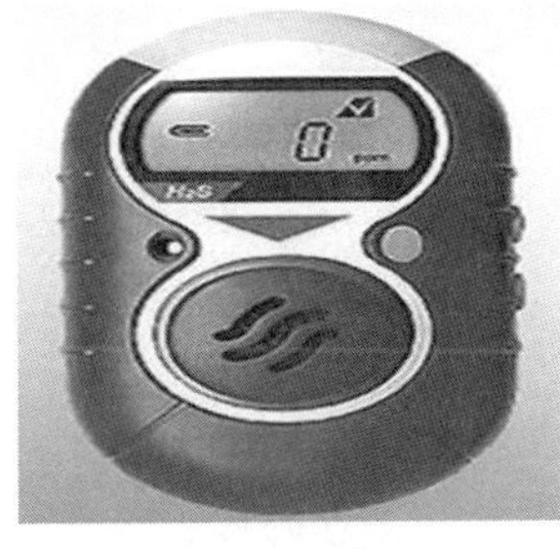
(a) 便携式硫化氢检测仪

(b) 便携式氧气检测仪

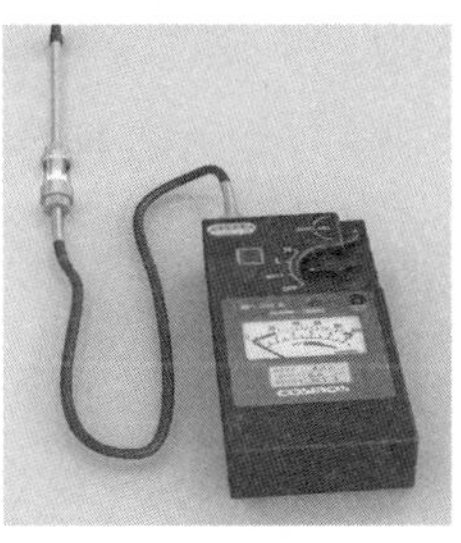
(c) 便携式可燃气体检测仪

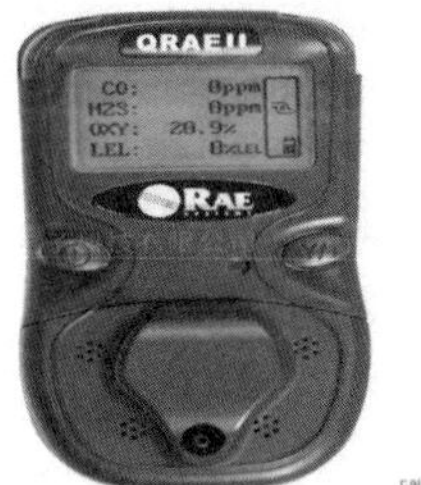

(d) 便携式多通道检测仪

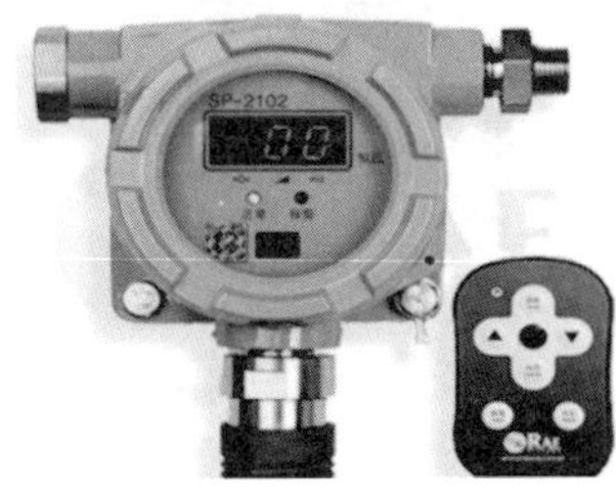

(e) 固定式气体检测仪

(f) 固定式有毒气体检测仪

图 4-33　安全监测仪表

警报。

（5）自动吸入式，内置微型吸气泵，采用本质安全防爆构造。

1. 结构组成

XP—311A 型可燃气体检测仪主要由吸引管、过滤/除潮器、调零旋钮、气体导入胶管、表盘面板、转换开关、报警灯、电池盒等部分组成。

2. 使用前检查

（1）检查检测仪是否有检验合格证，合格证是否在有效期内。

（2）检查检测仪吸引管及气体导入胶管有无阻塞、损坏等状况。

3. 使用方法

（1）检查电池电量：

① 装入电池（必须在无气体泄漏的安全地方装入），按照电池室内标的极性（+）和（-），正确安装。

② 将转换开关由“OFF”挡转到“BATT”挡，表盘指针指示位置在“BATT”。

③ 观察表盘指针所在位置，指针处于“BATT”刻度左侧时，电池电量

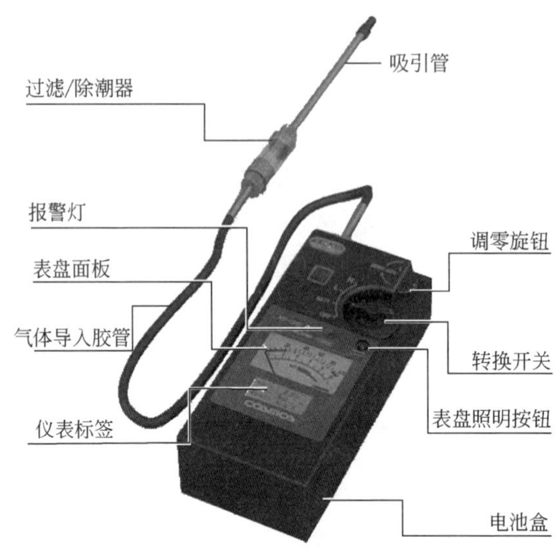

图 4-34　XP—311A 型可燃气体检测仪

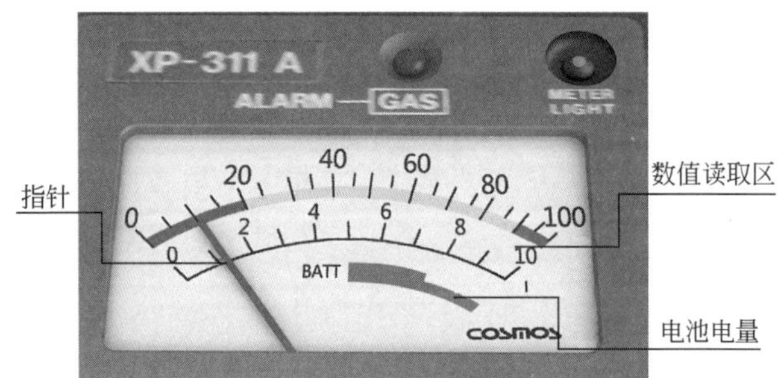

图 4-35　XP—311A 型可燃气体检测仪表表盘面板

正常。

④ 当指针处于“BATT”刻度左侧，同时报警仪蜂鸣器报警红色报警灯闪烁时，说明电池电量不足，需更换电池。

（2）校正零点：

① 将转换开关由“OFF”挡转到“L”挡，观察指针位置。

② 如指针不在“0”位，调整调零旋钮（ZERO-ADJ）使指针归“0”，“0”点校正须在 L 挡进行，且必须在干净的空气中进行。

（3）气体检测：

① 将转换开关转至“H”挡，将吸引管靠近所要检测部位进行检测，如

指针指示在10%爆炸下限以下，则将转换开关转至“L”挡，以便读到更为精确的数值。

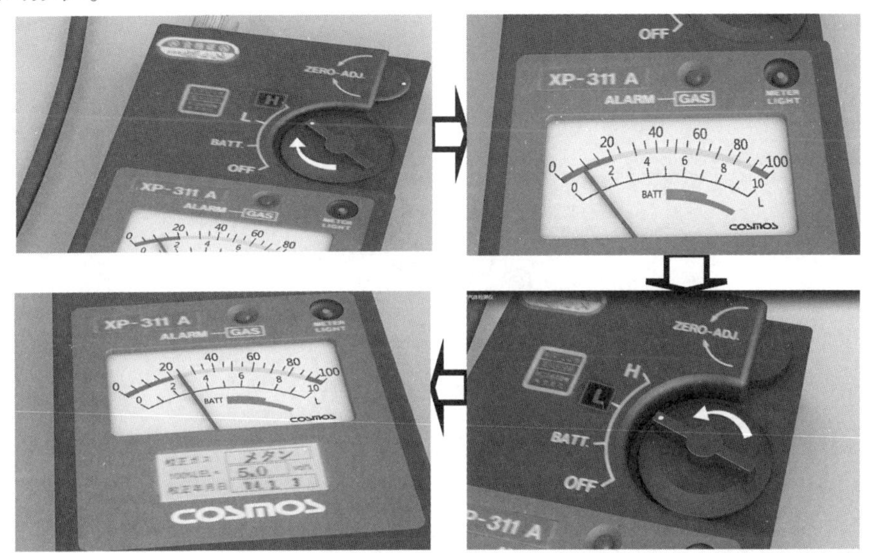

② 被检测气体真实浓度的计算：被检测气体真实浓度=表盘读取数值×检测仪铭牌标注的100%爆炸下限。

例如：表盘读取数值为20%爆炸下限，检测仪铭牌标注的100%爆炸下限对应的浓度为5.0%，则：被检测气体真实浓度为1.0%。

③ 检测过程中，当检测仪指针达到表盘读数黄色或红色区域时，检测仪报警红灯闪烁，同时蜂鸣器报警，说明被检测气体达到危险浓度，操作人员应引起注意或撤离。

（4）关机：检测完成后，将吸引管离开检测点，将检测仪表拿到干净空气环境中，待仪表指针回“0”后，将转换开关转至“OFF”挡。

4. 注意事项

（1）避免强烈的机械性冲击。

（2）使用过程中，电池电量要充足，禁止使用电量不足的电池，以免影响检测结果。

（3）气体检测仪检测的气体浓度存在一定的范围，不能用检测仪检测浓度较高的气体，如长时间检测高浓度气体，将损害检测仪内部的敏感元件；一旦检测气体达到或超出仪表检测范围，需由专业检测部门对检测仪进行重新校正。

（4）严禁检测仪吸引管接触液体、水蒸气等高湿度气体，以免损坏检测仪内部敏感元件。

（5）长时间使用，过滤/除潮器（图4-36）的过滤纸会变脏，对水的遮挡力下降，请注意使用情况，及时更换滤纸。

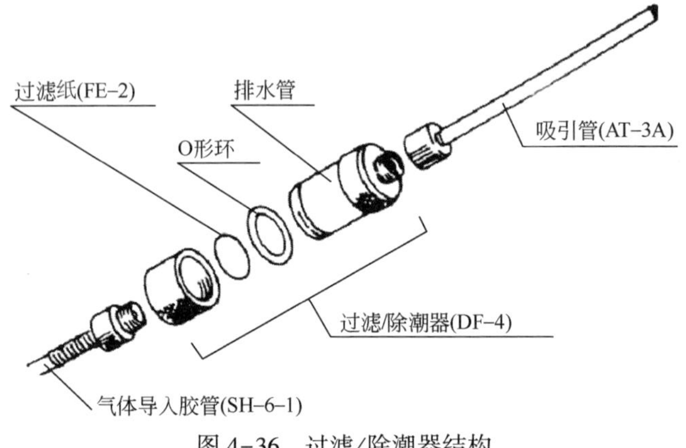

图4-36　过滤/除潮器结构

（6）如果长时间不使用，应将电池取出。更换电池时，须在无气体泄漏的安全地方装入，应同时换上4只新电池。

（7）本产品采用了耐压防爆结构，故不许改变一切结构，请勿随便拆卸机器。

（四）XO-326氧气检测仪

XO-326氧气检测仪是日本新宇宙公司生产的一款扩散性便携式氧气检测仪，其探头带有5m的延长线，适用于储罐、坑及竖井内等缺氧环境的检测。

1.结构部件

XO-326氧气检测仪由机身、检测探头、电池盒、表盘、SPAN旋钮、电源开关等部件组成，如图4-37所示。

2.产品参数

检测原理：隔膜Galvanic电池式（扩散型）。

检测范围：0~40%。

指示表示：3位液晶数字方式显示。

指示精度：±0.3%以内。

报警值：一段报警19.5%，二段报警18.0%。

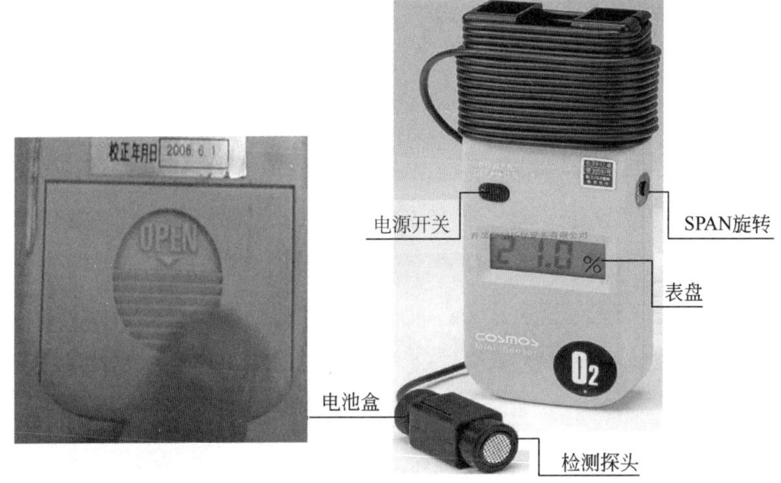

图 4-37　XO-326 便携式氧气检测仪结构部件

电源：5 号干电池 2 节。

使用温度：0~40℃。

3. 使用方法

（1）确认电池电压。将电源开关扳至 ON 侧，确认无蜂鸣声，如有蜂鸣声，显示屏无数值，说明电池无电，请更换电池。电池更换步骤为：①按住向下拉检测仪背面带有“OPEN”标识的后盖；②取出电池，换上两节 5 号电池；③盖好后盖。注意应在非危险场所更换电池。

（2）确认接触状态。活动传感器与主体连线根部，确认显示是否稳定，如不稳定，请检检查修理。

（3）确认氧气传感器的使用寿命。在洁净的空气中，顺时针方向旋转侧面的 SPAN 旋钮，确认显示达到 23%以上。即使旋转至最大，也达不到 23%时，表示传感器到达使用寿命，请更换传感器。

（4）SPAN 调整。测量前，确认显示为 21%，如不符合，在洁净的空气中旋转 SPAN 旋钮，使其达到 21%（顺时针旋转旋钮，显示值增大，逆时针旋转旋钮，显示值变小）。

（5）测量。将传感器部分悬吊在被测量场所，待显示稳定后读取数值。

4. 注意事项

（1）避免被水等飞溅到检测仪。

（2）长期不用时，请取出电池。

（3）本机电子回路采用高密度集成电路（IC），由精密部件构成，所以避免长时间放置在高温、多湿的场所。

（4）请勿在下述环境中使用：使用环境 2 个大气压以上的高压环境；高浓度氧气中，可能发生可燃性气体爆炸的场所。

（五）斯博瑞安 ToxiPro 单一气体检测仪

常见斯博瑞安 ToxiPro 单一气体检测仪有一氧化碳检测仪、硫化氢检测仪、氧气检测仪，如图 4-38 所示。

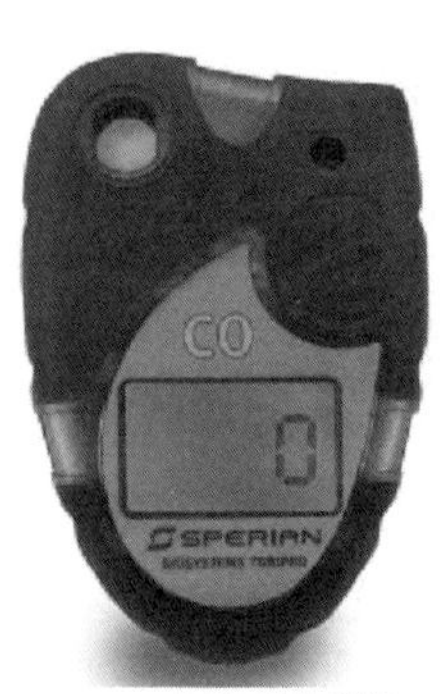

(a) 一氧化碳检测仪

(b) 硫化氢检测仪

(c) 氧气检测仪

图 4-38　常见斯博瑞安 ToxiPro 单一气体探测仪

ToxiPro 为单传感器气体检测仪，经配置可用于探测氧气或多种有毒气体中的一种。传感器类型显示于设备前面，启动过程中还在屏幕上显示。

ToxiPro 可以按照扩散模式使用，或与其他手动采样工具一起使用。在扩散模式中，空气通过设备前面的传感器端口扩散接触传感器。通常空气扩散就足以使检测样品到达传感器。

1. 组成部件

ToxiPro 气体检测仪设有液晶显示器、MODE 按钮、传感器端口、液晶显示器（LCD）和声音警告端口，如图 4-39 所示。内置手动激活背光灯，使得显示器及时在微光条件下也可读数。

1）传感器

传感器端口位于设备左上角，设有过滤器以防止污染物质进入传感器。除 ToxiPro 除 O_2 型号外，均使用电化学有毒气体传感器。ToxiPro O_2 设备使用电镀氧气传感器。ToxiProO_2 设备使用的氧气传感器量程为 0~30%，特定有毒气体传感器的量程见表 4-4。

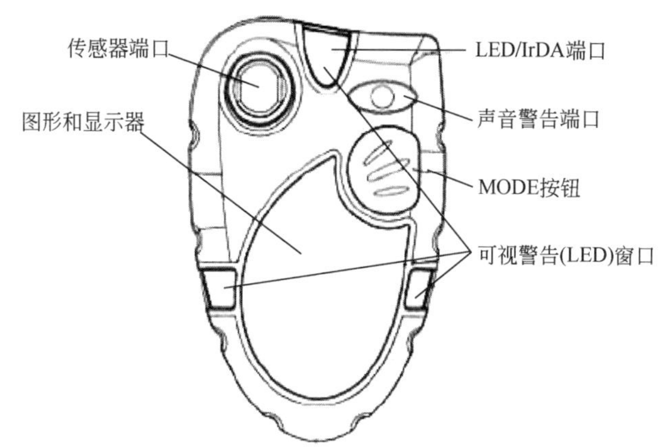

图 4-39 ToxiPro 气体检测仪外部正面图

表 4-4 特定气体传感器量程

传感器	说明	量程
O_2	氧气(2 年)(对于 ToxiPro O_2)	0~30%
CO	一氧化碳	0~1000mg/g
H_2S	硫化氢	0~20mg/g
SO_2	二氧化硫	0~100mg/g
CO+	一氧化碳正	0~1000mg/g
NO_2	二氧化氮	0~20mg/g
HCN	氢氰酸	0~100mg/g
PH_3	磷化氢	0~20mg/g
Cl_2	氯气	0~20mg/g
CO-	一氧化碳负	0~800mg/g
ClO_2	二氧化氯	0~5mg/g
NH_3	氨气	0~100mg/g

2）LED/IrDA 端口

LED/IrDA 端口除具有光警报外，还具有 IrDA（红外）端口的功能。

3）MODE 按钮

MODE 按钮是位于设备前面的大按钮，用于打开或关闭 ToxiPro、打开背光、查看 max、短时间暴露限值 STEL（如果已被激活）和时间加权浓度 TWA（如果已被激活）、屏幕，以及启动自动校准程序。

4）声音警告窗口

圆柱形共振室，包括响亮声音的报警器。

5）可视警告（LED）窗

明亮的发光二极管警告灯发出警告状态的视觉指示窗。

2. ToxiPro 警报状态

1）气体警报

ToxiPro 警报分为警告和危险两种状态。警告状态下 LED 将闪烁黄光，危险状态下 LED 显示红光。ToxiPro O_2 设备提供两个氧气警告设定点，危险警告在氧气不足时发出有声警报，而注意警告为氧气过量时警报。

2）电池警告

如果安装了新电池，或取下已有电池，ToxiPro 将在屏幕上显示“FO”，并在启动后会鸣叫 6 声，然后进入时间/日期设定模式。

ToxiPro 设置有两个电池警告报警，当电池还剩不到 7 天时间的寿命，电池电量不足图表将会亮起。

当电池还剩不到 8 小时寿命，LCD 上会显示三角形警告标志。

当电池降到不能为设备供电的水平时，ToxiPro 将响起电池电量不足 2 分钟警告，同时显示危险、注意和电池图标。按下 MODE 关闭设备，再次使用应更换电池，如没有按下 MODE 按钮，设备将一直维持警告状态，直到自行关闭。

3）传感器丢失

如果 ToxiPro 在启动中不能检测到传感器，将显示有注意图标的“F1”符号，然后自动关闭。

4）存储器损坏

ToxiPro 持续监测单板存储器，如果设备确定存储器损坏，将显示“F4”，然后自动关闭。

5）振动警报故障

如警报故障，屏幕将显示“F6”。

6）安全鸣叫

ToxiPro 有安全鸣叫功能，在该功能被激活的状态下，ToxiPro 将发出短促的鸣叫，伴随 LED 以特定时间间隔闪烁，提醒用户设备已启动。

校准到期提醒：

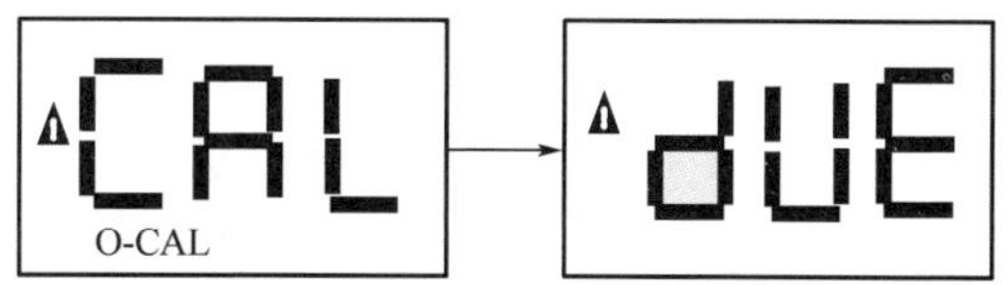

新鲜空气校准到期提醒：

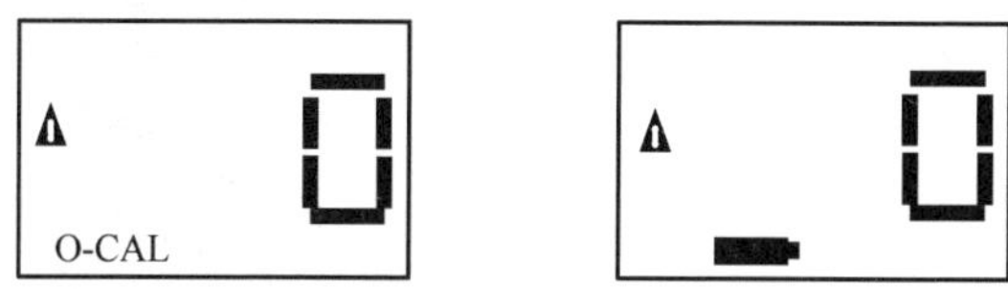

3. 使用操作

1）开机及系统显示

按下 MODE 按钮 5s，ToxiPro 进入启动程序。注意：仅 ToxiPro O_2 探测器初次启动时，有倒计时 15min 的传感器预热阶段。

ToxiPro O_2 探测器预热结束后，屏幕将进入白屏。需再次按下 MODE 按钮 5s，以激活启动程序。

（1）ToxiPro 将进行大约 30s 的电子自测，期间显示屏所有部分都将亮起，显示背光瞬间打开，声音警告将发出“唧唧”声。

（2）显示版本号。

（3）分 3 个屏幕显示 9 位数的设备序列号，如 481098190。

（4）显示传感器类型，如氧气（O_2）或硫化氢（H_2S）。

（5）显示警告级别。

注意警告：显示注意警告级别时，LED 警告灯闪烁两次，声音警告响两次。注意警告灯为黄色（图 4-40）。

图 4-40　注意警告

危险警告：显示危险警告级别时，LED 可视警告闪烁两次，声音危险警告响两次。危险可视警告为红色（图 4-41）。

图 4-41　危险警告

对于 STEL（短时间暴露限值）和 TWA（时间加权浓度）警告激活的带有毒气体传感器的 ToxiPro 设备，ToxiPro 将简单的显示 STEL 和 TWA 警告级别。

针对不同检测气体，ToxiPro 设备设定的注意报警值和危险报警值不同（表 4-5）。

表 4-5　常见气体报警值设定

检测气体	单位	注意警告（WANNING）	危险警告（DANGER）	备注
氧气	%	19.5	23.5	—
可燃性气体	%LEL	10	20	—
硫化氢	mg/g	10	20	—
一氧化碳	mg/g	30	50	—

2）检测

气体值读取：检测状态下，屏幕上的心形标志会不停的闪烁。将探测器置于需要检测的部位或环境中，通过屏幕显示数据读取检测数值（图 4-42）。

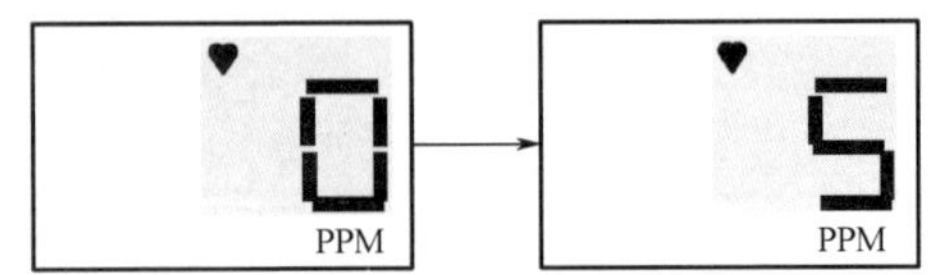

图 4-42　现场检测

当报警仪达到警告报警值，操作人员应引起注意，达到危险报警值，操作人员应停止作业，撤离现场。

最大数值读取：从当前气体读数屏幕下按下 MODE 按钮一次，以激活背光，再按一下 MODE 按钮，以滚动查看屏幕选项。一旦背光亮起，再次按下 MODE 按钮，可以查看 Max 气体值屏幕。Max 数字代表当前操作过程中该设备所记录的最高气体值读数。

3）关机

按住 MODE 按钮并保持，听到设备鸣叫三声，并且屏幕显示了“OFF”，松开 MODE 按钮，设备关机。

七、安全带

高空作业安全带又称全身式安全带或五点式安全带，GB 6095—2009《安全带》规定材质需使用涤纶及更高强度的织带加工而成的。全身式安全带是高处作业人员预防坠落伤亡事故的个人防护用品。安全带按作业类别分为围杆作业安全带、区域限制安全带、坠落悬挂安全带。

安全带标识符是采用汉语拼音字母依前后顺序来表示不同工种、不同使用方法和不同结构的安全带，使安全带品种系列化的一种标识方式（表 4-6）。例如标识符 DW1Y 指的是电工围杆单腰式安全带。

表 4-6 安全带标识符

符号	代表含义	符号	代表含义
D	电工	X	悬挂作业
Dx	电信工	P	攀登作业
J	架子工	Y	单腰带式
L	铁路调车工	F	防下脱式
T	通用(油工、造船、机修工等)	B	双背带式
W	围杆作业	S	自锁式
W1	围杆带式	H	活动式
W2	围杆绳式	G	固定式

（一）结构部件

高空作业安全带由带体、安全配绳、缓冲包和金属配件组成（图 4-43）。

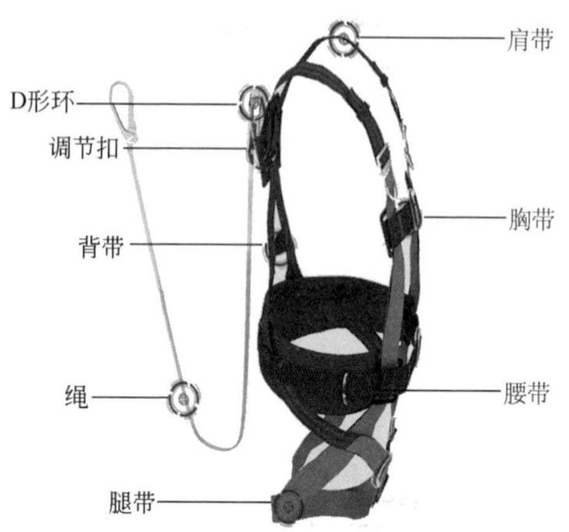

图 4-43　高空作业安全带结构部件

（二）使用方法

（1）检查安全带各部件是否齐全完好，织带有无破损。

（2）查验标签，确认安全带类型、尺寸是否合适，是否满足作业要求。

（3）握住安全带的 D 形环，抖动安全带，使所有织带自然恢复。

（4）抓住安全带一边，像穿外套一样穿在身上。

（5）把肩带套在肩膀上，使 D 形环处于后背两肩中间位置，扣好胸带、腰带。

（6）从两腿间拉出腿带，一手从裆下向前送给另一只手，并同前端扣口扣好，采用同样的方式扣好另一条腿带。

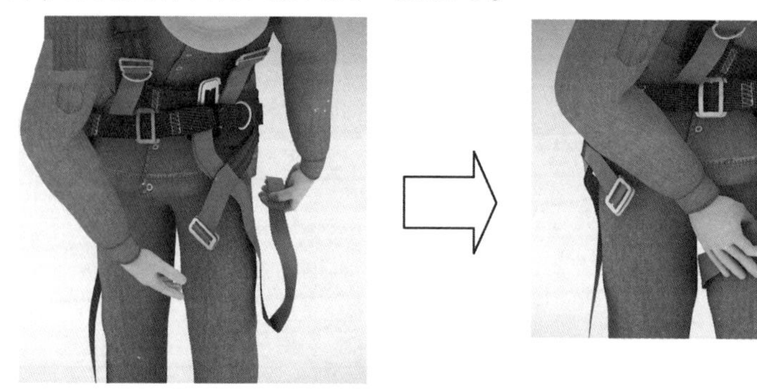

（7）确认所有所有织带和带扣都扣好后，收紧所有带扣。

（8）将安全绳一段的挂钩挂在安全带 D 形环上（如安全绳与安全带一体则此操作省略），另一端系挂在生命线或脚手架横杆等上方固定锚点处。

（三）注意事项

（1）安全带系挂点下方要有一定净空。

（2）安全带要高挂低用，不得系挂在低于腰部位置。

（3）安全带不得系挂在尖锐有棱角的部位。

（4）安全带应系挂在上方牢固构件上。

八、堵漏器具

（一）带压密封专用工具的使用

M70b 型带压堵漏工具（图 4-44）为注入式堵漏工具，广泛用于化工企业、油田、气库，以及各种可能会发生高温高压、易燃易爆、有毒有害介质泄漏的场所，可有效处置管道、阀门、法兰等部位的泄漏。

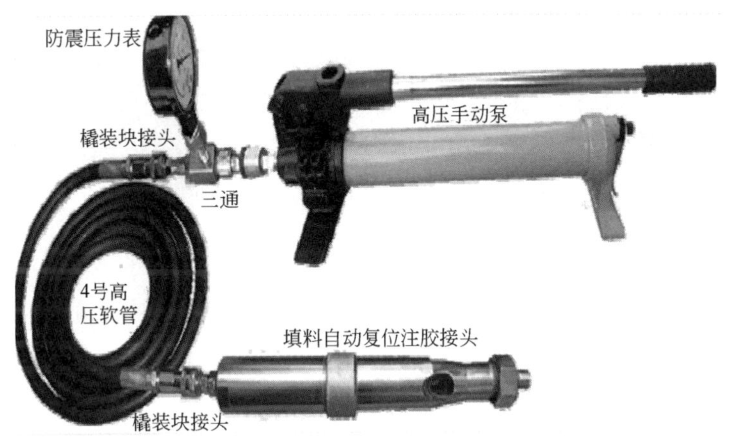

图 4-44　M70b 型带压堵漏工具

注入式堵漏工具可堵漏介质温度范围为-200～650℃，承受泄漏介质压力达 30MPa 以上，适用介质品种几乎覆盖各种酸、碱、盐，以及水、油、气和多种化学溶剂。

1. 组成部件

注入式堵漏工具（图 4-45）主要由手动泵、注胶枪、液压油管、旋塞阀和各种不同类型的注胶接头等部分组成。

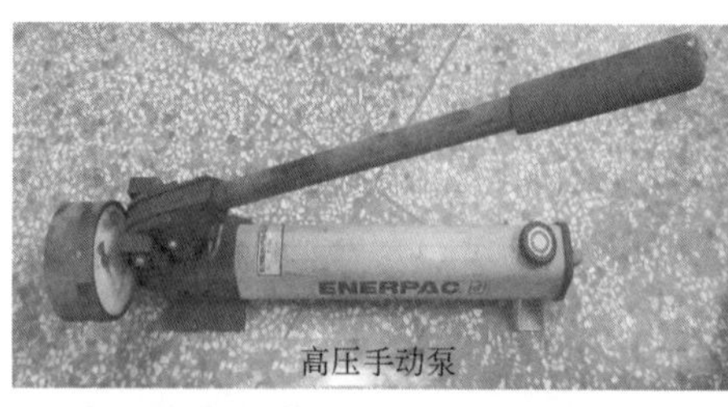

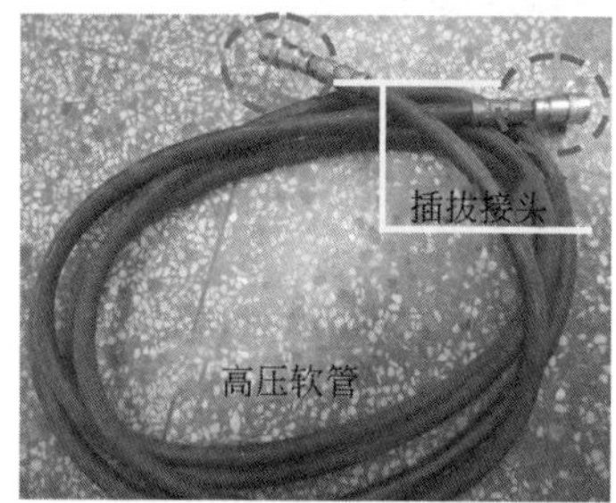

图 4-45　带压密封专用工具组成部件

2. 使用操作

（1）将做好的带压堵漏夹具安装到要进行堵漏作业的管道泄漏部位，并紧固。

（2）将堵漏密封胶装入填料自动复位注胶枪。

（3）连接带压密封专用工具。

（4）连接注胶枪头与打压堵漏卡具。

（5）按压高压手动泵，进行注胶操作。

（6）注胶操作完成后，取下注胶枪头，封堵注胶孔。

3. 注意事项

（1）带压堵漏现场施工作业人员，应按照国家的相关规定，必须经带压堵漏专业技术培训，理论和实际操作考核合格，取得技术培训合格证书后，才能上岗进行带压堵漏作业。

（2）作业现场的专用工器具和防护用品必须为满足国家安全规定的合格

产品。使用前检查其是否完好无损。

(3) 作业前应完成堵漏工具和密封剂的准备工作。其中卡具应参照泄漏部位的介质和工艺条件来选择材质，并依据泄漏部位的条件来设计堵漏用具的结构，使其具有足够的强度和刚度，在承受外力时不产生变形。

(4) 施工作业人员在带压堵漏现场作业时，必须戴有面罩或防护眼镜的安全帽，穿专用防护服，戴防护手套，穿防护鞋。按泄漏介质、温度和压力，可选择以下防护用品：

① 水和其他温度不很高的一般介质，戴有防护眼镜的安全帽，穿防水耐油的工作服，戴耐中温的长袖手套，穿普通防护鞋。

② 带压堵漏高温介质时，施工作业人员须戴有面罩的安全帽（个别情况应戴封闭式耐高温防护帽-带眼镜，脖子也在防护范围内），穿耐高温工作服（石棉或铝箔），戴耐高温手套，穿高温防护鞋（或带护罩的防护鞋）。

③ 带压堵漏易燃易爆介质时，施工作业人员要戴有防护眼镜的安全帽，穿防静电工作服，戴耐温长袖手套，穿防静电鞋，用无火花工具施工。

④ 根据需要，戴防毒面具和防噪声耳塞或耳罩。

(5) 带压堵漏作业时应尽量避免泄漏介质直接飞溅、喷射到人身上；操作人员应站在上风口；可考虑使用压缩空气或风机将泄漏介质吹散。作业应迅速平稳，安装堵漏用具时不宜大力敲打；注射阀的导流方向不能对着人和设备及易燃易爆物品。

(6) 在可燃气体泄漏严重现场，要关闭手机，穿上防静电服和防静电鞋、靴，用喷雾器把头发喷湿并把喷雾器带到现场，夏天25~40℃时每隔5min喷一次，春秋季节每隔30min喷一次，冬天佩带防静电帽并把头发抱扎在防静电帽内，取出防静电服口袋内的一切物品。

(7) 为了保证带压堵漏的作业安全，有下列情况之一者，不能进行带压堵漏或者需采取其他补救措施后，才能进行带压堵漏。

① 管道及设备器壁等主要受压元器件，因裂纹泄漏又没有防止裂纹扩大措施时，不能进行带压堵漏。否则会因为堵漏掩盖了裂纹的继续扩大而发生严重的破坏性事故。

② 透镜垫法兰泄漏时，不能采用在法兰付间隙中设计夹具注入密封剂的方法消除泄漏。否则会使法兰的密封由线密封变成面密封，造成螺栓力大幅增加，进而导致原有密封结构遭受破坏，这是非常危险的。

③ 管道腐蚀、冲刷减薄状况（厚薄和面积大小）不清楚的泄漏点。如果管壁很薄且面积较大，设计的夹具又不能有效覆盖减薄部位，轻者堵漏不容

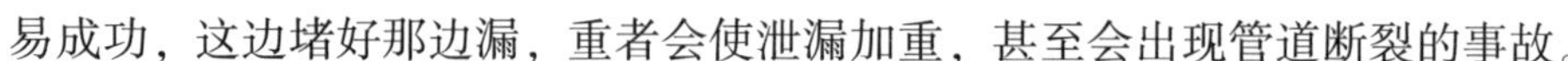

易成功，这边堵好那边漏，重者会使泄漏加重，甚至会出现管道断裂的事故。

④ 剧毒介质泄漏时，例如光气等，不能采用带压堵漏。主要考虑的是安全防护问题。

⑤ 强氧化剂的泄漏，例如浓硝酸，温度很高的纯氧等，需特别慎重考虑是否进行带压堵漏。因为它们会与周围的化合物，包括某些密封剂起剧裂的化学反应。

（8）带压堵漏作业前，施工作业人员应根据现场泄漏的具体情况，制定切合实际的安全操作和防护措施实施细则，严格按照安全操作法施工。

（9）防爆等级特别高和泄漏特别严重的带压堵漏现场，要有专人监控，并制订严密详细防范措施，现场应有必要的消防器材，急救车辆和人员。

4. 管道带压堵漏维修的应急措施与方法

（1）堵漏点着火时的应急措施：

① 立即停止堵漏作业。

② 根据不同的着火介质采用不同的灭火方法：

水灭火；饱和蒸汽灭火；二氧化碳灭火器灭火；泡沫灭火器灭火；干粉灭火器灭火。

③ 及时报火警。

④ 分析着火原因，采取有效措施后，才能继续带压堵漏。

（2）带压堵漏现场作业人员中毒的应急措施：

① 立即停止堵漏作业。

② 迅速将中毒人员撤离现场至空气清新的地方。

③ 必要时将中毒人员送往附近医院急救治疗。

④ 全面检查操作人员防护用品，采取有效防范措施后才能继续带压堵漏。

（3）带压堵漏现场作业人员受伤时的应急措施：

① 人员受伤包括机械损伤、烧伤、烫伤、化学药品灼伤、高空坠落损伤等，应停止堵漏作业。

② 根据不同的损伤性质和程度，采取不同的应急措施和方法：迅速将受伤人员撤离现场进行急救和包扎，必要时迅速送往附近医院急救；化学药品灼伤人员应根据化学药品性质，对受伤部位采用清水冲洗或其他化学溶液冲洗，并根据情况迅速送附近医院急救处理。

（4）分析损伤原因，在采取防止再次受伤措施，并保证安全的情况下，才能继续带压堵漏作业。

（二）内封式堵漏袋的使用

KJ—15 型内封式堵漏袋是一种采用机械方法制止泄漏的有效器材，用于有害物质泄漏事故发生后，阻止有害液体污染排水沟渠、排水管道、地下水及河流，且能查出排水管道漏泄位置，为检修人员提供方便。该型号堵漏袋化学耐抗性中等，耐热性为 90℃（短期）、85℃（长期），弹性极强。

内封式堵漏袋的特点：

（1）外形设计优美，橡胶材质优质，材料加固，长度合适，质量轻、密封性强，具有防腐性，型号齐全，可确保工作时的安全性。

（2）所有内封式堵漏袋均配有快速充气接口，堵漏袋可以插入到 1000×1000mm 大小的沟渠中，可以弯曲 90°。

1. 组成部件

该型号堵漏器材主要由内封式堵漏袋、脚踏气泵、和充气软管等部件组成（图 4-46）。其中堵漏袋有 RDK10/20、RDK20/40、RDK30/60、RDK50/100 四种不同规格，适用于不同管径堵漏需求。

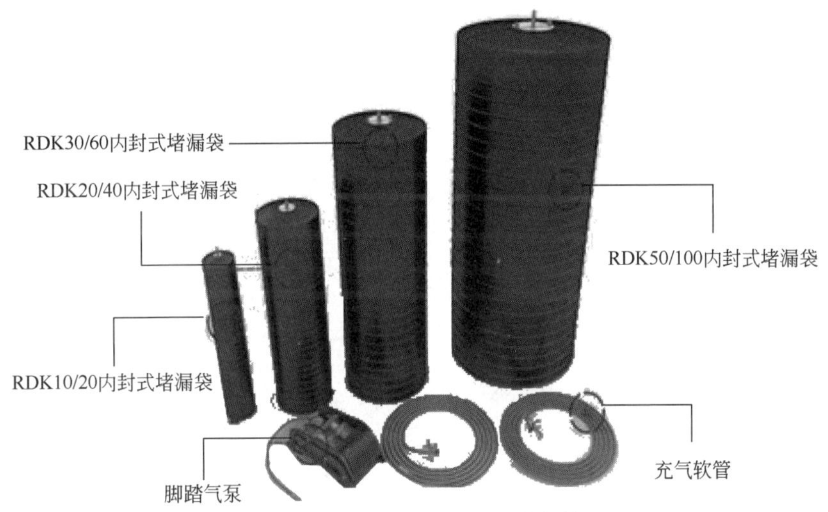

图 4-46 内封式堵漏袋组成部件

2. 使用操作

1）系统的连接和捆扎定位

（1）打开包装箱，取出内封式堵漏袋、高压软管和脚踏泵。

（2）将内封式堵漏袋放置到需要堵漏的沟渠或下水道中。

（3）将高压软管分别插入内封式堵漏袋和脚踏泵的快速接头上。

2）实施堵漏

（1）用脚踏泵向内封式堵漏袋充气到不泄漏即可，注意压力表示值不要超过 0.2MPa。

（2）充气压力视堵漏袋的规格大小而定，堵漏袋规格越大，则充气压力越小，具体数据见表 4-7。

表 4-7 堵漏袋规格

适用范围	堵漏袋直径，mm	最小管径，mm	最大管径，mm	规格
10/20	100	100	200	92mm×535mm
20/40	200	200	400	192mm×635mm
30/60	300	300	600	302mm×865mm
50/100	500	500	1000	482mm×1085mm

（3）操控阀通向堵漏袋的阀门始终处于开启状态，以便经常检查压力变化。如低于规定压力，则应进行补充充气。

3）拆卸、保养、保管

（1）堵漏工作完成后，拔掉脚踏泵快速接头处的高压软管，拉出堵漏袋，排空堵漏袋中的余气。

（2）检查内封式堵漏袋有无划伤、漏气，检查无误后，将内封式堵漏袋、脚踏泵、高压软管等组件擦拭干净后放入包装箱内存放。

（3）内封式堵漏袋应放在干燥、清洁、通风、远离热源及无腐蚀性污染的地方。

3. 遵从事项

（1）使用前先检查气动快速接头、压力表接头及阀门是否安装紧固，以防止使用中漏气。

（2）由于堵漏袋与管壁接触的材质主要是橡胶，因此对管道的表面平整性有一定的要求。要求检查管道侧壁是否平整，不应有凸起尖锐物，防止刺破堵漏袋。

（3）在整个使用过程中均需要保持堵漏袋内的气压稳定，否则，虽然可以起到阻塞作用，但会有一定的位移。

（4）严禁将内封式堵漏袋用于强酸强碱等腐蚀性介质的堵漏作业。

第二节　职业卫生应急装备与设施

一、空气呼吸器的使用操作

正压式空气呼吸器是一种自给开放式空气呼吸器，是应急救援人员进入充满浓烟、毒气、蒸汽、粉尘或缺氧的环境中进行灭火作业、工艺处置、工程抢险和人员救护时使用的一种防护装备。随着社会的发展，各种灾害事故也日益增多，灾害环境纷繁复杂，空气呼吸器的使用频率也在不断增大，在基层车间（站队）中配备数量也日益增多。因此正确掌握正压式空气呼吸器的使用操作和维护与保养方法，充分发挥其作用是石油炼化装置及现场事故事件处置能否成功的关键之一。

正压式空气呼吸器是使用压缩空气的带气源的呼吸器，依靠使用者背负的气瓶供给空气，气瓶中的高压压缩空气经减压器降至中压，然后通过供气阀进入呼吸面罩，并保持一个可自由呼吸的压力。

无论呼吸速度如何，通过供气阀的空气在面罩内始终保持微正压，以阻止外部环境中的空气或有毒有害气体进入，保证与有毒有害大气环境的有效隔离，满足使用者在恶劣环境下的呼吸需求。

（一）正压式空气呼吸器使用场所

正压式空气呼吸器的使用场所有：缺氧环境；有毒有害的粉尘环境；消防火灾现场；有毒有害物质泄漏场所。注意：不适用于水下作业、强酸强碱环境。

（二）正压式空气呼吸器结构部件

目前生产和使用的正压式空气呼吸器型号繁多，结构各异，但其关键机构基本相同，主要由气瓶、呼吸器具（骨架组件）、面罩（全面罩）三大部分组成，下面以C900自给正压式空气呼吸器（图4-47）为例，对呼吸器的主要部件进行简要介绍。

1. 气瓶

气瓶（图4-48）采用高强度铝合金内胆，碳纤维缠绕并加树脂固化，最外层附着高轻度硬塑料保护层，工作压力 30MPa，具有质量轻、强度高、安全性能好等特点，气瓶本体外表面有荧光发光带，便于夜间观察发现使用者。

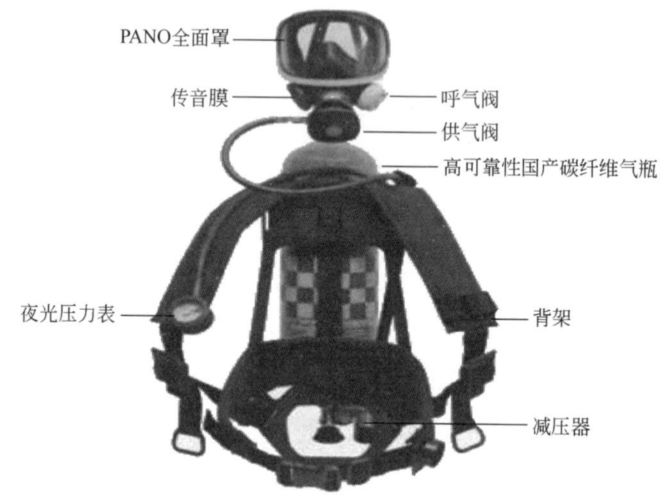

图 4-47　正压式空气呼吸器结构部件

2. 背架和束带

背架和束带如图 4-49 所示。

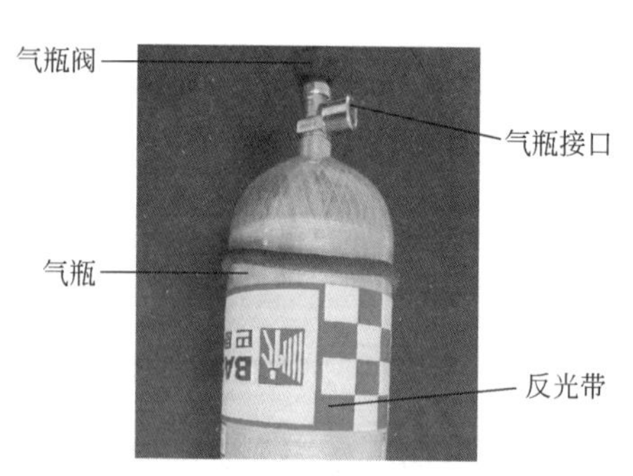

图 4-48　气瓶部件

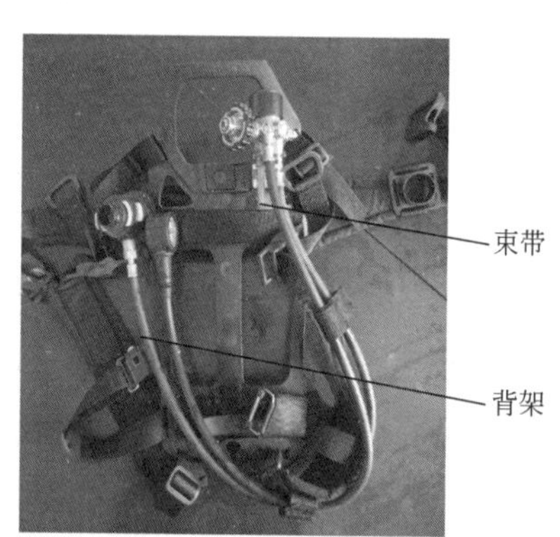

图 4-49　背架和束带

背架完全按照人体工程学设计，外形贴合人体背部曲线，接触面更大，佩戴舒适。通过背带可以方便地调节背部接触高度和位置，贴合人体背部。背架材质为由轻质聚丙烯材料，耐冲击和腐蚀，整体注塑而成，消毒清洗方便，外部不带锐角，不会对人体造成伤害，背板上有三处把手，可以任意抓握整套装备。

肩带由阻燃防滑的织物和编织带组成，佩戴舒适。腰带的搭扣由耐用的尼龙材料制成，调节方便。背带织物为阻燃材料。减压器由 4 个螺丝固定在背板上，更换方便。

3. 报警哨

使用者一旦打开气瓶阀，气瓶中的高压空气通过减压阀和高压管输送的高压空气将报警哨中的顶针顶紧在弹簧上，此时顶针起到密封作用，阻止中压空气进入报警哨发出哨音。

当气瓶中的压力降低至（5.5±0.5）MPa 时，顶针在弹簧的作用下发生位移，离开了原来的密封位置，中压空气以 5L/min 的流量通过报警哨，报警哨管中发出报警哨音。

4. 减压器

无论气瓶内空气压力及使用者的呼吸频率如何变化，减压器都保证提供一个稳定的输出压力。单瓶呼吸器减压器固定在背架的左侧；双瓶呼吸器加压器则固定在背架的中间位置，同时配备他救界面，可供第二个使用者同时使用。黑色密封盖保证了减压器的授权维护，使用者不可将其私自拆下。

5. 安全阀

安全阀位于减压器的活塞式结构中，当中压回路中的压力过高时，安全阀会打开向环境大气中排气泄压，当中压压力恢复正常值时，安全阀关闭，安全阀设定压力为（1.1±0.2）MPa。

6. 压力表

压力表始终显示气瓶中的压力，它通过一根高压软管与减压器相连，压力指示范围为 0~40MPa。压力表为荧光表面（夜光功能），外部的橡胶将具有防震保护功能。

高压软管有限流装置，它能将空气流量限制在 25L/min。

7. 供气阀

供气阀由防火耐冲击材料制成，具有重量轻、结构紧凑的特点，通过弹簧按钮及快速接头与面罩实现快速连接，供气阀通过中压软管与减压器相连。当使用者的呼吸出现故障时，按下黄色按钮供气阀会自动增大供气量（450L/min，供气阀会在 0.1s 内达到该供气量）。

8. PANO 面罩

PANO 面罩由网状式头罩、面窗、口鼻罩、传音膜、快速接口、呼出口、

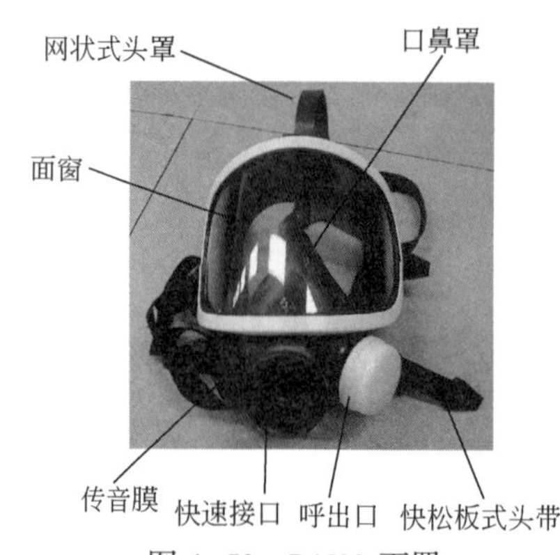

图 4-50　PANO 面罩

快松板式头带等组成（图 4-50），具有以下特点：

（1）大视野面窗，视野开阔。

（2）聚碳酸酯材料面窗镜片，透明度高、耐磨性强。

（3）面罩具有防雾功能。

（4）网状式头罩，面罩佩戴方便。

（5）快松板式头带，调节方便。

（6）胶体采用硅胶，无毒无味无刺激。

（7）面罩密封边缘双层设计，气密性能好，可避免有毒有害气体进入面罩。

（8）通过快速插入式接口与供气阀相连。

（9）新式单向呼吸阀，呼吸阻力小。

（10）配有传音膜，方便使用对讲机。

（11）配有口鼻罩，降低面罩内呼出的二氧化碳含量。

（三）正压式空气呼吸器佩戴

1. 佩戴前检查

1）外观检查

佩戴前首先对气瓶、气瓶阀、背架和束带进行外观检查，如发现气瓶外部复合纤维及瓶体有崩裂，气瓶阀、背架和束带损坏，应及时更换。

2）气瓶定位

（1）检查气瓶阀是否处于关闭状态。

（2）当使用单瓶时，将气瓶放入背架的凹槽，将减压阀的手轮完全旋紧；使用双瓶时，将气瓶放入背架的底部凹槽。

（3）使用前必须检查气瓶束带扣是否有松动，松动时必须扣紧。

3）检查气瓶压力

打开气瓶阀 30s，观察压力表读数，确保气瓶压力大于 24MPa。

4）检查气瓶的气密性

关闭气瓶阀，观察压力表 1min，压降应小于 0.5MPa，且压力不得持续下降。

5）检查供气阀启闭

将供气阀界面置于口边，深吸一口气，供气阀能够正常开启并有气流急速流出；按下节气开关气流应停止。

6）报警器和报警压力

报警器和报警压力检查步骤为：

（1）关闭供气阀；

（2）打开气瓶阀，让管路系统充满气体，再关闭气瓶阀；

（3）打开供气阀节气开关（按下供气阀上黄色按钮），缓慢释放管路气体同时观察压力表的变化；

（4）当压力表显示为（5.5±0.5）MPa时，报警哨开始鸣叫报警，气流停止时关闭供气阀节气开关。

使用前必须按照以上步骤检测呼吸器是否正常，否则将有可能导致使用者发生生命危险。

2. 正压式空气呼吸器的佩戴

1）着装

解开腰带扣，展开腰垫，手抓背架两侧，将装具举过头顶，身体稍前倾，两肘内收，将装具自然滑落于背部。

2）调整位置

上身稍前倾，手向斜后方向拉下肩带，调整装具的上下位置，使臀部承力。

3）收紧腰带

扣上腰扣，将腰带的两个伸出端向后拉，收紧腰带（腰带距离小腹壁一拳）。

4）外翻头罩

松开头罩带子，将头罩带翻至面窗外部。

5）佩戴面罩

一手抓住面罩突出部位将面罩至于面部，同时另一只手将面罩向后拉，使面罩罩住头部，注意：要确保下巴正确位于下巴罩内。

6）收紧颈带

两手抓住颈带两端向后拉，收紧颈带。

7）收紧头带

两手抓住头带两端向后拉，收紧头带。

8）检查面罩气密性

掌心捂住面罩接口，深吸一口气，应感觉到面窗向面部贴紧（注意：如面罩始终有泄漏，则应更换面罩总成）。

9）打开气瓶阀

逆时针旋转瓶阀手轮完全打开气瓶阀（至少两圈）。

10）安装供气阀

将供气阀与面窗接口正对，然后向内用力按压供气阀，听到“咔哒”一声（供气阀卡门滑入面罩接口卡槽），说明供气阀与面罩正确安装。

11）吸气开阀

用力深呼吸，感觉供气阀开，连续呼吸，应感到呼吸顺畅。

3. 正压式空气呼吸器脱卸

1）松开颈带、头带

捏住面罩下方左右两侧的颈带扣环向前拉，松开颈带。捏住面罩上方左右两侧的头带扣环向前拉，松开头带。

2）脱下面罩

将面罩从面部由下而上脱掉。

3）松开腰带

用拇指和食指压住插扣中间的凹口处，将插扣分开，松开腰带。

4）卸下装备

两手勾住肩带上的扣板，向上提即可放松肩带，将装具从肩背上卸下。

4. 注意事项

（1）正确佩戴面具，检查合格即可使用，面罩必须保证密封，面罩与皮肤之间无头发或胡须等，确保面罩密封。

（2）供气阀要与面罩按口粘合牢固。

（3）使用过程中要注意报警器发出的报警信号，听到报警信号后应立即撤离现场。

二、长管呼吸器的使用操作

（一）常见长管呼吸器类型及结构

长管呼吸器一般分为自吸式长管呼吸器（图 4-51）、送风式长管供气呼吸器、电动送风式长管呼吸器（图 4-52）和携气式长管呼吸器（图 4-53）。

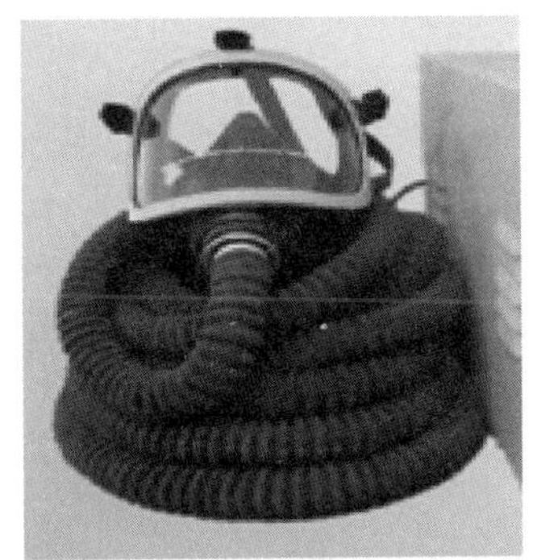
图 4-51　自吸式长管呼吸器

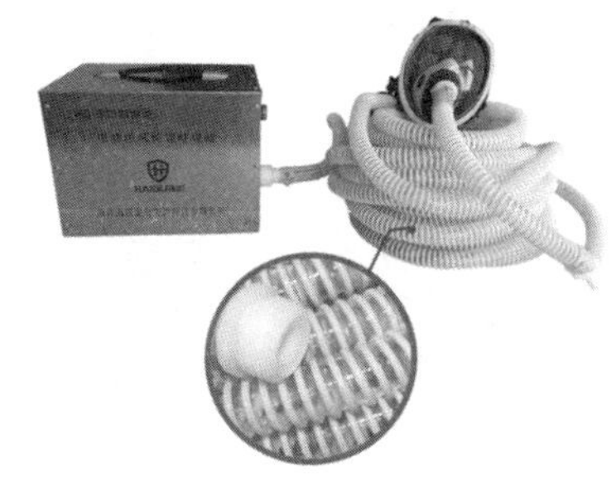
图 4-52　电动送风式长管呼吸器

自吸式长管呼吸器由面罩、吸气软管、背带、导气管、空气输入口（过滤器）和警示板等组成。使用时，将导气管的一端固定于新鲜无污染的场所，而另一端与面罩连接，依靠佩戴者自己的肺动力（呼吸肌的收缩）将清洁的空气经导气管、吸气输管吸进面罩内。自吸式长管呼吸器适用于有害物浓度不大的作业环境，导气管的长度不能太长。

图 4-53　携气式长管呼吸器

电动送风长管呼吸器由电动送风机、输气管（导气管）和面罩等组成，其特点是使用时间不受限制，供气量较大，可以供 1~5 个人使用，送风量人数和导气管长度有关。

（二）送风式长管呼吸器

1. 组成部件

送风式长管供气呼吸器由空气压缩机、分配器（过滤器）、输供气导管和面罩等部分组成（图 4-54）。这种供气呼吸器可供两人或多人同时工作，也可单人使用，同时还可以根据佩戴者的呼吸量调节送风量大小。

2. 使用方法

送风式长管呼吸器使用流程如图 4-55 所示，使用效果如图 4-56 所示。

3. 注意事项

（1）使用空压机作为送风式长管呼吸器风源时，空压机必须安排专业人员进行职守，以免发生空压机故障而造成佩戴人员发生窒息事故。

(a) 空气压缩机

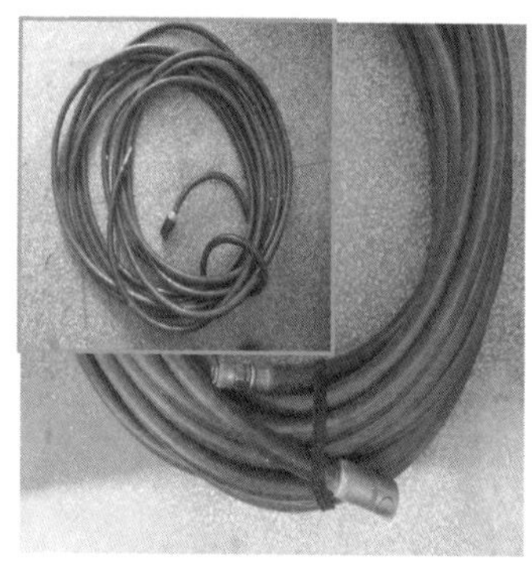

(b) 输供气导管

(c) 分配器（过滤器）

(d) 面罩

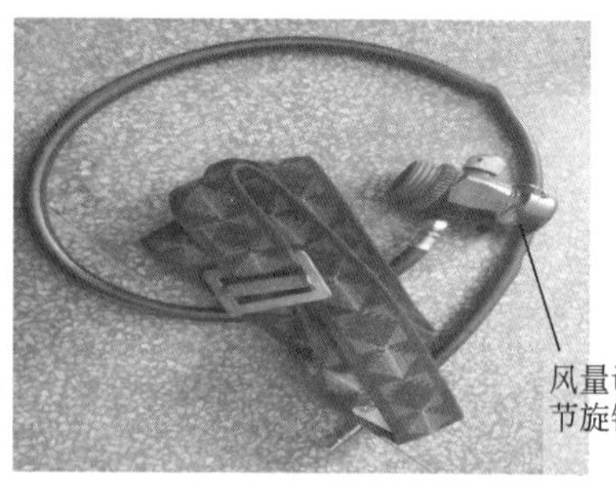

(e) 面罩供气连接管

图 4-54　送风式长管呼吸器基本部件

（2）佩戴送风式长管呼吸器人员在有毒有害作业场所及有可能造成窒息的受限空间内作业时，严禁脱卸呼吸面罩。

启动空气压缩机 → 连接输气导管 → 连接分配器 → 连接供气导管
→ 连接呼吸面罩 → 佩戴呼吸面罩、调整供气量

图 4-55　长管呼吸器使用流程示意图

图 4-56　送风式长管呼吸器使用效果图

(3) 一般情况下应避免使用现场压缩风、仪表风以及压缩空气等作为送风式长管呼吸器的风源，特殊情况下，必须在风源接引处设置在线氧含量及可燃性气体监测报警装置，并安装过滤装置，同时必须按规定频次严格进行气体取样分析，以免因系统串入氮气、可燃性气体或液体、蒸汽及其他有毒有害性气体或物质，导致佩戴人员发生意外事故。

(4) 使用送风式长管呼吸器前必须对相应设备进行检查确认及试验，确保呼吸器使用有效。

三、全面罩过滤式防毒面具的使用

全面罩过滤式防毒面具是最为常见的一种戴在头上，防止粉尘、细菌、有毒有害气体等伤害面部及呼吸系统的个体防护装备。防毒面具的滤毒件内部填充以活性炭为主要成分的过滤介质，活性炭里有许多形状不同的和大小不一的孔隙，可以吸附粉尘，同时在活性炭的孔隙表面浸渍了铜、银、铬等金属的氧化物，可以与吸附毒气发生化学反应，使毒气丧失毒性。

全面罩过滤式防毒面具按照连接方式可分为直连式和导管式两种。

（一）常见全面罩过滤式防毒面具

常见的全面罩过滤式防毒面具有 x0001 双滤毒盒全面罩、柱形单滤毒盒全面罩、3M6000 系列全面罩、头套式全面罩等，如图 4-57 所示。

(a) x0001双滤毒盒全面罩

(b) 柱形单滤毒盒全面罩

(c) 3M6000系列全面罩

(d) 头套式全面罩

图 4-57　常见全面罩过滤式防毒面具

（二）适用环境及防护范围

1. 适用环境

适用于危害呼吸系统但不会立即危害生命健康的场所。

2. 防护范围

防护范围包括粉尘、重烟、雾滴、毒气、毒蒸气、粉剂、家具喷涂产生的废气和漆雾，以及那些肉眼看不见的微小物质。

（三）基本组成

防毒面具主要是由滤毒盒（罐）、罩体、窗口、呼气通话装置以及头带等部件组成。

1. 滤毒盒（罐）

滤毒盒（罐）是防毒面具的核心部件，其内部既装有吸附气溶胶（悬浮在空气中的微小颗粒）的过滤层，又装有可吸附并处理毒气的活性炭。

2. 面具罩体

面具罩体是将防毒面具各部件构成一个整体的主要部件，由头带、窗口、吸气阀、呼气阀、接口螺纹或卡口等组成。面具罩体应适合多种头型，既要密合，不让有毒物乘隙而入，又不能给佩戴人员造成面部压疼。

3. 窗口

窗口一般采用聚碳酸酯材料镜片，以保证使用人员具有较大的可视范围。

4. 呼气通话装置

呼气通话装置用于人员通话沟通。

5. 头带

头带用于人员佩戴面罩，保证面罩与头部固定。

（四）使用方法

1. 使用前的检查

1）面罩检查

面罩的镜片、系带、呼气活门、吸气活门、界面螺纹或卡口应完好；面罩的各个部位要清洁，不能有灰尘或被酸碱、油及其他有害物质污染；镜片应清洁。

2）滤毒盒（罐）检查

滤毒盒（罐）应外观完好、清洁；与面罩连接的几口螺纹或卡口应完好；滤毒盒（罐）应在有效使用期内。

3）整体气密性检查

将面罩与滤毒盒（罐）连接好，佩戴好面具，系好头带后深呼吸，如没有空气进入，则此套面具气密性较好，否则应停止使用。整体气密性检查达到要求后，保持操作状态，准备使用。

2. 佩戴方法

（1）选择面具：根据个人头型选择合适的面具。

（2）调整头带：将头带调整到适合位置。

（3）气密性测试：将面罩戴在头上，收紧头带，用手堵住滤毒盒进气口，吸气，面罩紧贴面部，无漏气。注意：胡须、头发和眼镜框可能会影响面罩与面部的密封。

（4）去除密封盖：根据防护对象选好滤毒盒（罐）后，去除滤毒盒（罐）上的密封盖。

（5）连接滤毒盒（罐）：取下面罩，对正螺纹接口，旋转滤毒盒（罐），将选用的滤毒盒（罐）与面罩正确连接。

（6）带上面罩：用两手分别抓住面罩两侧，将面罩下巴部位罩住下巴，双手同时向后上方用力撑开头带，由下而上戴上面罩，并拉紧头带，使面罩与脸部确实贴合。

（7）测试通气：面具带好后，正常呼吸，确认呼吸通畅。

作业环境空气中氧气体积分数不低于19.5%，温度为-30~45℃时，毒气浓度及使用时间参照GB 2980—1995《过滤式防毒面具通用技术条件》的规定；过滤式防毒面具不能用于槽罐等密闭容器环境；根据有毒气体或蒸气的危险性选择适用的过滤组件。

四、半面罩防毒面具的使用

半面罩防毒面具作为个人防护器材，用于阻隔人的口鼻与外界空气接触，使人员面部与外界污染空气隔离，通常与滤毒盒搭配使用起到呼吸防护作用。该面具属于自吸过滤式防毒面具，按防护介质一般分为防尘面罩和防毒面罩。常见的半面罩防毒面具如图4-58所示。

（一）美国3M半面罩结构部件

3M半面罩主要部件有头带、颈带、快速卡口、呼气孔、罩体等，如图4-59所示。

（二）佩戴方法

（1）检查面罩快速卡口、颈带、头带等部件是否完好。

（2）检查选用的滤毒盒是否适用于操作环境条件，滤毒盒快速卡口是否完好，确保滤毒盒在有效期内。

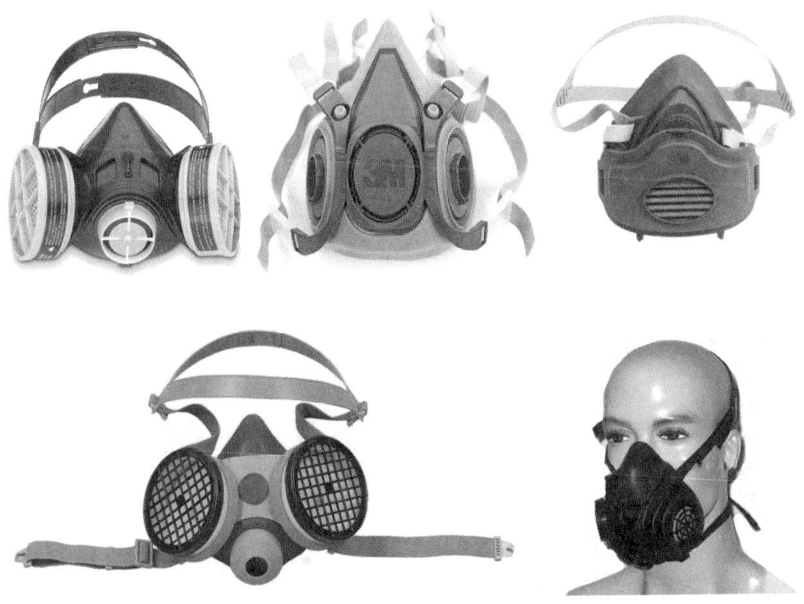

图 4-58　常见半面罩形式

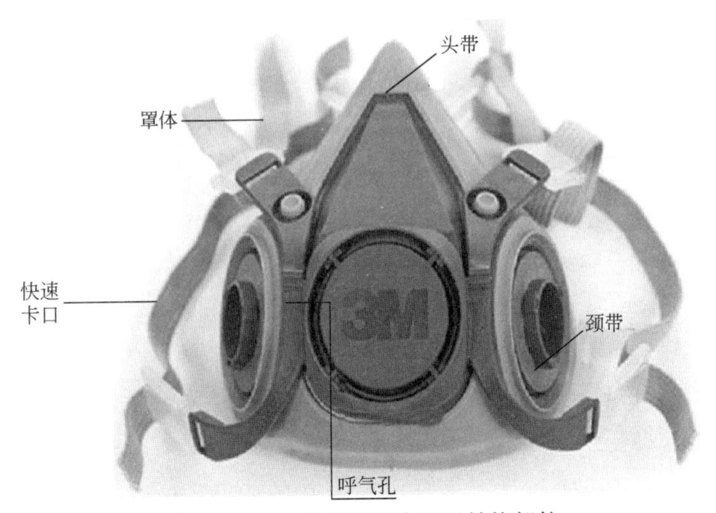

图 4-59　3M 半面罩防毒面具结构部件

（3）将滤毒盒卡槽与面罩左侧卡口按照卡槽大小对正，用手将滤毒盒卡槽压入面罩卡口。

(4) 顺时针旋转滤毒盒，听到轻微的“咔”的声音，说明滤毒盒与面罩完成连接，用同样方法连接好右侧滤毒盒。

(5) 将半面罩覆于口鼻上，抬起头带将其置于头顶，调整到适合位置。

(6) 向后拉住颈带，搭好颈带搭扣，调整到合适程度，使面罩与口鼻及面部紧密贴合。

(7) 用手堵住呼气孔，轻微呼气，感觉面罩轻微膨胀时，说明面罩佩戴良好。

(三) 注意事项

(1) 必须与符合介质毒性防护要求的滤毒盒配套使用。

(2) 严禁在有毒有害环境中脱卸防毒面具。

(3) 滤毒盒的更换必须在新鲜空气中或无毒环境下进行。

(4) 防毒面具使用过程中严禁水或其他液体进入滤毒盒。

(5) 进入腐蚀性有毒介质环境中，必须佩戴全面罩防毒面具。

(6) 自吸过滤式防毒面具不适用于在有毒环境中长时间从事作业活动。

(7) 自吸过滤式防毒面具不适用于缺氧环境。

五、滤毒盒（罐）的选择

(一) 常见滤毒盒（罐）类型

按照国家标准，滤毒盒（罐）可以分为1号（B型）滤毒盒、3号（A型）滤毒盒、4号（K型）滤毒盒、7号（E型）滤毒盒、8号（H_2S型）滤毒盒。分别用来防综合气体（有机、无机）、有机气体与蒸气、氨与硫化氢、酸性气体和蒸气、硫。

美国3M公司的6006滤毒盒适用于有机气体、氯气、二氧化氯、氯化氢、二氧化硫、硫化氢（仅适用于逃生）、氨气甲胺、甲醛；6004滤毒盒适用于氨气、甲胺。

(二) 滤毒盒（罐）的选择

防毒面具是在有毒气体工作环境下的必备呼吸防护用品，与它配合使用的滤毒盒（罐），可以起到过滤吸附有害物质的作用。不同型号的滤毒盒（罐）适用于不同防护对象。

(1) 根据有毒气体或蒸气选择适用的过滤组件，对现行标准内的过滤组件，应根据生产商提供的技术说明选用。因此，在选用滤毒盒（罐）时，必须明确其适用范围和防护对象，见表4-8、表4-9。

表4-8　国标滤毒盒（罐）型号和防护物件

型号及规格	材质	GB 2890—2009 标色	产品图示	防护对象	防毒类型
1号(B型)滤毒罐	氧化铝	灰色		无机、有机气体或蒸汽：氢氰酸、氯化氢、砷化氢、光气、双光气、氯化苦、苯、溴甲烷、二氯甲烷、路易氏气、芥子气、磷化氢	综合防毒
3号(A型)滤毒罐	氧化铝	褐色		有机气体与蒸汽：苯氯气、丙酮、醇类、苯胺类、二氯甲烷、四氯化碳、三氯甲烷、溴甲烷、氯甲烷、硝基烷、氯化苦	综合防毒
4号(K型)滤毒罐	氧化铝	绿色		氨、硫化氢	单一防毒
5号(CO型)滤毒罐	氧化铝	白色		一氧化碳	单一防毒
7号(E型)滤毒罐	氧化铝	黄色		酸性气体和蒸气：二氧化硫、氯气、硫化氢、氮的氧化物、光气、磷和含氯有机农药	综合防毒
8号(H_2S型)滤毒罐	氧化铝	蓝色		硫化氢或氨	单一防毒

表4-9　3M滤毒盒（罐）型号和防护物件

滤毒盒	防护对象	滤毒盒	防护对象
6001CN	•有机气体及蒸气、如苯及同系物、汽油、丙酮、二硫化碳、醚等 •包装：2个/包，30包/箱 •防伪鉴别方法请见“防伪小贴士”	6002CN	•酸性气体、氯气、氯化氢、二氧化硫、二氧化氯、硫化氢 •包装：2个/包，30包/箱
6003CN	•有机蒸气、氯气、氯化氢、二氧化硫、硫化氢、氟化氢 •包装：2个/包，30包/箱	6004	•氨气、甲胺 •包装：2个/包，30包/箱

续表

滤毒盒	防护对象	滤毒盒	防护对象
6005	• 甲醛、有机蒸气 • 包装:2 个/包,30 包/箱	6006	• 有机蒸气、氯气、二氧化氯、氯化氢、二氧化硫、氟化氢、硫化氢、氨气、甲胺、甲醛 • 包装:2 个/包,30 包/箱
6009	• 汞蒸气、氯气 • 包装:2 个/包,30 包/箱	6057	• 有机蒸气、氯气、氯化氢、二氧化硫、硫化氢、氰化氢(配合全面具在低浓度中有限制使用) • 包装:2 个/包,4 包/盒,8 盒/箱 • 仅欧洲 EN 141:2000 认证

(2) 对于没有警示性或警示性很差的有毒气体，应优先选用有失效指示的呼吸防护用品或隔绝式呼吸防护。如一氧化碳（CO）气体的防护与其他有毒气体就有很大不同，建议选用隔绝式。

(3) 滤毒盒（罐）的使用寿命受空气污染物种类及其浓度、使用者呼吸频次、环境温度和湿度条件等因素影响，一般按照下属方法确定滤毒盒（罐）的更换时间：

① 当使用者感觉空气污染物味道或刺激性时，应立即更换。

② 对于常规作业，建议根据经验、试验资料或其他客观方法，确定滤毒盒（罐）更换时间表，定期进行更换。

③ 如果滤毒盒（罐）内被吸附进的有毒物质沸点低于 65℃，滤毒盒（罐）最好每天一换。

六、重型防化服的使用

防化服是消防人员在有危险性化学物品或腐蚀性物品的现场作业时，为保护自身免遭化学危险品或腐蚀性物质侵害而穿着的防护服。防化服包括重型防化服（图 4-60）和轻型防化服。

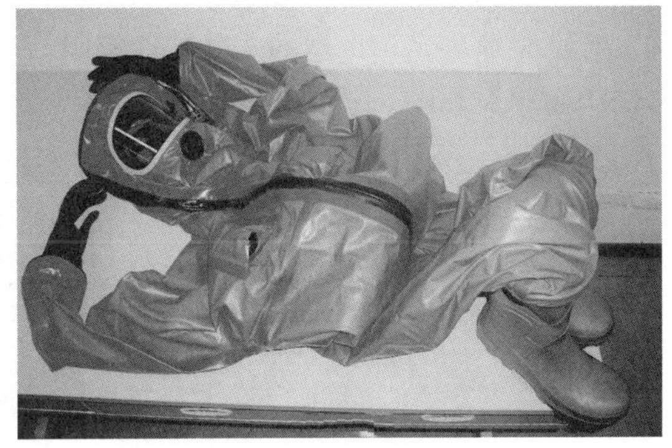

图 4-60　重型防化服

（一）防化服的正确穿戴

（1）背上空气呼吸器。

（2）撑开服装的颈口、胸襟，两脚伸进裤子至防化靴内，将裤子提至腰部，再将两臂伸进两袖直至带好手套。

（3）佩戴好面罩。

（4）用手堵住面罩空气呼吸器快速接口，进行气密试验。

（5）将防化服拉链拉过头顶，封闭防化服。

（6）连接空气呼吸器，并打开供气阀门。

（二）防化服的使用注意事项

（1）消防防化服不得与火焰及熔化物直接接触。

（2）使用消防防化服前必须认真检查服装有无破损，如有破损，严禁使用。

（3）使用时，必须保证面罩的紧密性和拉链的密封性。

（4）每次使用后，应根据脏污情况用肥皂水或 0.5%～1%的碳酸钠水溶液洗涤，然后用清水冲洗，放在阴凉通风处，晾干后包装。

（5）防化服在保存期间严禁受热及阳光照射，不许接触活性化学物质及各种油类。

七、洗眼器的使用

洗眼器是在发生有毒有害物质喷溅到操作人员眼、面部及身体裸露部位或发生火灾引起人员衣物着火状态下的一种用于洗消的设备，根据其结构及使用场所可分为复合式洗眼器、立式洗眼器、壁挂式洗眼器、便携式洗眼器、地埋式洗眼器、电伴热洗眼器和电加热洗眼器等多种类型，如图 4-61 所示。

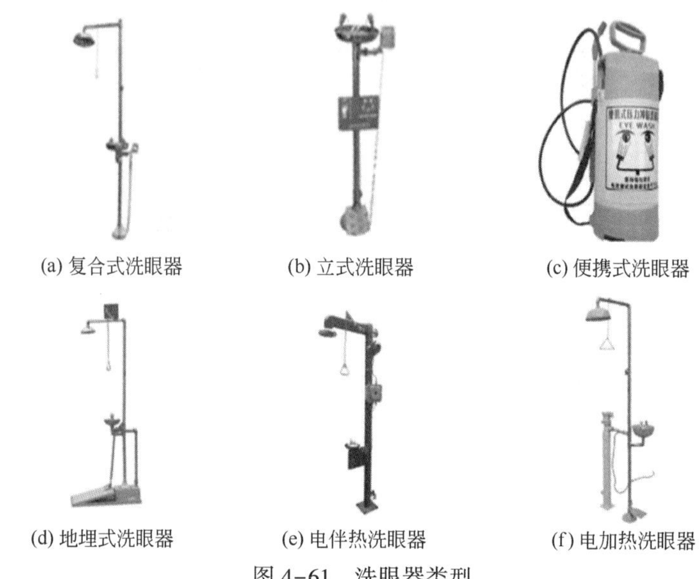

(a) 复合式洗眼器　(b) 立式洗眼器　(c) 便携式洗眼器

(d) 地埋式洗眼器　(e) 电伴热洗眼器　(f) 电加热洗眼器

图 4-61　洗眼器类型

（一）结构部件

洗眼器主要由冲淋花洒、冲淋阀、冲淋阀拉杆、洗眼喷头、滤网、开关阀、进水口、出水口等部件组成（图 4-62）。

（二）使用操作

1. 洗眼操作

（1）轻推开关阀，用水冲洗眼面部污染部位。

（2）洗消结束后关闭开关阀，复位防尘盖。

2. 淋浴操作

（1）站在冲淋花洒正下方，向下轻拉冲淋阀拉杆，冲淋花洒出水。

（2）洗消结束后向上轻推冲淋阀拉杆，关闭淋浴阀，冲淋花洒停止出水。

（三）注意事项

（1）洗眼器用水必须使用常温纯水或符合卫生标准用水。

（2）水温不宜过高，以免加速化学物质的反应而发生意外，适宜温度为

16~38℃。

（3）寒冷地区选用电加热洗眼器或电伴热洗眼器时，使用前需测试水温，以免发生烫伤。

（4）洗消前，建议打开阀门进行排污，以免水质污染对眼部造成二次伤害。

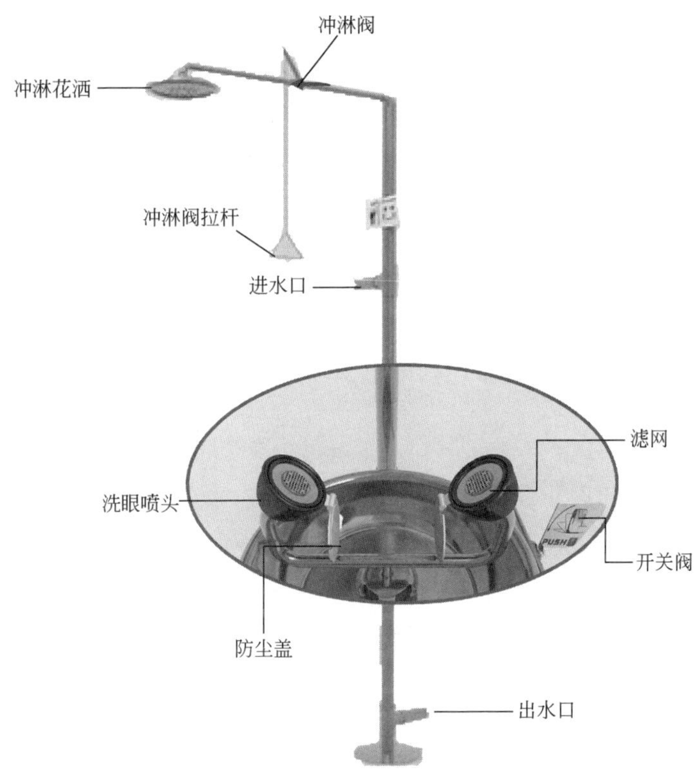

图 4-62　洗眼器结构图

第五章　现场救护及逃生

第一节　现场救护概述

现场救护是指现场工作人员因意外事故或急症，在未获得医疗救助之前，为防止病情恶化而对患者采取的一系列急救措施。现场救护的目的是维持、抢救伤病员的生命，改善病情，减轻病员痛苦，尽可能地防止并发症和后遗症。

一、救护原则

对危急病人和意外事故受伤人员必须遵循先“救”后“送”，先“救命”后“治伤”的原则。对伤病员先进行急救，采取必要的救护措施，然后通过各种通信工具向救护站或医院呼救，或直接送医院进行进一步的抢救和治疗。

二、几种常用的现场救护技术

现场救护经常使用口对口人工呼吸、胸外心脏按压、止血、包扎、固定、转运等救护技术。

（一）口对口人工呼吸

口对口人工呼吸的基本方法：病人仰卧、松开衣物——清理病人口腔阻塞物——病人鼻孔朝天、头后仰——捏鼻——贴嘴吹气——放开嘴鼻——换气，如图 5-1 所示。如此反复进行，成人吹气频率为 12 次/min，儿童 15 次/min，婴儿 20 次/min。但是要注意，吹气时吹气容量相对于吹气频率更为重要，开始的两次吹气，每次要持续 1~2s，让气体完全排出后再重新吹气，一分钟内检查颈动脉搏动及瞳孔、皮肤颜色，直至患者恢复复苏成功，或是经有经验的大夫检查证实患者脑死亡，或是准备好做气管插管。

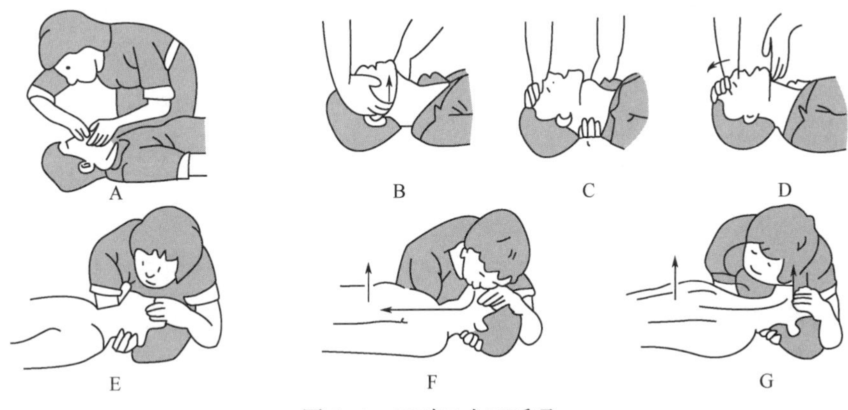

图 5-1　口对口人工呼吸

（二）胸外心脏按压技术

胸外心脏按压技术基本方法：将患者仰卧于平地上或用胸外按压板垫于其肩背下，急救者可采用跪式或踏脚凳等不同体位，将一只手的掌根放在患者胸部的中央（胸骨下半部），将另一只手的掌根置于第一只手上，手指不接触胸壁，如图 5-2 所示。按压时双肘须伸直，垂直向下用力按压，成人按压频率为至少 100 次/min，下压深度成年人至少为 5cm，婴儿和儿童至少为胸部前后径的 1/3；每次按压之后应让胸廓完全回复。按压时间与放松时间各占 50%左右，放松时掌根部不能离开胸壁，以免按压点移位。单人实施心肺复苏时，按压—通气比率为 30∶2，双人按压—通气比率为 15∶1。

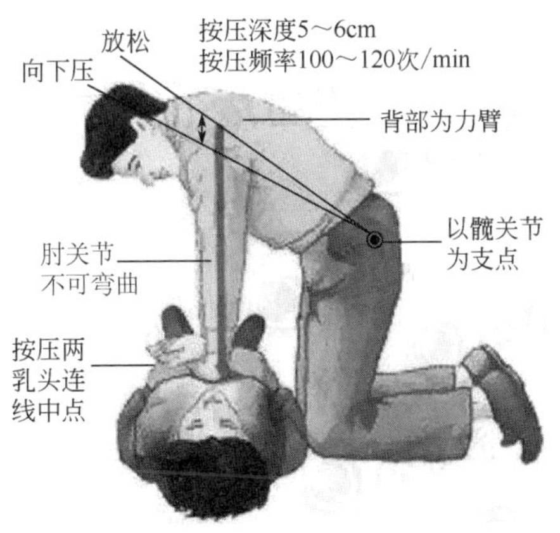

图 5-2　胸外心脏按压

现场胸外心脏按压应坚持不间断地进行，不可轻易作出停止复苏的决定，如出现符合下列条件者，现场抢救人员方可考虑终止复苏：

（1）患者呼吸和循环已有效恢复。

（2）无心搏和自主呼吸，胸外心脏按压在常温下持续30min以上，专业医疗人员到场确定患者已死亡。

（3）有专业医疗人员接手承担复苏或其他人员接替抢救。

（三）止血技术

常见的止血方法有包扎止血、压迫止血，另外还有止血带止血、加压包扎止血和加垫屈肢止血等多种止血方法。

（1）包扎止血法：一般伤口小的出血，先用生理盐水涂上红汞药水，然后盖上消毒纱布，用绷带较紧地包扎。

（2）压迫止血法：严重出血时最基本、最常用，也是最有效的止血方法。适用于头、颈、四肢动脉大血管出血的临时止血。即用手指或手掌用力压住比伤口靠近心脏更近部位的动脉跳动处（止血点）。只要位置找的准，这种方法能马上起到止血作用。

身体上通常有效的止血点有8处，上臂动脉、大腿动脉、桡骨动脉是较常用的止血点。上臂动脉：用4个手指掐住上臂的肌肉并压向臂骨；大腿动脉：用手掌的根部压住大腿中央稍微偏上点的内侧；桡骨动脉：用3个手指压住靠近大拇指根部的地方。

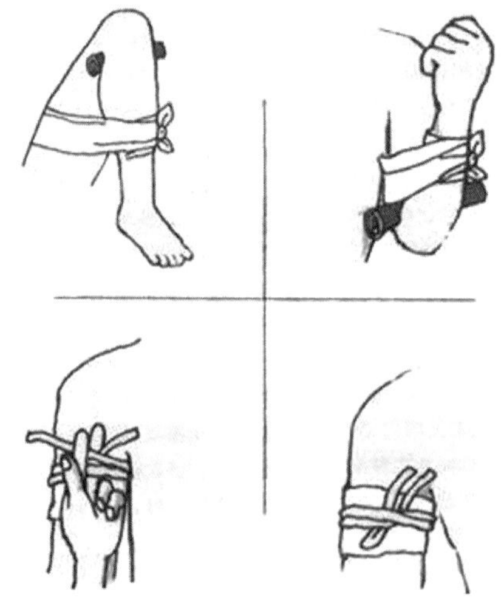

图5-3　止血带止血法

（3）止血带止血法适用于四肢大血管出血，尤其是动脉出血，如图5-3所示。用止血带（一般用橡皮管，也可以用纱巾、布带或绳子等代替）绕肢体绑扎打结固定，或在结内（或结下）穿一根短木棒，转动此棒，绞紧止血带，直到不流血为止。然后把棒固定在肢体上。在绑扎和绞止血带时，不要过紧或过松。过紧会造成皮肤和神经损伤，过松则不能起到止血作用。用这种方法有造成受伤肢体缺血而引起组织坏死的危险，所以，要注意以下几点：

① 止血带不能直接和皮肤接触，

必须先用纱布、棉花或衣服垫好。

② 扎好止血带后，要尽快向医院转送。在转送中，要每隔一小时松解 1~2min，以暂时恢复血液循环，然后在另一稍高的部位扎紧。

③ 扎止血带的部位不要离出血点太远，以避免使更多的肌肉组织缺血、缺氧。一般绑止血带的位置是上臂或大腿上三分之一处。

（四）固定和转运技术

对于骨折、关节严重损伤、肢体挤压和大面积软组织损伤的伤病员，应采取临时固定的方法，以减轻痛苦、减少并发症、方便转运。固定和转运的注意事项如下：

（1）现场固定断骨的材料可就地取材，如棍、树枝、木板、拐杖、硬纸板等都可作为固定材料，长短要以能固定住骨折处上下两个关节或不使断骨错动为准，如图 5-4 所示。

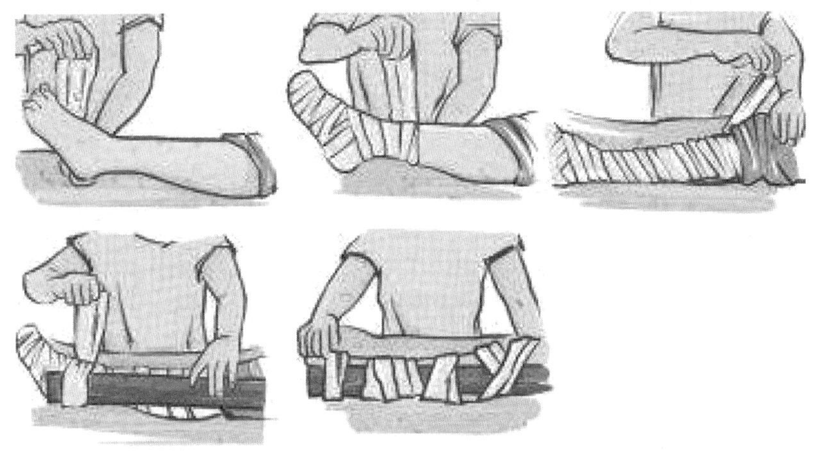

图 5-4　骨折固定

（2）脊柱骨折或颈部骨折时，除非是特殊情况，如室内失火，否则应让伤者留在原地，等待携有医疗器材的医护人员来搬动。

（3）从地上抬起伤者时，要多人同时缓缓用力平托；运送时，必须用木板或硬材料，不能用布担架或绳床。木板上可垫棉被，但不能用枕头，颈椎骨骨折伤者的头部须放正，两侧用沙袋将头夹住，不能让头随便晃动。

第二节 常见意外伤害的现场救护

一、触电急救

触电者的生命能否获救，在绝大多数情况下取决于能否迅速脱离电源和正确地实行人工呼吸和心脏按摩，拖延时间、动作迟缓或救护不当，都可能造成人员伤亡。

（一）脱离电源的方法

（1）发生触电事故时，出事附近有电源开关和电流插销时，可立即将电源开关打开或拔出插销。但是普通开关（如拉线开关、单极按钮开关等）只能断一根线，有时不一定关断的是相线，所以不能认为是切断了电源。

（2）当有电的电线触及人体引起触电时，不能采用其他方法脱离电源时，可用绝缘的物体（如干燥的木棒、竹竿、绝缘手套等）将电线移开，使人体脱离电源。

（3）必要时可用绝缘工具（如带绝缘柄的电工钳、木柄斧头等）切断电线，以切断电源。

（4）应防止人体脱离电源后，造成的二次伤害，如高处坠落、摔伤等。

（5）对于高压触电，应立即通知有关部门停电。

（6）高压断电时，应带上绝缘手套，穿上绝缘鞋，用相应电压等级的绝缘工具拉开开关。

（二）紧急救护基本常识

根据触电者的情况，进行简单的诊断，并分别处理：

（1）病人神志清醒，但感乏力、头昏、心悸、出冷汗，甚至有恶心或呕吐。此类病人应使其就地安静休息，减轻心脏负担，加快恢复。情况严重时，应立即送往医院检查治疗。

（2）病人呼吸、心跳尚存在，但神志昏迷。此时，应将病人仰卧，保持周围空气流通，并注意保暖。除严密观察外，还要做好人工呼吸和心脏挤压的准备工作。

（3）如经检查发现，病人处于“假死”状态，则应立即针对不同类型的“假死”进行对症处理：如果呼吸停止，应采用口对口人工呼吸法来维持气体交换；如心脏停止跳动，应采用体外人工心脏挤压法来维持血液循环。

二、化学危险品伤害急救

（1）气体中毒：迅速将伤员救离现场，搬至空气新鲜、流通的地方，松开领口、紧身衣服和腰带，以利呼吸畅通，使毒物尽快排出，有条件时可接氧气，同时要保暖、静卧，并密切观察伤者病情的变化。

（2）毒物灼伤：应迅速除去伤者被污染的衣服、鞋袜，立即用大量清水冲洗（时间一般不能少于15~20min），也可用“中和剂”（弱酸，弱碱性溶液）清洗。对一些能和水发生反应的物质，应先用棉花、布和纸吸除后，再用清水冲洗，以免加重损伤。

（3）口服非腐蚀性毒物：首先要催吐。若伤者神志清醒，能配合时，可先设法引吐，即用手指、鸡毛、压舌板或筷子等刺激咽喉壁或舌根引起呕吐，然后给患者饮温水300~500mL，反复进行引吐，直到吐出物为清水为止。

严重中毒昏迷不醒时，对心跳、呼吸停止者，要进行人工呼吸和胸外心脏挤压。同时，迅速送往就近医院进行诊断治疗。在送医院途中，要坚持进行抢救，密切注意伤者的神志、瞳孔、呼吸、脉搏及血压等情况。

三、中暑急救

中暑是由于高温、日晒引起的一种急性疾病。中暑后会出现头晕、头痛、全身无力、口渴、心悸、恶心、呕吐等症状，严重时会突然晕倒。中暑又可分为先兆中暑、轻症中暑及重症中暑。

中暑急救的方法：让中暑病人立即离开高温环境，转移到阴凉通风处休息，并解开衣服，呈平卧姿势，同时让患者多喝含盐饮料。对于先兆中暑者，可不进行特殊治疗，让他自然恢复正常。对于重症中暑病人，要立即送往医院抢救治疗。

中暑者体温过高时，可以用冰袋放在中暑者的头部、两腋下等部位，用冰水或酒精擦身；用在凉水中浸湿的毛巾包上冰块擦额部和全身。此外，要

用力按摩病人的四肢，防止血液循环停滞。还可进行凉水沐浴，使病人身体浸泡在凉水中（除头部），经10~20min后，擦干身体。在使用上述方法降温的同时，让病人喝含盐清凉饮料和凉开水，服用急救药水、人丹和其他降温药物。

四、毒气泄漏急救

遇到毒气泄漏时，应该立即报告有关部门。对于毒气泄漏的处理是有特殊要求的，作为一般人员，需要了解一些毒气泄漏处理的常识。

（1）若在毒气泄漏现场，应立即穿戴防护服装，并检查防毒面具等是否有效，能否起到防护作用。如果没有佩戴防护服装或防毒面具时（这种情况是不允许在有毒品危险的场所工作的），应该尽快用衣服、帽子、口罩等，保护自己的眼、鼻、口腔，防止毒气摄入。

（2）当毒气泄漏量很大，而又无法采取措施防止泄漏时，特别是在通风条件差、较封闭的场所，在场人员应迅速逃离毒气泄漏场所。

（3）不要慌乱，不要拥挤，要听从指挥，特别是人员较多时，更不能慌乱，也不要大喊大叫，要镇静、沉着，有序撤离。

（4）撤离时要弄清楚毒气的流向，不可顺着毒气流动的风向撤离，而要逆向撤离。

（5）逃离泄漏区后，应立即到医院检查，必要时进行排毒治疗。

（6）当毒气泄漏时，若没有穿戴防护服，决不能进入事故现场救人。因为这样不但救不了别人，自己也会被伤害。

五、烧伤与烫伤急救

烧伤和烫伤是生活工作中比较常见的情况。烧伤一般分为普通烧伤、化学烧伤和电烧伤。普通烧伤也被称为热力烧伤，是指高温物质（包括火、热气、热的液体和固体等）对人造成的伤害；化学烧伤是指化学物质（如酸、碱、磷及化学武器等）对人造成的伤害；电烧伤是指电流通过人体时，高电阻造成的局部皮肤灼伤。烫伤是由无火焰的高温液体（沸水、热油、钢水）、高温固体（烧热的金属等）或高温蒸气等所致的组织损伤。

烧伤和烫伤的现场急救主要包括以下步骤：

（1）迅速终止继续烧伤，脱离致伤场所。热力烧伤后迅速将患处浸泡于冷水中，或用自来水冲洗伤口。若是酸、碱等化学品所致的伤，应用清水长时间冲洗，最好采用中和剂冲洗，如强酸烧伤可用弱碱性的小苏打水或碱性肥皂水冲，强碱烧伤可用醋兑水冲洗。

（2）保护烧伤创面。保护好创面是烧伤现场急救自救的重要一环，不要自行挑破水疱，防止造成感染；对小面积烧伤和烫伤不用包扎，对大的创面，仅用干净的床单或布覆盖即可。

（3）对烧伤与烫伤严重的患者应迅速送至烧伤专业医院。

第三节　现场避险与逃生常识

一、火场逃生

发生火灾时，切记首先应迅速报警，报警要镇静，要讲清详细起火地址、起火物质、火势大小、被困人员所在位置及人员情况、报警人的姓名及联系方式等，为尽可能早地得到专业营救争取宝贵时间。在日常的工作和生活中，也要多积累火灾逃生的基本知识，牢记火场逃生十三诀。

（1）熟悉环境，暗记出口；居安思危，留有后路。

在来到一个新的工作环境（新的企业、新的车间）时，为了自身的安全，务必留心疏散通道、安全出口及楼梯方位等，以便一旦遇到火灾险情时，不至于迷失方向而盲目地往火海里闯，往死胡同里钻。一定要给自己找一条逃生的后路。切记：袋形走廊莫入！

（2）逃生预演，临危不乱；事前预演，事半功倍。

要熟悉工作地所在建筑物结构及逃生路线。必要时进行演练，熟悉建筑物内的消防设施及逃生方法。

（3）通道出口，畅通无阻；自断后路，必死无疑。

楼梯、通道、安全出口等是火灾发生时最重要的逃生之路，应保证畅通无阻。无论任何时候，切记切不可在疏散楼梯、疏散通道以及安全出口处堆放杂物或把安全出口设闸上锁。

（4）扑灭小火，惠及他人；争分夺秒，扑灭初火。

当火灾发生时，火势均不大，且尚未对人造成威胁时，如果周围有足够

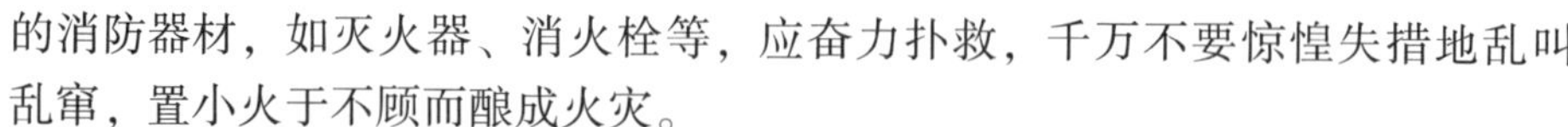
的消防器材，如灭火器、消火栓等，应奋力扑救，千万不要惊惶失措地乱叫乱窜，置小火于不顾而酿成火灾。

（5）保持镇静，明辨方向；利用地物，迅速撤离。

突遇火灾，面对浓烟烈火，首先要保持镇静，迅速判别危险地点和安全地点，确定逃生线路，尽快撤离险地。着火后，火焰夹着浓烟滚滚而来，所以，在跑离火场时，千万不要在弄不清方向的情况下乱跑，例如，一旦跑进普通电梯后遇上断电，就等于钻进死亡的“囚笼”；同时，也不可躲入办公桌下或者衣柜中，这样会令救援者难以发现。

撤离时要注意，正确的撤离方法为：沿烟气不浓、大火尚未烧及的楼梯、应急疏散通道、楼外附设敞开式楼梯等往下跑，一旦在下跑的过程中受到烟火或人为封堵，应从水平方向选择其他通道，或临时退守到房间及避难层内，争取时间，进而采用其他方法逃生。火灾发生时，如果你身处高楼，应沿着楼梯向下跑。化工企业的建筑物，一般都设有安全疏散楼梯间，安全疏散楼梯间都是防火防烟的。除非在最顶层可向屋顶跑，一般情况千万不要往上跑。因为烟和火向上蔓延的速度非常快，肯定难以逃脱。

（6）不入险地，不贪财物；以人为本，生命第一。

人的生命是最要的。在火场中，身处险境，应尽快撤离，切记不要贪图钱财。当起火建筑物被烈火或浓烟弥漫时，人们都纷纷从建筑物向外进行疏散，但有些人往往考虑钱物还在办公室内，或者办公室内还有很重要的资料等等，刚刚疏散出来后试图返回去抢救财物，结果弄不好人财两空。因为，重返起火建筑物时有可能遇到新的危险，例如也许正巧遇上可燃物发生“轰燃”现象，即大火将整个空间充满，而这时再次逃生的希望将很小。即使火灾被扑灭后也要慎重，如果有风吹进火灾现场，还会发生“死灰”复燃现象，仍会遇上危险难以逃生。

例如，在一次工厂的厂房火灾中，有一位女工本来已经幸运地逃出了火场，但她却又马上返回厂房内，因为她发现没带出自己的钱财，当她重返厂房内时，却遭到了复燃火的猛烈袭击，最后不幸丧生。

（7）简易防护，蒙鼻匍匐；多带护具，少带财物。

为了防止火场浓烟呛人，可采用毛巾、口罩蒙鼻，匍匐撤离（贴近地面）的办法。穿过烟火封锁区，应配戴防毒面具、头盔、阻燃隔热服等用具。如没有这些用具，那么可向头部、身上浇水或用湿毛巾、湿棉被、湿毯子等将头、身裹好，再冲出去。

据有关资料统计，在火灾中丧生的人，受烟雾中毒、窒息而死亡的比例远比烧死的要高，高达70%以上，因此，当你被烟困住时，防烟雾中毒、防窒息死亡是非常重要的。日常生活中的毛巾要顺手捡来充当空气过滤器，用折叠8层的湿毛巾蒙鼻保护后，可减少60%烟雾毒气的吸入。

（8）善用通道，莫入电梯；电梯逃生，必死无疑。

按规范标准设计建造的建筑物，都会有两条以上的逃生楼梯或安全通道。发生火灾时，应选择楼梯、安全通道逃生，也可以选择从阳台、窗台、天台屋顶等攀登到周围安全地点，沿着落水管、避雷线等建筑凸出物逃生。千万别乘电梯逃生！

（9）缓降逃生，借物自救；胆大心细，死里逃生。

千万不要盲目跳楼，
可利用疏散楼梯、阳台、
落水管等逃生自救。
也可用绳子或把床单、
被套撕成条状连成绳索，
紧栓在窗框、暖气管、
铁栏杆等固定物上，用毛巾、
布条等保护手心，顺绳滑下，
或下到未着火的楼层脱离险境。

图5-5 千万不要盲目跳楼

高层、多层建筑内一般都设有缓降器或救生绳，人员可以通过这些安全设施逃生。如没有以上设施，而火灾发生时安全通道又被封堵，求援人员又不能及时赶到，情况万分危急时，可迅速利用身边的绳索或可将窗帘、被罩、床单等撕成条，连接成绳，用水浇湿，一端紧固定在暖气管道或其他负载物体上，另一端沿窗口下垂至地面或较低的楼层的窗口，阳台处，顺绳下滑逃生。

当在无法冲出火海的情况下，可以逃进被认为是避难所的房间，例如：浴室、卫生间等。因为这些房间既无可燃物，又有水源，进入后应立即关门窗，在一定条件下，该行为是有效的，可获得较大的生存机会。

（10）避难场所，固守待援；堵塞烟道，坚盾何惧。

如果门窗已烫手，切勿开门窗逃生，应采取创造避难场所、固守待援的办法。用湿毛巾、湿布堵塞门缝，防止烟火渗入，固守房内，直到救援人员到达。邻居或别的房间发生火灾，如果用手摸房门感到烫手，则说明房外火势已进入“发展阶段”，此时若开门，火焰和浓烟就会迎面而来。对于汹涌而来的烟雾，务必紧闭门窗，并用毛巾、被子堵塞门缝，并向上泼水，顶住烟火进攻。

（11）缓晃轻抛，寻求援助；发出信号，暴露自己。

被烟火围困无法逃离时，应尽量待在阳台、窗台等易被人发现和能避免火焰近身的地方。在白天，可以向窗外晃动鲜艳衣物，或外抛物品。在晚上，可以用手电筒向窗外闪动或者通过敲击物品发出求救信号，引起救援者注意。被烟气窒息失去自救能力时，应努力滚到墙边或门边，便于消防人员寻找。

（12）火已及身，切莫惊跑；脱掉衣服，就地打滚。

如发现身上着火，切莫惊跑或用手拍打，因奔跑和拍打会形成风势，导致火势变大。此时应赶紧脱掉衣服，或就地打滚，压灭火焰。如能及时跳进水中或让人往身上浇水、喷灭火剂就更为有效。

（13）跳楼有术，虽损求生；没有准备，切莫乱跳。

身处火灾烟气中的人员，精神上往往极度恐慌，极易导致不顾一切的伤害行为，如跳楼逃生，只有在消防队员准备好救生气垫并指挥跳楼时，才能跳楼逃生。西方的一名专家从美国人支撑竹杆过河的“传统游戏竞赛”中获得了灵感，提出了“杆棒跳楼法”。只需一根结实的比人稍长的杆棒就行，木棒、竹杆、铁棍、钢管均可，但越结实越好，如有条件，杆棒两头应捆上重物，往下跳时，双手应将杆棒抱住，双腿夹住，两脚交叉扣住，如爬竹杆一样，头与手的上部，脚的下部务必留出一段，两头约50cm。约80%的跳楼者坠地时不是头着地，就是脚碰地，而抱杆跳楼者大多数是杆棒先撞地，这种“硬碰硬”可以大大减轻身体遭受的伤害程度。但这种方法，非到万不得已时尽量不要采用。

二、有毒介质环境逃生

发生有毒介质泄漏事故后，如果现场人员无法控制泄漏，则应迅速报警并选择安全逃生。现场人员不可恐慌，应按照平时应急预案的演习步骤，各司其职，井然有序地撤离。

当现场人员确认无法控制泄漏时，必须当机立断，选择正确的逃生方法，快速撤离现场。逃生时要根据泄漏物质的特性，佩戴相应的个体防护用品，如果现场没有防护用具，也可应急使用湿毛巾或湿衣物捂住口鼻进行逃生。

逃生时要沉着冷静确定风向，根据有毒介质泄漏位置，向上风向或侧风向转移撤离，也就是要逆风逃生。另外，如果泄漏物质的密度比空气大，则选择往高处逃生，相反，则选择往低处逃生，但切忌在低洼处滞留。如果事故现场有救护消防人员或专人引导，应服从引导和安排。存在有毒介质泄漏可能的企业，应该在厂区最高处安装风向标。发生泄漏事故后，风向标可以正确指导逃生方向。企业还应保证每个作业场所至少有 2 个紧急出口，出口和通道要畅通无阻并有明显标志。

（1）当有毒介质烟雾袭来时，逃生时间极其短暂，切忌盲目行动、随大流，要沉着镇静，选择最佳的逃生路线，并采用平时掌握的技巧脱离险境。

（2）以湿毛巾、口罩捂口鼻（切勿拿开，以防中毒），用湿衣服、湿床单、湿毛毯裹身，低头弯腰或匍匐前进穿越浓烟区。

（3）如有毒介质密度比空气小时，要朝明亮处或空旷地方跑，并尽量往楼层下面跑；毒气密度比空气大时，要朝有毒介质上风方向，并要尽量往高处跑。

三、地震逃生

地震逃生自救方法主要有 9 种。

（一）选择夹角避震

地震发生时，应立即选择炕沿下、床前、桌下，蹲身抱头，以躲避房盖、墙砖等物体的打击。因为这些地方可形成遮蔽塌落物体的生存空间，但要注意切勿钻到床底下。床和桌子要坚固，衣柜不能是板式的，不要太高，太高可能倾倒。

（二）选择厨房、厕所避震

如果住的是水泥现浇板或水泥预制板屋顶的房子，地震发生时，应立即进入厨房、厕所等处，因为这些地方开间小，有上下水管道连接，既能起到一定的支撑作用，又可能找到维持生存的水和食物，有可能减少伤亡。其弊端是回旋余地小，缺少遮挡物。

（三）首先保护自己

要尽可能多地保存有生力量。地震发生在一瞬间，不容多考虑，应当机立断，先保护好自己，如果有可能顺便再保护别人。只有保存了自己，才有可能去抢救他人。还要注意自己脱险后，要先救活人，先救容易救的，然后

再救难救的。以争取时间，在最短的时间内救更多的人。

（四）护住头、口、鼻

如果已经被埋在了废墟下面，千万不要惊慌。要头脑冷静，先用手保护好头部和鼻子、嘴，以免受伤和让灰土进入呼吸道。在手能动的情况下，先用手扒掉挤压身体的土石砖块，增大活动空间。如果四肢或上肢被压住不能动弹时，就要注意保存体力、养精蓄锐。此时，精神的力量是巨大的，千万不能绝望，要坚定自己能活下去的决心，要以顽强的意志等待救援。面对危险，哭是没有用的，唯有自救互救才有活下来的可能。

（五）不要大声呼喊

需要注意的是：地震时被砸在里面后，要立足于自救，千万不要大声呼喊，尽量减少体力消耗，坚持的时间越长，获救的可能性越大。被压在里面的人听外面的声音清楚，而里面发出的声音外面却不易听见。要积蓄体力，听到外面有人时再大声呼救。

（六）积蓄水源节省使用

水是维持生命所必需的。地震后受困在封闭空间时，要千方百计找水。没有水要找容器保存自己的尿液饮用；没有尿要找湿土吮吸。要做较长时间打算，液体只做润唇、小饮而绝不可大喝。如果困在里面时间过长，就要找一切可能吃的东西充饥。

（七）巩固生存空间

被埋在废墟里，首要的是保护好自己。要尽快用砖块将头上身上的天花板顶住，以防止在余震中把自己砸伤。要想方设法用棍子给自己捅出一个出气孔，以防止窒息。

（八）创造逃生条件

地震受困后，只要能动，就要想方设法钻出去。要寻找可以挖掘的工具，如刀子、铁棍、铁片等用来挖掘废墟。要凭视觉、听觉、体感确定逃生方向：哪里可以看到光线就说明距离短；哪里可以听到声音就说明距离近；哪个方向感觉风大就说明距离近等等。

（九）坚持就能胜利

需要强调的是，被埋在废墟里面的人，只要能坚持下去，生存概率还是很高的。例如 1976 年唐山大地震时，市区约有 86%的人被埋压，在极震区约有90%的人被埋压。以数字计算，在近70万市民中，约有63万人被埋压，其中因埋压死亡近10万人，约占被埋压人数的16%。

四、洪灾避险与逃生

遇到洪水时，首先应该迅速登上牢固的高层建筑避险，而后要与救援部门取得联系。同时，注意收集各种漂浮物，木盆、木桶都不失为逃离险境的好工具。分析洪水中人员失踪的原因，一方面是洪水流量大，猝不及防；另一方面则是因为有的人不了解水情而涉险。所以，洪水中必须注意的是，不了解水情时一定要在安全地带等待救援。

（1）洪水到来时，来不及转移的人员，要就近迅速向山坡、高地、楼房、避洪台等地转移，或者立即爬上屋顶、楼房高层、大树、高墙等高的地方暂避。

（2）如果洪水继续上涨，暂避的地方已难自保，则要充分利用准备好的救生器材逃生，或者迅速找一些门板、桌椅、木床、大块的泡沫塑料等能漂浮的材料扎成筏逃生。

（3）如果已被洪水包围，要设法尽快与当地防汛部门取得联系，报告自己的方位和险情，积极寻求救援。注意：千万不要游泳逃生，不可攀爬带电的电线杆、铁塔，也不要爬到泥坯房的屋顶。

（4）如果已被卷入洪水中，一定要尽可能抓住固定的或能漂浮的物品，寻找机会逃生。

（5）发现高压线铁塔倾斜或者电线断头下垂时，一定要迅速远避，防止直接触电或因地面“跨步电压”触电。

（6）洪水过后，要做好各项卫生防疫工作，预防疫病的流行。

五、台风避险与逃生

台风是一种热带气旋。所谓热带气旋，是指发生在热带或副热带洋面上急速旋转的低压涡旋，常伴有狂风、暴雨和风暴潮。

（一）遇到台风如何逃生

（1）行走时慢慢走稳，顺风时不能跑。

（2）抓住固体物行走，在建筑物密集的街道，应注意落下物和飞来物，以免砸伤。

（3）尽量避免外出，最好呆在抗台风的房屋内。

（二）遇到台风如何自救、互救

（1）气象局根据台风可能产生的影响，在预报时采用“消息”“警报”和“紧急警报”三种形式向社会发布。同时，按台风可能造成的影响程度，从轻到重向社会发布蓝、黄、橙、红四色台风预警信号。公众应密切关注媒体有关台风的报道，及时采取预防措施。

（2）有可能吹倒建筑物、高空设施，造成人员伤亡时，居住在各类危旧住房、厂房、工棚的群众，在台风来临前，要及时转移到安全地带，不要在临时建筑（如围墙等）、广告牌、铁塔等附近避风避雨。车辆尽量避免在强风影响区域行驶。

（3）会被吹落高空物品，要及时搬移，例如屋顶、窗口、阳台处的花盆、悬吊物等；在台风来临前，最好不要出门，以防被砸、被压、触电等危险；检查门窗、室外空调、保笼、太阳能热水器的安全，并及时进行加固。

（4）检查电路，注意炉火、煤气，防范火灾。

（5）做好防风工作的同时，要做好防暴雨工作。

（6）台风来临前，应准备好手电筒、收音机、食物、饮用水及常用药品等，以备急需。

（7）检查门窗是否坚固；取下悬挂的东西；检查电路、炉火、煤气等设施是否安全。

（8）将室外的动植物及其他物品移至室内，特别是要将楼顶的杂物搬进来，室外易被吹动的物品要加固。

（9）避免前往台风经过的地区旅游，更不要在台风影响期间到海滩游泳或驾船出海。

（10）洼地区和危房中的人员要及时转移到安全住所。

（11）整理排水管道，保持排水畅通。

第六章　炼化企业事故分类与典型案例分析

第一节　炼化企业事故分类

一、事故事件分类与分级

（一）生产安全事故分类与分级

1. 生产安全事故分类

依据《中国石油天然气集团公司生产安全事故管理办法》（中油安字〔2007〕571号）第五条规定：生产安全事故类别分为工业生产安全事故、道路交通事故和火灾事故。

1）工业生产安全事故

工业生产安全事故是指在生产场所内从事生产经营活动中发生的造成企业员工和企业外人员人身伤亡、急性中毒或者直接经济损失的事故，不包括火灾事故和交通事故。

2）道路交通事故

道路交通事故是指企业车辆在道路上因过错或者意外造成的人身伤亡或者财产损失的事件。

3）火灾事故

火灾事故是指失去控制并对财物和人身造成损害的燃烧现象。以下情况也列入火灾统计范围：民用爆炸物品爆炸引起的火灾；易燃可燃液体、可燃气体、蒸气、粉尘以及其他化学易燃易爆物品爆炸和爆炸引起的火灾；机电设备因内部故障导致外部明火燃烧需要组织扑灭的事故，或者引起其他物件燃烧的事故；车辆、船舶以及其他交通工具发生的燃烧事故，或者由此引起的其他物件燃烧的事故。

2. 生产安全事故分级

依据《中国石油天然气集团公司生产安全事故管理办法》（中油安字〔2007〕571 号）第六条规定：根据事故造成的人员伤亡或者直接经济损失，事故分为以下等级。

1）特别重大事故

特别重大事故是指造成 30 人以上死亡，或者 100 人以上重伤（包括急性工业中毒，下同），或者 1 亿元以上直接经济损失的事故。

2）重大事故

重大事故是指造成 10 人以上 30 人以下死亡，或者 50 人以上 100 人以下重伤，或者 5000 万元以上 1 亿元以下直接经济损失的事故。

3）较大事故

较大事故是指造成 3 人以上 10 人以下死亡，或者 10 人以上 50 人以下重伤，或者 1000 万元以上 5000 万元以下直接经济损失的事故。

4）一般事故

一般事故是指造成 3 人以下死亡，或者 10 人以下重伤，或者 1000 万元以下直接经济损失的事故。具体细分为三级。

（1）一般事故 A 级，是指造成 3 人以下死亡，或者 3 人以上 10 人以下重伤，或者 10 人以上轻伤，或者 100 万元以上 1000 万元以下直接经济损失的事故。

（2）一般事故 B 级，是指造成 3 人以下重伤，或者 3 人以上 10 人以下轻伤，或者 10 万元以上 100 万元以下直接经济损失的事故。

（3）一般事故 C 级，是指造成 3 人以下轻伤，或者 10 万元以下 1000 元以上直接经济损失的事故。

本条所称的“以上”包括本数，所称的“以下”不包括本数。

（二）突发事件分类分级

1. 突发事件分类

1）依据《中华人民共和国突发事件应对法》分类

《中华人民共和国突发事件应对法》第三条规定：“本法所称突发事件，是指突然发生，造成或者可能造成严重社会危害，需要采取应急处置措施予以应对的自然灾害、事故灾难、公共卫生事件和社会安全事件。”

2）依据《中国石油天然气集团有限公司突发事件分类分级目录》分类

中国石油天然气集团有限公司（以下简称集团公司）突发事件主要分为自然灾害事件、事故灾难事件、公共卫生事件、社会安全事件四类。

（1）自然灾害突发事件，主要包括洪汛灾害、破坏性地震灾害、地质灾害、气象灾害、海洋灾害等。

（2）事故灾难突发事件，主要包括井喷突发事件、油气站库及炼化装置爆炸着火突发事件、危险化学品泄漏失控和中毒突发事件、油气长输管道突发事件、海洋石油开阀突发事件、剧毒化学品道路运输突发事件、环境突发事件等。

（3）公共卫生突发事件，主要包括突发急性职业中毒事件、重大传染病疫情事件、重大食物中毒事件和群体性不明原因疾病，以及严重影响公众健康和生命安全的事件等。

（4）社会安全突发事件，主要包括群体性突发事件、火工品被盗丢失突发事件、网络与信息安全突发事件、公共文化场所和文化活动突发事件、恐怖袭击突发事件、涉外社会安全突发事件、涉外突发事件、资本市场突发事件、新闻媒体突发事件等。

2. 突发事件分级

《中华人民共和国突发事件应对法》第三条规定："按照社会危害程度、影响范围等因素，自然灾害、事故灾难、公共卫生事件分为特别重大、重大、较大和一般等四级。法律、行政法规或者国务院另有规定的，从其规定。"

参照国家有关规定，按照突发事件性质、严重程度、可控性和影响范围等因素，以及《中国石油天然气集团有限公司突发事件分类分级目录》，集团公司将突发事件分为四级。

1）Ⅰ级突发事件（集团公司级）

符合下列情况之一的，为Ⅰ级突发事件：

（1）造成或可能造成10人及以上死亡（失踪），或50人及以上重伤（含中毒）。

（2）造成或可能造成5000万元及以上直接经济损失。

（3）造成或可能造成大气、土壤、水环境重大及以上污染。

（4）引起国家领导人关注，或国务院、相关部委领导做出批示。

（5）引起人民日报社、新华社、中央电视台、中央人民广播电台等国内主流媒体，或法新社、路透社、美联社、合众社等境外重要媒体负面影响报道或评论。

2）Ⅱ级突发事件（企业级）

凡符合下列情况之一的，为Ⅱ级突发事件（企业级）：

（1）造成或可能造成3人及以上10人以下死亡（含失踪），或10人及以上50人以下重伤（含中毒）。

（2）造成或可能造成1000万元及以上5000万元以下直接经济损失。

（3）造成或可能造成大气、土壤、水环境较大污染。

（4）引起省部级或集团公司领导关注，或省级部门领导做出批示。

（5）引起省级主流媒体负面影响报道或评论。

3）Ⅲ级突发事件（企业下属单位级）

符合下列情况之一的为Ⅲ级突发事件：

（1）造成或可能造成3人以下死亡（失踪），或3人及以上10人以下重伤（含中毒）。

（2）造成或可能造成500万元及以上1000万元以下直接经济损失。

（3）造成或可能造成大气、土壤、水环境一般污染。

（4）引起地（市）级领导关注，或地（市）级政府部门领导做出批示。

（5）引起地（市）级主流媒体负面影响报道或评论。

4）Ⅳ级突发事件（企业基层站队级）

低于Ⅲ级突发事件指标的突发事件。

（三）生产安全事件分类与分级

1. 生产安全事件分类

《中国石油天然气集团有限公司生产安全事件管理办法》第九条规定："生产安全事件分为工业生产安全事件、道路交通事件、火灾事件和其他事件四类。"

（1）工业生产安全事件是指在生产场所内从事生产经营活动过程中发生的造成企业员工和企业外人员轻伤以下或直接经济损失小于1000元的事件。

（2）道路交通事件是指企业车辆在道路上因过错或者意外造成的人员轻伤以下或直接经济损失小于1000元的事件。

（3）火灾事件是指在企业生产、办公以及生产辅助场所发生的意外燃烧或燃爆现象，造成人员轻伤以下或直接经济损失小于1000元的事件。

（4）其他事件是指上述三类事件以外的，造成人员轻伤以下或直接经济损失小于1000元的事件。

2. 生产安全事件分类

《中国石油天然气集团有限公司生产安全事件管理办法》第十条规定："安全事件分为限工事件、医疗处置事件、急救箱事件、经济损失事件和未遂事件五级。"

（1）限工事件是指人员受伤后下一工作日仍能工作，但不能在整个班次完成所在岗位全部工作，或临时转岗后可在整个班次完成所转岗位全部工作的情况。

（2）医疗处置事件是指人员受伤需要专业医护人员进行治疗，且不影响下一班次工作的情况。

（3）急救箱事件是指人员受伤仅需一般性处理，不需要专业医护人员进行治疗，且不影响下一班次工作的情况。

（4）经济损失事件是指没有造成人员伤害，但导致直接经济损失小于1000元的情况。

（5）未遂事件是指已经发生但没有造成人员伤害或直接经济损失的情况。

二、炼化企业常见事故事件

炼化企业使用的原料，生产及储存的产品多属于危险化学品，具有易燃易爆，有毒有害等特点。同时炼化企业的生产工艺具有高温高压、技术密集、连续生产等特性，容易发生危险化学品泄漏、火灾、爆炸、中毒窒息、高处坠落、机械伤害、触电等多种生产安全事故事件。

（一）从产生事故的原因分类

从产生事故的原因可以分为：泄漏、火灾、爆炸、中毒、窒息、灼/烫伤、物体打击、高处坠落、机械伤害、触电及其他生产安全事故。

（二）从事故形式组成分类

1. 单一型

表现形式有：火灾事故、爆炸事故、危险化学品泄漏事故、中毒事故、窒息事故、化学品灼伤事故、高处坠落事故、触电事故、机械伤害事故等。

2. 复合型

炼化企业发生事故时，往往是由使用或生产的危险化学品泄漏而引发火灾、爆炸、中毒、窒息事故，或由火灾引起爆炸、中毒、化学品灼伤等事故，同时由于使用的设备故障、公用工程中断等原因，同样容易引发炼化企业生产安全事故事件的发生。

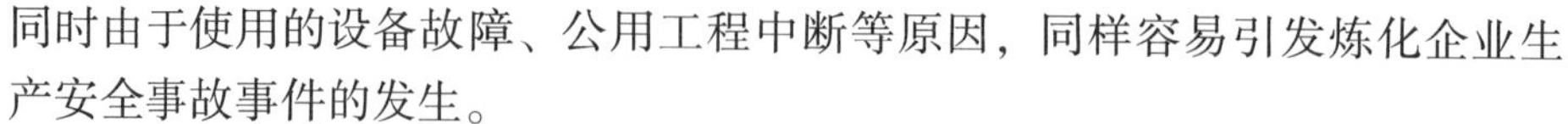

第二节　炼化企业典型案例分析

一、火灾爆炸案例

（一）“1·7”石脑油储罐爆炸事故

1. 事故回放

1）事故发生前的概况

某石化公司合成橡胶厂有丁苯橡胶装置、丁腈橡胶装置、ABS 树脂装置、苯乙烯装置、碳四抽提装置、MTBE 装置等 10 套主要生产装置。

316 号罐区主要作为苯乙烯装置的中间罐区，接收外购及生产装置转送的原料，将储存在储罐内的原料输送至各装置。316 号罐区位于橡胶石化区的西北角，东面为裂解装置，南面为烯烃装置，北面为丙烯腈装置，西面为公司内部铁路线。316 号罐区共分为两个区域，分别由合成橡胶厂和石油化工厂使用管理，由储罐、火车装卸栈桥和汽车装卸栈桥组成。共有储罐 30 座，设计总容量 10359. 56m^3。其中石油化工厂有 22 座储罐，储存物料主要有合成橡胶厂的 8 座 400m^3 球罐，其中 7 座主要储存裂解碳四和丁二烯物料，栈桥可装卸丙烯、拔头油、裂解油、加氢汽油、甲苯、抽余油、丁二烯、正己烷、1-丁烯等物料。事故发生时 316 号罐区共储存物料 1501. 95t，其中橡胶厂储存物料 370. 06t，石油化工厂储存物料 1131. 89t。

2）事故发生过程

2010 年 1 月 7 日 17：15，合成橡胶厂 316 岗位当班操作工王某发现 R202 罐底部 2 号出口管线有大量碳四物料泄漏，立即向当班班长汇报；班长随即向厂调度室汇报，请求立即调消防车到现场掩护，随后带领当班操作工到现场查看、处理，并安排操作工万某疏散附近等待卸车的丁二烯汽车槽车。17：22，班长再次向厂调度室报告 R202 罐顶部物料大量泄漏，人员已无法靠近。17：24，316 号罐区发生局部空间闪爆，造成临近物料储罐相继着火。

3）事故原因调查

经过调阅资料、询问笔录和现场勘查，并对泄漏管线弯头进行鉴定分析，分析事故原因，如图 6-1 所示。

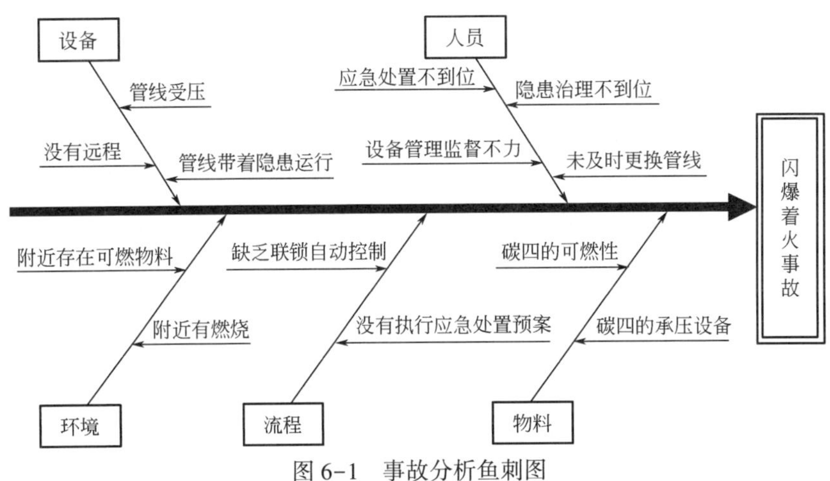

图 6-1　事故分析鱼刺图

（1）直接原因。316 号罐区 R202 底部 2 号出口管线第一道阀门后管线弯头突然失效，碳四物料大量泄漏，汽化后的物料沿铁路自备线及换线道路蔓延至距罐区北侧约 80m 处的石油化工厂丙烯腈装置焚烧炉，遇到焚烧炉内明火后引起燃烧，随后在 316 号罐区附近引发爆炸，是事故发生的直接原因。

（2）间接原因：① 车间压力管道管理缺少，专业管理人员工作失职。2007 年 3 月，橡胶厂对 316 号罐区 R203—R207 五座储罐所属管线进行了检测，均判为四级，并将 R201—R204 罐底部管线更换列入 2007 年 6 月份的检维修，但是具体实施中只对 R201 罐底部管线进行了更换，造成本应更换的管线未能得到及时更换，暴露出专业管理人员严重失职。

② 应急处置不到位。橡胶厂 316 岗位的 R201 罐底部管线泄漏的应急预案中，明确要求“当储罐底部管线发生泄漏时，应关闭相关阀门；停止装卸车作业；联系提高消防水压力；打开备用罐阀门，准备接料；进行顶水作业；打开消防水幕；必要时进行放火炬”。岗位操作人员在发现管线泄漏后，尽管进行了处置，但是由于碳四物料在短时间内泄漏量较大，人员进入困难。当班岗位员工未能按照应急预案进行关阀、顶水、打开事故喷淋和切换备用罐等应急处置，从而导致了事故的进一步扩大。

③ 本质安全存在缺陷。316 号罐区球罐建于 1986 年 8 月，未安装远程切

断系统。事故发生时由于碳四浓度高，罐区防火堤内碳四汽化后弥漫，人员进入困难，无法及时关闭 R202 罐底部阀门，致使物料大量泄漏，无法控制。

2. 应急决策执行过程分析

公司消防指挥中心接到报警电话后，立即指派公司全部消防力量迅速出警灭火。公司同时启动重特大突发事件应急预案，公司领导、相关部门人员及分厂、车间管理人员及时赶赴现场，立即组织开展应急处置和抢险灭火工作。在公司应急抢险指挥部的正确指令下，按照应急职责分工，生产协调组立即组织对周边装置紧急停工，并对 316 号罐区物料系统进行了隔离。公司消防支队根据火场情况对燃烧储罐实施冷却控制火势，对未燃烧储罐进行强制性冷却保护、隔离，同时对罐区周边公用工程管廊、火炬管网、铁路槽车和汽车槽车实施隔离冷却，避免了事故进一步扩大和次生事故发生。安全环保组立即启动环境三级防控体系，由某缓冲池收集全部事故消防污水，并对事故现场周边环境大气进行监测。抢险清理组按照应急抢险指挥部指令，组织将处于装卸栈桥的汽车槽车牵引出危险区域。治安保卫组对现场危险区域进行警戒和治安保卫，同时对厂区内进行交通管制，确保应急车辆畅通。消防气防组按照应急指挥部指令，组织人员搜救，并将受伤人员送往医院。医疗救护组立即调集医院各方力量，对受伤人员进行紧急医疗救治。

1）应急指挥情况

迅速应急响应、统一指挥调度。事件发生后，公司领导、相关部门及分厂、车间管理人员及时赶到现场，成立以公司总经理为总指挥的“应急抢险指挥部”。在消防通信指挥车上，各应急专业组和分厂主要负责人对现场情况进行了简要汇报，并根据系统实时传送的现场视频，应急抢险指挥部经分析、决策，提出了科学合理的现场应急处置、抢险灭火总体原则和实施方案，组织应急处置、抢险灭火工作。并及时向集团公司和股份公司汇报事故和前期应急处置情况。集团公司主要领导立即打电话做出 5 点指示，随后又多次书面批示；集团公司分管安全的副总经理带领总部有关领导和专家连夜赶赴事故现场指挥抢险，为控制事态、防止次生事故提供了强有力的决策指导和技术支持。公司应急抢险指挥部及时将集团公司各级领导的指示和指令贯彻到应急抢险过程中。根据省市领导的指示，公司消防支队全面负责消防灭火工作。各应急专业组按照职责分工，实施消防灭火、工艺处置、环境监测和保护、现场警戒保卫、现场抢险和搜救、医疗救治和后勤保障等工作。

根据火场情况，应急抢险指挥部及时向地方政府和消防部门汇报，启动地企联动。要求地方消防部门进行增援，公安交通部门对厂区外进行交通管制。

2）关键应急处置过程情况

通过正确的工艺处置、科学的灭火救援和启用环保三级防控体系，避免了事故的进一步扩大，杜绝了污染河流。

（1）工艺处置。事故发生后，生产协调组充分发挥生产调度指挥作用，迅速安排石化厂和橡胶厂所有装置停车，切断所有与316号罐区有关的互供物料阀门，及时切断所有与事故区域内相关的排低压火炬点阀门，阻止了事故的进一步扩大。

（2）消防灭火。在扑救火灾过程中，消防气防组遵照“先控制、后消灭”的战术原则，对火场各阶段作出了较为准确的判断，确立了“切断物料进出、控制稳定燃烧，适时调整战略战术、灵活运用装备器材、保障水源药剂供给、确保抢险人员安全”的总体指导思想，对燃烧储罐实施冷却控制火势，对未燃烧储罐进行强制性冷却保护、隔离，同时对罐区周边公用工程管廊、火炬管网、铁路槽车和汽车槽车实施隔离冷却，避免了事故进一步扩大，杜绝了次生事故的发生。

（3）环境保护。安全环保组对事故现场环境大气中二氧化硫、二氧化氮、硫化氢、非甲烷烃、苯、甲苯、乙苯、苯乙烯、丙烯腈进行连续监测。同时启动公司环境保护三级防护体系，紧急关闭了某进水明渠通往河流的闸板，改由某1号缓冲池收集消防污水。为防止带物料的消防污水排入河流，按公司应急抢修指挥部指令启动两台事故泵，将1号缓冲池污水送往化工污水装置处理达标后排放。考虑到化工污水处理装置事故池容量有限，按公司应急环保突发事件应急预案规定，通知污水处理厂启用水上公园缓冲池。应急救援过程中，配合市环保局做好水质分析，对某缓冲池明渠来水和$3\times10^4m^3$缓冲池内水质的油类、COD及pH每小时监测一次。通过启动公司环境保护三级防控体系，避免了消防污水进入河流。

3）人员撤离及安置情况

事故发生后，生产协调组对相邻、相关装置进行紧急停工，分厂负责清点人数，治安保卫组有序疏散无关人员，在现场设立警戒线。公司消防支队指战员经火情侦查和灾情判断，本着救人重于救火的原则，开展了人员搜救，分别在油品罐区东南侧、碳四车间十字路口、罐区南侧铁路道班房、丙烯腈车间门口抢救出4名伤员送往医院抢救。1月8日6：50，根据抢险救援指挥部的指令，公司消防抢险人员冒着建筑物倾斜、可燃气体超标的危险，再次对爆炸着火区域进行了排查式人员搜救，圆满完成抢险救援指挥部下达的人员搜救任务。

4）应急抢险队伍保障情况

各专应急保障队伍的迅速响应、正确处置，全面行动，积极调集各方力量，为成功应急抢险救援提供了保障。

（1）专职消防气防队伍。17：23，公司消防支队指挥中心接到生产运行处调度电话，出动消防车到合成橡胶厂碳四车间316号罐区执行碳四泄漏现场监护任务，消防指挥中心立即调配责任区四大队出动监护车辆，责任区四大队接到指令后立即出动1台泡沫消防车赶赴监护现场。17：24，责任区四大队接到石化厂调度报警电话，四大队25名执勤人员、4台消防车及监护途中的车辆人员作为消防第一出动力量于17：26到达现场。随后，地方消防增援队伍陆续到达现场。

（2）抢险队伍。公司检维修单位组成的抢险队伍按照应急抢险指挥部指令，组织将处于装卸栈桥的汽车槽车牵引出危险区域。

（3）医疗救护队伍。石化总医院立即调集医院各方力量，对受伤人员进行紧急医疗救治。

（4）后勤保障队伍。物资采购管理部按照应急抢险指挥部指令，立即组织应急物资的调配；通信网络中心保障应急通信的畅通；办公室协调公司内部单位保障了应急救援人员的伙食保障。

5）应急物资装备保障情况

物资保障组根据现场应急救援各阶段需求，通过供应商调配17t水成膜泡沫、400盘消防水带，100台应急照明灯。从公司其他单位调集蒸汽胶管、吸油毡、潜水泵、移动式安全检测仪器、沙袋、水泥、发电机等应急物资。投用应急指挥车和通信系统，为现场应急指挥提供了基础保障。

6）信息报送、领导批示及应急指令的传达落实情况

“1·7”事故期间，信息报送组人员深入现场了解情况，掌握第一手资料，和相关专业部门紧密协调，前后共整理集团公司、股份公司领导和国家、省市安全管理部门领导批示要求近10份，及时将领导的指示、要求传到到相关部门和应急救援小组。公司通过各种途径将各级领导的批示和指令及时传达到一线应急抢险救援队伍，为控制事态、防止次生事故、恢复生产提供了精心指导和强大动力。

7）媒体应对与舆论监控情况

正确引导、及时发布信息。“1·7”事故发生几分钟后，公司紧急启动突发事件媒体应对预案，成立了由公司主要领导负责，办公室、宣传部、通信

网络中心等部门领导参加的媒体应对组和网络监控组。小组成员第一时间就赶到了现场，详细了解事故发生过程，核实现场的每个细节，并且对事故现场进行拍摄，掌握事故的第一手材料。同时，公司在第一时间向集团公司总部和地方政府通报了情况，寻求上级和地方政府的支持，正确引导社会舆论。在迅速了解掌握事实的基础上，“石化事故没有造成水源污染”的政府信息，传递给了广大市民。当晚 11：00，省委省政府在事故现场召开新闻发布会，将“1·7”事故新闻通稿发到了现场采访记者的手中。信息通报及时准确，受到记者的欢迎和认可。中央电视台在后续的报道中对本次事故进行了客观宣传报道。

8）生产恢复情况，对周围环境造成的影响及处置情况

应急救援结束后，生产协调组根据乙烯等物料平衡情况，按照接料顺序安排装置逐步恢复开工。橡胶厂 1 月 17~21 日所有装置全部开工，石化厂乙烯装置 2 月 5 日开车，后加工装置陆续开工，2 月 9 日所有装置恢复正常运行。

9）事件的其他善后情况

“1·7”事故对第三方（周边村民和企业）财产造成了一定损失。公司在当地政府、社区的大力配合下，共同组成安抚协调小组，与受损方共同委托第三方深入现场，逐户进行调查、核实，对受损情况依据国家相关法规标准进行科学鉴定和评估。

公司同时成立了由公司党委书记为组长，相关部门主要负责人参加的善后处理组，按照法律法规程序和要求，对死亡人员家属进行善后处理，对受伤人员进行积极救治，组织好家属安抚、善后赔偿和维稳等工作。

3. 专家点评

1）成功的做法

（1）公司应急组织体系健全，应急响应救援得力。各级应急组织快速反应，启动预案，迅速调集各方力量，采取有效应对措施，积极投入到应急响应救援中，避免了次生事故的发生。

（2）应急处置救援措施得当。应急指挥部确立的“先控制、后灭火”的战术原则，在工艺切断的基础上，采取了“集中力量、控制蔓延、工艺控制、辅助灭火、统一指挥”的战术方法，是夺取灭火抢险胜利的关键。通过工艺处置、消防掩护、相邻设施的有效保护等措施，避免了事故的进一步扩大。

（3）公司消防队伍通过股份公司基层建设达标，强化了专业化管理，在经常性的现场演练和现场熟悉过程中，熟知了各类装置工艺流程和物料的理

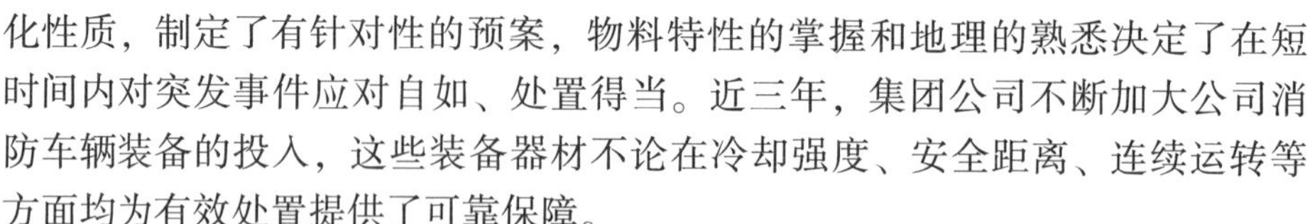

化性质，制定了有针对性的预案，物料特性的掌握和地理的熟悉决定了在短时间内对突发事件应对自如、处置得当。近三年，集团公司不断加大公司消防车辆装备的投入，这些装备器材不论在冷却强度、安全距离、连续运转等方面均为有效处置提供了可靠保障。

（4）环境饱和三级防护体系在应急处置过程中发挥了重要作用。在消防灭火过程中，公司及时启用三级防控体系，并关停了化肥厂、石化厂以及橡胶厂等化工区域生产单位大部分装置，采取强有力的措施压缩污水排放量；通过加强某缓冲池的实时监控和运行管理，确保事故状态下杜绝超标污水排入河流；加强末端污水处理设施的监督管理，确保污水百分之百处理达标后排放。

2）存在不足

（1）员工培训针对性不强，应急处置不到位。316 岗位的 R202 罐底部管线泄漏的应急预案中，明确要求“当储罐底部管线泄漏时，应关闭响应阀门；停止装卸作业；联系提供消防水压力；打开备用罐阀门，准备接料；进行顶水作业；打开消防水幕；必要时进行放火炬”。岗位操作人员在发现管线泄漏后，尽管进入现场进行处置，但是，由于碳四物料在短时间内大量泄漏，罐区内产生大量白雾，导致人员进入困难。当班岗位员工未能按照应急预案进行关阀、顶水、打开事故喷淋和切换备用罐等应急处置，从而使物料大量泄漏及汽化蔓延，最终导致了事故的进一步扩大。

（2）应严肃认真对待隐患排查工作，按照《安全隐患管理规定》的相关要求，对查出的隐患制定科学的方案及时整改，达到本质安全。

（3）应急设施存在缺陷。316 号罐区球罐未安装远程切断系统。事故发生时由于碳四浓度高，罐区防火堤内碳四汽化后呈雾状弥漫，人员进入罐区困难，无法及时关闭 R202 罐底部阀门，致使物料大量泄漏，无法控制。

（二）天津港“8·12”瑞海公司危险品仓库特别重大火灾爆炸事故

1. 事故发生的时间和地点

2015 年 8 月 12 日 22：51：46，位于天津市滨海新区吉运二道 95 号的瑞海公司危险品仓库（地理方位示意图如图 6-2 所示）运抵区（“待申报装船出口货物运抵区”的简称，属于海关监管场所，用金属栅栏与外界隔离。由经营企业申请设立，海关批准，主要用于出口集装箱货物的运抵和报关监管）最先起火，23：34：06 发生第一次爆炸，23：34：37 发生第二次更剧烈的爆炸。事故现场形成 6 处大火点及数十个小火点，8 月 14 日 16：40，现场明火被扑灭。

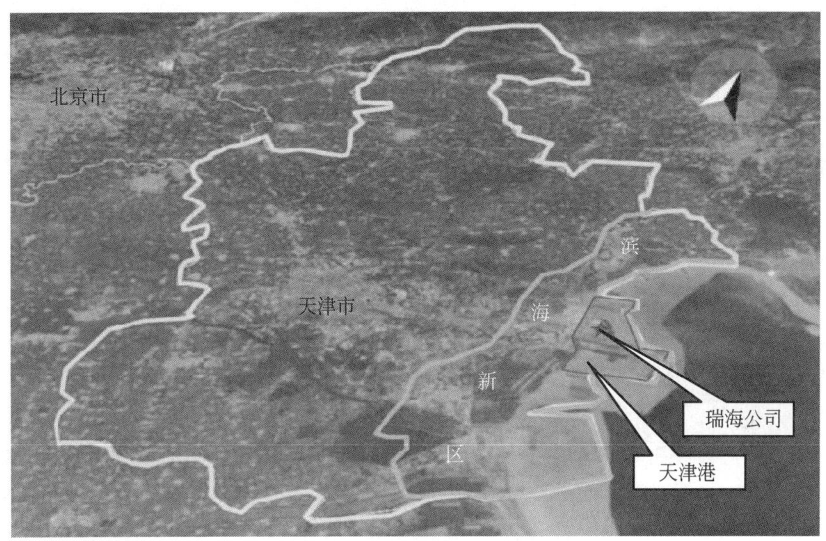

图 6-2　瑞海公司地理方位示意图

2. 事故现场情况

事故现场按受损程度，分为事故中心区（航拍图如图 6-3 所示，示意图如图 6-4 所示）、爆炸冲击波波及区（图 6-5）。事故中心区为此次事故中受损最严重的区域，该区域东至跃进路、西至海滨高速、南至顺安仓储有限公司、北至吉运三道，面积约为 $54\times10^4m^2$。两次爆炸分别形成一个直径 15m、深 1.1m 的月牙形小爆坑和一个直径 97m、深 2.7m 的圆形大爆坑。以大爆坑为爆炸中心，150m 范围内的建筑被摧毁，东侧的瑞海公司综合楼和南侧的中联建通公司办公楼只剩下钢筋混凝土框架；堆场内大量普通集装箱和罐式集装箱被掀翻、解体、炸飞，形成由南至北的 3 座巨大堆垛，一个罐式集装箱被抛进中联建通公司办公楼 4 层房间内，多个集装箱被抛到该建筑楼顶；参与救援的消防车、警车和位于爆炸中心南侧的吉运一道和北侧吉运三道附近的顺安仓储有限公司、安邦国际贸易有限公司储存的 7641 辆商品汽车和现场灭火的 30 辆消防车在事故中全部损毁，邻近中心区的贵龙实业、新东物流、港湾物流等公司的 4787 辆汽车受损。

爆炸冲击波波及区分为严重受损区、中度受损区。严重受损区是指建筑结构、外墙、吊顶受损的区域，受损建筑部分主体承重构件（柱、梁、楼板）的钢筋外露，失去承重能力，不再满足安全使用条件。中度受损区是指建筑幕墙及门、窗受损的区域，受损建筑局部幕墙及部分门、窗变形、破裂。

图 6-3　事故中心区航拍图

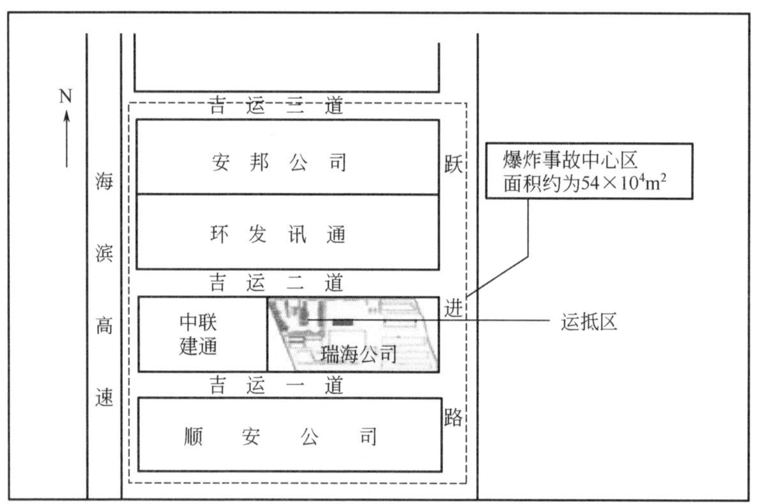

图 6-4　事故中心区示意图

严重受损区在不同方向距爆炸中心最远距离为：东 3km（亚实履带天津有限公司），西 3.6km（联通公司办公楼），南 2.5km（天津振华国际货运有限公司），北 2.8km（天津丰田通商钢业公司）。中度受损区在不同方向距爆

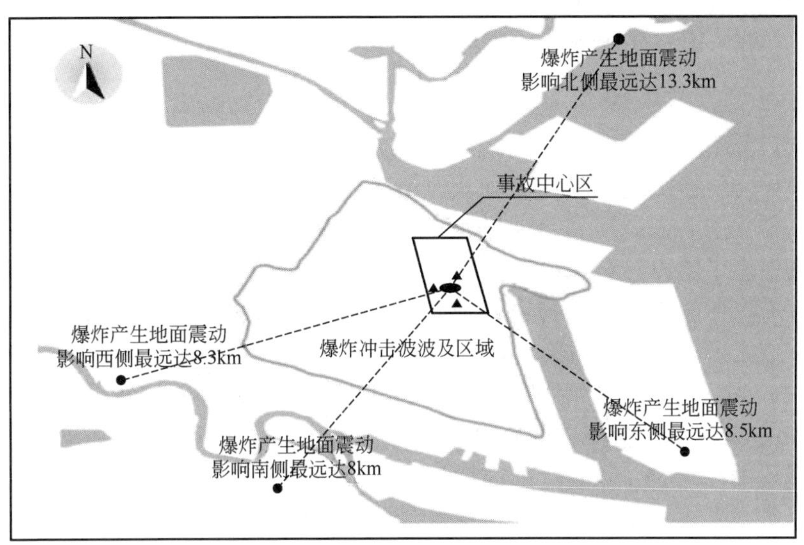

图 6-5 爆炸冲击波波及区示意图

炸中心最远距离为：东 3.42km（国际物流验放中心二场），西 5.4km（中国检验检疫集团办公楼），南 5km（天津港物流大厦），北 5.4km（天津海运职业学院）。受地形地貌、建筑位置和结构等因素影响，同等距离范围内的建筑受损程度不一。

爆炸冲击波波及区以外的部分建筑，虽没有受到爆炸冲击波直接作用，但由于爆炸产生地面震动，造成建筑物接近地面部位的门、窗玻璃受损，东侧最远达 8.5km（东疆港宾馆），西侧最远达 8.3km（正德里居民楼），南侧最远达 8km（和丽苑居民小区），北侧最远达 13.3km（海滨大道永定新河收费站）。

3. 人员伤亡和财产损失情况

事故造成 165 人遇难（参与救援处置的公安现役消防人员 24 人、天津港消防人员 75 人、公安民警 11 人，事故企业、周边企业员工和周边居民 55 人），8 人失踪（天津港消防人员 5 人，周边企业员工、天津港消防人员家属 3 人），798 人受伤住院治疗（伤情重及较重的伤员 58 人、轻伤员 740 人）；304 幢建筑物（其中办公楼宇、厂房及仓库等单位建筑 73 幢，居民 1 类住宅 91 幢、2 类住宅 129 幢、居民公寓 11 幢）、12428 辆商品汽车、7533 个集装箱受损。

截至 2015 年 12 月 10 日，事故调查组依据 GB 6721—1986《企业职工伤

亡事故经济损失统计标准》等标准和规定统计，已核定直接经济损失 68.66 亿元人民币，其他损失尚需最终核定。

4. 环境污染情况

通过分析事发时瑞海公司储存的 111 种危险货物的化学组分，确定至少有 129 种化学物质发生爆炸燃烧或泄漏扩散，其中，氢氧化钠、硝酸钾、硝酸铵、氰化钠、金属镁和硫化钠这 6 种物质的质量占总质量的 50%。同时，爆炸还引燃了周边建筑物以及大量汽车、焦炭等普通货物。本次事故残留的化学品与产生的二次污染物逾百种，对局部区域的大气环境、水环境和土壤环境造成了不同程度的污染。

（1）大气环境污染情况。事故发生 3h 后，环保部门开始在事故中心区外距爆炸中心 3~5km 范围内开展大气环境监测。8 月 20 日以后，在事故中心区外距爆炸中心 0.25~3km 范围内增设了流动监测点。经现场检测与专家研判确定，本次事故关注的大气环境特征污染物为氰化氢、硫化氢、氨气和三氯甲烷、甲苯等挥发性有机物。

监测分析表明，本次事故对事故中心区大气环境造成较严重的污染。事故发生后至 9 月 12 日之前，事故中心区检出的二氧化硫、氰化氢、硫化氢、氨气超过 GBZ 2.1—2007《工作场所有害因素职业接触限值 第 1 部分：化学有害因素》中规定的标准值 1~4 倍；9 月 12 日以后，检出的特征污染物达到相关标准要求。

事故中心区外检出的污染物主要包括氰化氢、硫化氢、氨气、三氯甲烷、苯、甲苯等，污染物浓度超过 GB 16297—1996《大气污染物综合排放标准》和 DB 12 059—1995《天津市恶臭污染物排放标准》等规定的标准值 0.5~4 倍，最远的污染物超标点出现在距爆炸中心 5km 处。8 月 25 日以后，大气中的特征污染物稳定达标，9 月 4 日以后达到事故发生前环境背景值水平。

采用大气扩散轨迹模型、气象场模型与烟团扩散数值模型叠加的空气质量模型模拟表明，事故发生后，在事故中心区上空约 500m 处形成污染烟团，烟团在爆炸动力与浮力抬升效应以及西南和正西主导风向的作用下向渤海方向漂移，13~18h 后逐步消散。这一模拟结果与卫星云图显示的污染烟团在时间和空间上的变化吻合。对天津主城区和可能受事故污染烟团影响的地区（北京、河北唐山、辽宁葫芦岛、山东滨州等区域）事故发生后 3d 内 6 项大气常规污染物（二氧化硫、二氧化氮、一氧化碳、臭氧、PM10、PM2.5）的监测数据进行分析，并模拟了事故发生后 18h 内污染烟团扩散对上述区域近地面大气环境的影响，均显示污染烟团基本未对上述区域的大气环境造成影响。

事故中心区外近地面大气环境污染较快消散的主要原因是：事故发生地位于渤海湾天津市东疆港东岸线的西南侧，与海岸线直线距离仅6.1km；在事故发生后污染烟团扩散的24h内，91.2%的时间为西南和正西风向，在以后的9d内，71.3%的时间为西南和正西风向。事故发生地的地理位置和当时的气象条件有利于污染物快速飘散。

（2）水环境污染情况。本次事故主要对距爆炸中心周边约2.3km范围内的水体（东侧北段起吉运东路、中段起北港东三路、南段起北港路南段，西至海滨高速；南起京门大道、北港路、新港六号路一线，北至东排明渠北段）造成污染，主要污染物为氰化物。事故现场两个爆坑内的积水严重污染；散落的化学品和爆炸产生的二次污染物随消防用水、洗消水和雨水形成的地表径流汇至地表积水区，大部分进入周边地下管网，对相关水体形成污染；爆炸溅落的化学品造成部分明渠河段和毗邻小区内积水坑存水污染。8月17日，对爆坑积水的检测结果表明，水质呈强碱性，氰化物浓度高达421mg/L。

天津市及有关部门对受污染水体采取了有效的控制和处置措施，经处理达标后通过天津港北港池排入渤海湾。截至10月31日，已排放处理达标污水76.6×10^4t，削减氰化物64.2~68.4t，折合121~129t氰化钠。由于雨雪水和地下水的补给，爆坑内仍有少量污水，采用抽取外运及工程隔离措施开展处置。

由于海水容量大，事故处置过程中采取的措施得当，并从严执行排放标准，本次事故对天津渤海湾海洋环境基本未造成影响。在临近事故现场的天津港北港池海域、天津东疆港区外海、北塘口海域约30km范围内开展的海洋环境应急监测结果显示，海水中氰化物平均浓度为0.00086mg/L，远低于海水水质Ⅰ类标准值0.005mg/L。此外，与历史同期监测数据相比，挥发酚、有机碳、多环芳烃等污染物浓度未见异常，浮游生物的种类、密度与生物量未见变化。

事故发生后，在事故中心区外5km范围内新建了27口地下水监测井，监测结果显示：24口监测井氰化物浓度满足地下水Ⅲ类水质标准；3口监测井（2口位于爆炸中心北侧753m处，1口位于爆炸中心南侧964m处）氰化物超过地下水Ⅲ类水质标准，同时检出硫酸盐、三氯甲烷、苯等本次事故的相关污染物。近期超标地下水监测井的监测结果表明，污染物浓度有逐步下降的趋势。初步分析，事故中心区外局部30m以上地下水受到污染，地表污染水体下渗、地下管网优势通道渗流是地下水受污染的主要原因。事故中心区及

其附近地下水的污染范围与成因仍在进一步勘查确认中。

(3) 土壤环境污染情况。本次事故对事故中心区土壤造成污染，部分点位氰化物和砷浓度分别超过 DB11/T 811—2011《场地土壤环境风险评价筛选值》中公园与绿地筛选值的 0.01~31.0 倍和 0.05~23.5 倍，检出苯酚、多环芳烃、二甲基亚砜、氯甲基硫氰酸酯等物质。事故中心区外土壤环境影响较小，事故发生一周后，有部分点位检出氰化物。一个月后，未再检出氰化物和挥发性、半挥发性有机物，虽检出重金属，但未超过《场地土壤环境风险评价筛选值》中公园与绿地的筛选值；下风向东北区域检测结果表明，二噁英类毒性当量低于美国环保局推荐的居住用地二噁英类致癌风险筛选值，苯并芘浓度低于《场地土壤环境风险评价筛选值》中公园与绿地的筛选值。

(4) 特征污染物的环境影响。事故造成 320.6t 氰化钠未得到回收，经测算，约 39%在水体中得到有效处置或降解，58%在爆炸中分解或在大气、土壤环境中气化、氧化分解、降解。事故发生后，现场喷洒大量双氧水等氧化剂，极大地促进了氰化钠的快速氧化分解。但是，截至 10 月 31 日，事故中心区土壤中仍残留约 3%不同形态的氰化钠，以及少量不易降解、具有生物蓄积性和慢性毒性的化学品与二次污染物。

(5) 事故对人的健康影响。本次事故未见因环境污染导致的人员中毒与死亡的情况，住院病例中虽有 17 人出现因吸入粉尘和污染物引起的吸入性肺炎症状，但无实质损伤，预后良好；距爆炸中心周边约 3km 范围外的人群，短时间暴露于大气环境污染造成不可逆或严重健康影响的风险极低；未采取完善防护措施进入事故中心区的暴露人群健康可能会受到影响。

(6) 需要开展中长期环境风险评估。由于事故残留的化学品与产生的污染物复杂多样，需要继续开展事故中心区环境调查与区域环境风险评估，制定、实施不同区域、不同环境介质的风险管控目标，以及相应的污染防控与环境修复方案和措施。同时，应开展长期环境健康风险调查与研究，重点对事故中心区工作人员与住院人员开展健康体检和疾病筛查，监测、判断本次事故对人群健康的潜在风险与损害。

（三）事故直接原因

1. 最初起火部位认定

通过调查询问事发当晚现场作业员工、调取分析位于瑞海公司北侧的环发通信公司的监控视频、提取对比现场痕迹物证、分析集装箱毁坏和位移特征，认定事故最初起火部位为瑞海公司危险品仓库运抵区南侧集装箱区的中部。

2. 起火原因分析认定

（1）排除人为破坏因素、雷击因素和来自集装箱外部引火源。公安部派员指导天津市公安机关对全市重点人员和各种矛盾的情况以及瑞海公司员工、外协单位人员情况进行了全面排查，对事发时在现场的所有人员逐人定时定位，结合事故现场勘查和相关视频资料分析等工作，可以排除恐怖犯罪、刑事犯罪等人为破坏因素。

现场勘验表明，起火部位无电气设备，电缆为直埋敷设且完好，附近的灯塔、视频监控设施在起火时还正常工作，可以排除电气线路及设备因素引发火灾的可能。

同时，运抵区为物理隔离的封闭区域，起火当天气象资料显示无雷电天气，监控视频及证人证言证实起火时运抵区内无车辆作业，可以排除遗留火种、雷击、车辆起火等外部因素。

（2）筛查最初着火物质。事故调查组通过调取天津海关 H2010 通关管理系统数据等，查明事发当日瑞海公司危险品仓库运抵区储存的危险货物包括第 2、3、4、5、6、8 类及无危险性分类数据的物质，共 72 种。对上述物质采用理化性质分析、实验验证、视频比对、现场物证分析等方法，逐类逐种进行了筛查：第 2 类气体 2 种，均为不燃气体；第 3 类易燃液体 10 种，均无自燃或自热特性，且其中着火可能性最高的一甲基三氯硅烷燃烧时火焰较小，与监控视频中猛烈燃烧的特征不符；第 5 类氧化性物质 5 种，均无自燃或自热特性；第 6 类毒性物质 12 种、第 8 类腐蚀性物质 8 种、无危险性分类数据物质 27 种，均无自燃或自热特性；第 4 类易燃固体、易于自燃的物质、遇水放出易燃气体的物质 8 种，除硝化棉外，均不自燃或自热。实验表明，在硝化棉燃烧过程中伴有固体颗粒燃烧物飘落，同时产生大量气体，形成向上的热浮力。经与事故现场监控视频比对，事故最初的燃烧火焰特征与硝化棉的燃烧火焰特征相吻合（图 6-6、图 6-7）。同时查明，事发当天运抵区内共有硝化棉及硝基漆片 32.97t。因此，认定最初着火物质为硝化棉。

（3）认定起火原因。硝化棉（$C_{12}H_{16}N_4O_{18}$）为白色或微黄色棉絮状物，易燃且具有爆炸性，化学稳定性较差，常温下能缓慢分解并放热，超过 40℃时会加速分解，放出的热量如不能及时散失，会造成硝化棉温升加剧，达到 180℃时能发生自燃。硝化棉通常加乙醇或水作湿润剂，一旦湿润剂散失，极易引发火灾。

实验表明，去除湿润剂的干硝化棉在 40℃时发生放热反应，达到 174℃

时发生剧烈失控反应及质量损失，自燃并释放大量热量。如果在绝热条件下进行实验，去除湿润剂的硝化棉在 35℃时即发生放热反应，达到 150℃时即发生剧烈的分解燃烧。

(a) 瑞海1号监控视频　　(b) 40kg桶装硝化棉燃烧实验

图 6-6　硝化棉燃烧产生固体颗粒燃烧物对比

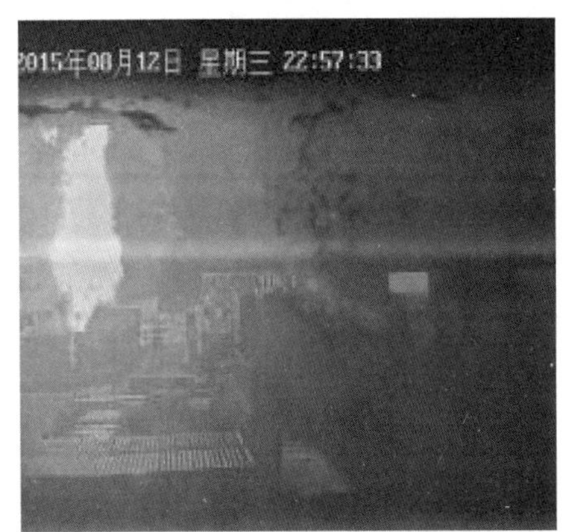

(a) 环发4号监控视频　　(b) 40kg桶装硝化棉燃烧实验

图 6-7　硝化棉燃烧产生大量气体形成热浮力对比

经对向瑞海公司供应硝化棉的河北三木纤维素有限公司、衡水新东方化工有限公司开展调查，企业采取的工艺为：先制成硝化棉水棉（含水 30%）作为半成品库存，再根据客户的需要，将湿润剂改为乙醇，制成硝化棉酒棉，之后采用人工包装的方式，将硝化棉装入塑料袋内，塑料袋不采用热塑封口，用包装绳扎口后装入纸筒内。据瑞海公司员工反映，在装卸作业中存在野蛮操作问题，在硝化棉装箱过程中曾出现包装破损、硝化棉散落的情况。

对样品硝化棉酒棉湿润剂挥发性进行的分析测试表明：如果包装密封性不好，在一定温度下湿润剂会挥发散失，且随着温度升高而加快；如果包装破损，在50℃下，2h后乙醇湿润剂会全部挥发散失。

事发当天最高气温达36℃，实验证实，在气温为35℃时集装箱内温度可达65℃以上。

以上几种因素耦合作用引起硝化棉湿润剂散失，出现局部干燥，在高温环境作用下，加速分解反应，产生大量热量，由于集装箱散热条件差，致使热量不断积聚，硝化棉温度持续升高，达到其自燃温度，发生自燃。

3. 爆炸过程分析

集装箱内硝化棉局部自燃后，引起周围硝化棉燃烧，放出大量气体，箱内温度、压力升高，致使集装箱破损，大量硝化棉散落到箱外，形成大面积燃烧，其他集装箱（罐）内的精萘、硫化钠、糠醇、三氯氢硅、一甲基三氯硅烷、甲酸等多种危险化学品相继被引燃并介入燃烧，火焰蔓延到邻近的硝酸铵（在常温下稳定，但在高温、高压和有还原剂存在的情况下会发生爆炸，硝酸铵在110℃开始分解，230℃以上时分解加速，400℃以上时剧烈分解、发生爆炸）集装箱。随着温度持续升高，硝酸铵分解速度不断加快，达到其爆炸温度（实验证明，硝化棉燃烧半小时后达到1000℃以上，大大超过硝酸铵的分解温度）。23：34：06，发生了第一次爆炸。

距第一次爆炸点西北方向约20m处，有多个装有硝酸铵、硝酸钾、硝酸钙、甲醇钠、金属镁、金属钙、硅钙、硫化钠等氧化剂、易燃固体和腐蚀品的集装箱。受到南侧集装箱火焰蔓延作用以及第一次爆炸冲击波影响，23：34：37发生了第二次更剧烈的爆炸。

据爆炸和地震专家分析，在大火持续燃烧和两次剧烈爆炸的作用下，现场危险化学品爆炸的次数可能是多次，但造成现实危害后果的主要是两次大的爆炸。经爆炸科学与技术国家重点实验室模拟计算得出，第一次爆炸的能量约为15t TNT当量，第二次爆炸的能量约为430t TNT当量。考虑期间还发生多次小规模的爆炸，确定本次事故中爆炸总能量约为450t TNT当量。

最终认定事故直接原因是：瑞海公司危险品仓库运抵区南侧集装箱内的硝化棉由于湿润剂散失出现局部干燥，在高温（天气）等因素的作用下加速分解放热，积热自燃，引起相邻集装箱内的硝化棉和其他危险化学品长时间大面积燃烧，导致堆放于运抵区的硝酸铵等危险化学品发生爆炸。

4. 事故应急救援处置情况

1）爆炸前灭火救援处置情况

8月12日22：52，天津市公安局110指挥中心接到瑞海公司火灾报警，立即转警给天津港公安局消防支队。与此同时，天津市公安消防总队119指挥中心也接到群众报警。接警后，天津港公安局消防支队立即调派与瑞海公司仅一路之隔的消防四大队紧急赶赴现场，天津市公安消防总队也快速调派开发区公安消防支队三大街中队赶赴增援。

22：56，天津港公安局消防四大队首先到场，指挥员侦查发现瑞海公司运抵区南侧一垛集装箱火势猛烈，且通道被集装箱堵塞，消防车无法靠近灭火。指挥员向瑞海公司现场工作人员询问具体起火物质，但现场工作人员均不知情。随后，组织现场吊车清理被集装箱占用的消防通道，以便消防车靠近灭火，但未果。在这种情况下，为阻止火势蔓延，消防员利用水枪、车载炮冷却保护毗邻集装箱堆垛。后因现场火势猛烈、辐射热太高，指挥员命令所有消防车和人员立即撤出运抵区，在外围利用车载炮射水控制火势蔓延，根据现场情况，指挥员又向天津港公安局消防支队请求增援，天津港公安局消防支队立即调派五大队、一大队赶赴现场。

与此同时，天津市公安消防总队119指挥中心根据报警量激增的情况，立即增派开发区公安消防支队全勤指挥部及其所属特勤队、八大街中队，保税区公安消防支队天保大道中队，滨海新区公安消防支队响螺湾中队、新北路中队前往增援。期间，连续3次向天津港公安局消防支队119指挥中心询问灾情，并告知力量增援情况。至此，天津港公安局消防支队和天津市公安消防总队共向现场调派了3个大队、6个中队、36辆消防车、200人参与灭火救援。

23：08，天津市开发区公安消防支队八大街中队到场，指挥员立即开展火情侦查，并组织在瑞海公司东门外侧建立供水线路，利用车载炮对集装箱进行泡沫覆盖保护。23：13，天津市开发区公安消防支队特勤中队、三大街中队等增援力量陆续到场，分别在跃进路、吉运二道建立供水线路，在运抵区外围利用车载炮对集装箱堆垛进行射水冷却和泡沫覆盖保护。同时，组织疏散瑞海公司和相邻企业在场工作人员以及附近群众100余人。

2）爆炸后现场救援处置情况

这次事故涉及危险化学品种类多、数量大，现场散落大量氰化钠和多种易燃易爆危险化学品，不确定危险因素众多，加之现场道路全部阻断，有毒有害气体造成巨大威胁，救援处置工作面临巨大挑战。国务院工作组在郭声琨同志的带领下，不惧危险，靠前指挥，科学决策，始终坚持生命至上，千方百计搜救失踪人员，全面组织做好伤员救治、现场清理、环境监测、善后处置和调查处理等各项工作。一是认真贯彻落实党中央国务院决策部署，及时传达习近平总书记、李克强总理等中央领导同志重要指示批示精神，先后召开十余次会议，研究部署应对处置工作，协调解决困难和问题。二是协调调集防化部队、医疗卫生、环境监测等专业救援力量，及时组织制定工作方案，明确各方职责，建立紧密高效的合作机制，完善协同高效的指挥系统。三是深入现场了解实际情况，及时调整优化救援处置方案，全力搜救、核查现场遇险失联人员，千方百计救治受伤人员，科学有序进行现场清理，严密监测现场及周边环境，有效防范次生事故发生。四是统筹做好善后安抚和舆论引导工作，及时协调有关方面配合地方政府做好3万余名受影响群众的安抚工作。五是科学严谨组织开展事故调查，本着实事求是的原则，深入细致开展现场勘验、调查取证、科学试验等工作，尽快查明事故原因，给党和人民一个负责任的交代。

天津市委、市政府迅速成立事故救援处置总指挥部，由市委代理书记、市长黄兴国任总指挥，确定“确保安全、先易后难、分区推进、科学处置、注重实效”的原则，把全力搜救人员作为首要任务，以灭火、防爆、防化、防疫、防污染为重点，统筹组织协调解放军、武警、公安以及安监、卫生、环保、气象等相关部门力量，积极稳妥推进救援处置工作。共动员现场救援处置的人员达1.6万多人，动用装备、车辆2000多台，其中解放军2207人，339台装备；武警部队2368人，181台装备；公安消防部队1728人，195部消防车；公安其他警种2307人；安全监管部门危险化学品处置专业人员243人；天津市和其他省区市防爆、防化、防疫、灭火、医疗、环保等方面专家938人，以及其他方面的救援力量和装备。公安部先后调集河北、北京、辽宁、山东、山西、江苏、湖北、上海8省市公安消防部队的化工抢险、核生化侦检等专业人员和特种设备参与救援处置。公安消防部队会同解放军（北京军区卫戍区防化团、解放军舟桥部队、预备役力量）、武警部队等组成多个搜救小组，反复侦检、深入搜救，针对现场存放的各类危险化学品的不同理化性质，利用泡沫、干沙、干粉进行分类防控灭火。

事故现场指挥部组织各方面力量，有力有序、科学有效推进现场清理工作。按照排查、检测、洗消、清运、登记、回炉等程序，科学慎重清理危险化学品，逐箱甄别确定危险化学品种类和数量，做到一品一策、安全处置，并对进出事故中心区现场的人员、车辆进行全面洗消；对事故中心区的污水，第一时间采取“前堵后封、中间处理”的措施，在事故中心区周围构筑1m高围埝，封堵4处排海口、3处地表水沟渠和12处雨污排水管道，把污水封闭在事故中心区内。同时，对事故中心区及周边大气、水、土壤、海洋环境实行 24h 不间断监测，采取针对性防范处置措施，防止环境污染扩大。9 月 13 日，现场处置清理任务全部完成，累计搜救出有生命迹象人员 17 人，搜寻出遇难者遗体 157 具，清运危险化学品 1176t、汽车 7641 辆、集装箱 13834 个、货物 14000t。

3）医疗救治和善后处理情况

国家卫计委和天津市政府组织医疗专家，抽调 9000 多名医务人员，全力做好伤员救治工作，努力提高抢救成功率，降低死亡率和致残率。由国家级、市级专家组成 4 个专家救治组和 5 个专家巡视组，逐一摸排伤员伤情，共同制定诊疗方案；将伤员从最初的 45 所医院集中到 15 所三级综合医院和三甲专科医院，实行个性化救治；组建两支重症医学护理应急队，精心护理危重症伤员；抽调 59 名专家组建 7 支队伍，对所有伤员进行筛查，跟进康复治疗；实施出院伤员与基层医疗机构无缝衔接，按辖区属地管理原则，由社区医疗机构免费提供基本医疗；实施心理危机干预与医疗救治无缝衔接，做好伤员、牺牲遇难人员家属、救援人员等人群心理干预工作；同步做好卫生防疫工作，加强居民安置点疾病防控，安置点未发生传染病疫情。民政部将牺牲的消防员全部追认为烈士，就高标准进行抚恤；天津市政府在依法依规的前提下，给予遇难、失联人员家属和住院的伤残人员救助补偿；组织 1025 名机关干部和街道社区工作人员，组成 205 个服务工作组，对遇难、失联和重伤人员家属进行面对面接待安抚，倾听诉求，解决实际困难。

在党中央、国务院坚强领导下，国务院工作组团结带领各有关方面，勇挑重担、迎难而上、连续奋战，现场处置工作有力有序有效，没有发生次生事故灾害，没有发生新的人员伤亡，没有引发重大社会不稳定事件。爆炸发生前，天津港公安局消防支队及天津市公安消防总队初期响应和人员出动迅速，指挥员、战斗员及时采取措施冷却控制火势、疏散在场群众；爆炸发生后，面对复杂的危险化学品事故现场，天津市委、市政府快速反应、果断决策，迅速协调组织各方面力量科学施救、稳妥处置，全力做好人员搜救、伤员救治、隐患排查、环境监测、现场清理、善后安抚等工作。但是，事故救援处置过程中也存在不少问题：天津市政府应对如此严重复杂的危险化学品火灾爆炸事故思想准备、工作准备、能力准备明显不足；事故发生后在信息公开、舆论应对等方面不够及时有效，造成一些负面影响；消防力量对事故企业存储的危险化学品底数不清、情况不明，致使先期处置的一些措施针对性不强、有效性不高。

5. 事故企业相关情况及主要问题

1）企业基本情况

瑞海公司成立于2012年11月28日，为民营企业，事发前法定代表人、总经理为只峰，实际控制人为于学伟和董社轩，员工72人（含实习员工）。除董社轩外，该公司人员的亲属中无担任领导职务的公务人员。

2）经营资质许可情况

2013年1月24日，瑞海公司取得天津市交通运输和港口管理局发放的《港口经营许可证》，该证准予瑞海公司“在港区从事仓储业务经营”（危险货物经营除外），有效期至2013年7月24日。在此期间，该公司未开展普通货物经营。

2013年4月8日，天津市交通运输和港口管理局批复同意瑞海公司关于“开展8、9类危险货物作业”的申请，有效期至2013年7月24日。5月18日，瑞海公司首次开展8、9类危险货物经营和作业。7月11日，天津市交通运输和港口管理局批复同意瑞海公司“从事2、3、4、5、6类危险货物装箱及运抵业务，暂不得从事储存及拆箱业务”，有效期至2013年10月16日。但是，瑞海公司在当年6月4日即开始2、3、4、5、6类危险货物经营和作业。两项批复到期后，天津市交通运输和港口管理局分别于2013年7月、10月同意瑞海公司危险货物作业延期至2014年1月11日。到期后，瑞海公司未申请延期，但仍继续从事危险货物经营业务。

2013年5月7日，天津海关批准瑞海公司设立运抵区，12月13日批准瑞海公司运抵区面积由3150m^2增加至5838m^2。

2014年1月12日至2014年4月15日，瑞海公司无许可证、无批复从事危险货物仓储业务经营。

2014年4月16日，天津市交通运输和港口管理局出具审批表，同意瑞海公司危险货物堆场自2014年4月16日至10月16日试运行。2014年5月4日，天津市交通运输和港口管理局批复同意瑞海公司“在试运行期间从事港口仓储业务经营”，储存2、3、4、5、6、8、9类危险货物，有效期自2014年4月16日至2014年10月16日。到期后，瑞海公司未申请延期，但继续从事危险货物仓储业务经营。

2014年10月17日至2015年6月22日，瑞海公司在无许可证、无批复的情况下，从事危险货物仓储业务经营。

2015年5月27日，天津市交通运输委员会对瑞海公司危险货物堆场改造工程进行竣工验收，验收合格。

2015 年 6 月 23 日，瑞海公司取得了天津市交通运输委员会核发的《港口经营许可证》及《港口危险货物作业附证》。

至此，瑞海公司正式取得在港口从事危险货物仓储业务经营和作业的合法资质。

期间，瑞海公司先后办理过 4 次工商营业执照变更登记：

2013 年 1 月 24 日，经营范围由“仓储业务经营（危化品除外、港区内除外）”变更为“在港区内从事仓储业务经营（危化品除外）”。变更后，瑞海公司可在港区内从事危险化学品以外的普通货物仓储业务。

2014 年 5 月 8 日，经营范围由“在港区内从事仓储业务经营（危化品除外）”变更为“在港区内从事仓储业务经营（以津交港发〔2014〕59 号批复第二项批准内容为准，有效期 2014 年 10 月 16 日）”；由“装卸搬运（港区内除外）”变更为“装卸搬运”。变更后，瑞海公司可在港区内从事 2、3、4、5、6、8、9 类危险货物仓储业务以及装卸搬运业务。

2015 年 1 月 29 日，法定代表人由李亮变更为只峰，注册资本由 5000 万元增至 1 亿元。

2015 年 6 月 29 日，经营范围由“在港区内从事仓储业务经营（以津交港发〔2014〕59 号批复第二项批准内容为准，有效期限至 2014 年 10 月 16 日）”变更为“在港区内从事装卸、仓储业务经营［以中华人民共和国港口经营许可证（津）港经证（ZC-543-03）号为准］”。

3）瑞海公司危险品仓库存放危险货物情况

瑞海公司危险品仓库东至跃进路，西至中联建通物流公司，南至吉运一道，北至吉运二道，占地面积 46226m^2，其中运抵区面积 5838m^2，设在堆场的西北侧。

经调查，事故发生前，瑞海公司危险品仓库内共储存危险货物 7 大类、111 种，共计 11383. 79t，包括硝酸铵 800t，氰化钠 680. 5t，硝化棉、硝化棉溶液及硝基漆片 229. 37t。其中，运抵区内共储存危险货物 72 种，4840. 42t，包括硝酸铵 800t，氰化钠 360t，硝化棉、硝化棉溶液及硝基漆片 48. 17t。

4）存在的主要问题

瑞海公司违法违规经营和储存危险货物，安全管理极其混乱，未履行安全生产主体责任，致使大量安全隐患长期存在。

（1）严重违反天津市城市总体规划和滨海新区控制性详细规划，未批先建、边建边经营危险货物堆场。在未取得立项备案、规划许可、消防设计审核、安全评价审批、环境影响评价审批、施工许可等必需手续的情况下，在现代物流和普通仓储区域违法违规自行开工建设危险货物堆场改造项目，并于当年8月底完工。8月中旬，当堆场改造项目即将完工时，瑞海公司才向有关部门申请立项备案、规划许可等手续。2013年8月13日，天津市发改委才对这一堆场改造工程予以立项。而该公司自2013年5月18日起就开展了危险货物经营和作业，属于边建设边经营。

（2）无证违法经营。按照有关法律法规，在港区内从事危险货物仓储业务经营的企业，必须同时取得《港口经营许可证》和《港口危险货物作业附证》，但瑞海公司在2015年6月23日取得上述两证前实际从事危险货物仓储业务经营的两年多时间里，有11个月的时间在既没有批复，也没有许可证的情况下，违法从事港口危险货物仓储经营业务。

（3）以不正当手段获得经营危险货物批复。瑞海公司实际控制人于学伟在港口危险货物物流企业从业多年，很清楚在港口经营危险货物物流企业需要行政许可，但正规的行政许可程序需要经过多个部门审批，费时较长。为了达到让企业快速运营、尽快盈利的目的，于学伟通过送钱、送购物卡（券）和出资邀请打高尔夫、请客吃饭等不正当手段，拉拢原天津市交通运输和港口管理局副局长李志刚和天津市交通运输委员会港口管理处处长冯刚，要求在行政审批过程中给瑞海公司提供便利。李志刚滥用职权，违规给瑞海公司先后五次出具相关批复，而这种批复除瑞海公司外从未对其他企业用过。同时，瑞海公司另一实际控制人董社轩也利用其父亲曾任天津港公安局局长的关系，在港口审批、监管方面打通关节，对瑞海公司得以无证违法经营也起了很大作用。

（4）违规存放硝酸铵。瑞海公司违反GB 11602—2007《集装箱港口装卸作业安全规程》第4.4条和JT 397—2007《危险货物集装箱港口作业安全规程》第5.3.1条的规定，在运抵区多次违规存放硝酸铵，事发当日在运抵区违规存放硝酸铵高达800t。

（5）严重超负荷经营、超量存储。瑞海公司2015年月周转货物约6×10^4t，是批准月周转量的14倍多。多种危险货物严重超量储存，事发时硝酸钾存储量1342.8t，超设计最大存储量53.7倍；硫化钠存储量484t，超设计最大存储量19.4倍；氰化钠存储量680.5t，超设计最大储存量42.5倍。

（6）违规混存、超高堆码危险货物。瑞海公司违反《港口危险货物安全管理规定》（交通运输部令2012年第9号）第35条第2款和《危险货物集装箱港口作业安全规程》第5.3.4条的规定以及《集装箱港口装卸作业安全规程》第8.3条的规定，不仅将不同类别的危险货物混存，间距严重不足，而

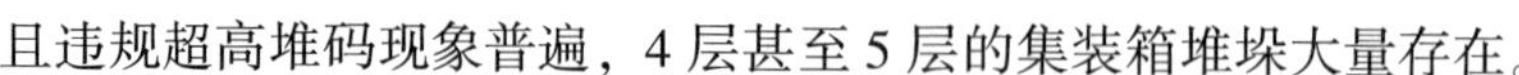

且违规超高堆码现象普遍，4层甚至5层的集装箱堆垛大量存在。

（7）违规开展拆箱、搬运、装卸等作业。瑞海公司违反《危险货物集装箱港口作业安全规程》第6.1.4条，在拆装易燃易爆危险货物集装箱时，没有安排专人现场监护，使用普通非防爆叉车；对委托外包的运输、装卸作业安全管理严重缺失，在硝化棉等易燃易爆危险货物的装箱、搬运过程中存在用叉车倾倒货桶、装卸工滚桶码放等野蛮装卸行为。

（8）未按要求进行重大危险源登记备案。瑞海公司没有按照《危险化学品安全管理条例》（国务院令第591号）第25条第2款、《港口危险货物安全管理规定》（交通运输部令2012年第9号）第36条第2款、第38条和《港口危险货物重大危险源监督管理办法》（交水发〔2013〕274号）第2条第1款、第11条第1款等有关规定，对本单位的港口危险货物存储场所进行重大危险源辨识评估，也没有将重大危险源向天津市交通运输部门进行登记备案。

（9）安全生产教育培训严重缺失。瑞海公司违反《危险化学品安全管理条例》（国务院令第591号）第44条和《港口危险货物安全管理规定》（交通运输部令2012年第9号）第17条第3款的有关规定，部分装卸管理人员没有取得港口相关部门颁发的从业资格证书，无证上岗。该公司部分叉车司机没有取得危险货物岸上作业资格证书，没有经过相关危险货物作业安全知识培训。

（10）未按规定制定应急预案并组织演练。瑞海公司未按《机关、团体、企业、事业单位消防安全管理规定》（公安部令第61号）第40条的规定，针对理化性质各异、处置方法不同的危险货物制定针对性的应急处置预案，组织员工进行应急演练；未履行与周边企业的安全告知书和安全互保协议。事故发生后，没有立即通知周边企业采取安全撤离等应对措施，使得周边企业的员工不能第一时间疏散，导致人员伤亡情况加重。

6. 有关地方政府及部门和中介机构存在的主要问题

（1）天津市交通运输委员会（原天津市交通运输和港口管理局）滥用职权，违法违规实施行政许可和项目审批；玩忽职守，日常监管严重缺失。

① 违法违规审批许可。违反《港口法》第24条、《港口经营管理规定》（交通运输部令2009年第13号）第12条第1款、《港口危险货物安全管理规定》（交通运输部令2009年第9号）第18条第4项和第19条第2款的规定，在明知瑞海公司未取得安全评价审批、环境影响评价审批、安全设施专项验收等法定审批许可手续，不具备港口危险货物作业条件的情况下，以批复形式违法批准瑞海公司从事港口危险货物经营；违反《关于做好〈港口经营管

理规定〉实施工作的通知》（交水发〔2010〕46号）第2条第5项的规定，于2014年5月4日以批复的形式批准瑞海公司港口危险货物经营试运营资质，没有同时核发《港口经营许可证》和《港口危险货物作业附证》，且试运营时间提前至同年4月16日；在瑞海公司2014年10月17日至2015年6月22日试运营资质到期、处于无证违法经营状态的情况下，违反《港口法》第22条第1款和《港口危险货物安全管理规定》第20条第2款的规定，以换证方式代替新证审批，于2015年6月23日向瑞海公司颁发《港口经营许可证》和《港口危险货物作业附证》；对给瑞海公司核发《港口经营许可证》《港口危险货物作业附证》和给予瑞海公司危险货物经营资质批复的信息，未按照《港口法》第22条第2款、《政府信息公开条例》（国务院令第492号）第9条第1项和《港口经营管理规定》第12条第1款的规定向社会公开。

② 违法违规审查项目。明知瑞海公司危险货物堆场改造项目未批先建，没有按照《港口法》第46条、《危险化学品安全管理条例》第76条第2款、《港口危险货物安全管理规定》第52条的规定，对瑞海公司的违法违规行为进行查处，未及时制止并督促整改；对中滨海盛安全评价公司、天津市化工设计院等机构出具的不符合法律法规、标准且与实际不符的安全评价报告、安全设施设计专篇、初步设计以及天津水运安全评审中心组织的评审结果，没有严格依据有关法律法规和技术标准进行审查把关，致使瑞海公司未批先建和违反有关法律法规及技术标准的危险货物堆场改造项目得以验收通过。

③ 日常监管严重缺失。没有严格履行监管职责，没有依据《港口法》第48条第1款第1项、《港口经营管理规定》第36条第1款第1项、《港口危险货物安全管理规定》第54条的规定对瑞海公司无证经营危险货物的行为予以查处；没有严格依照《危险化学品安全管理条例》第25条第2款、《港口危险货物安全管理规定》第36条第2款规定落实港口重大危险源管理制度，建立重大危险源管理台账，督促瑞海公司按照有关规定进行重大危险源备案；疏于安全监督检查，未按照《港口危险货物安全管理规定》第48条第1款规定实施监督检查，没有发现瑞海公司违反《港口危险货物安全管理规定》第35条第2款和《危险货物集装箱港口作业安全规程》第5.3.4条以及《集装箱港口装卸作业安全规程》第8.3条的规定，超高码放、超量存放危险货物集装箱，以及危险货物集装箱间距不足、货品混放等问题，尤其没有发现瑞海公司违反国家标准《集装箱港口装卸作业安全规程》第4.4条和行业标准《危险货物集装箱港口作业安全规程》第5.3.1条有关爆炸品和硝酸铵类危险货物集装箱应直装直取、不准在港内存放的规定，在港区堆场内存放大量硝

酸铵类货物的问题，未及时查处和督促整改，导致事故损失和影响扩大。

（2）天津港（集团）有限公司在履行监督管理职责方面玩忽职守，个别部门和单位弄虚作假、违规审批，对港区危险品仓库监管缺失。

天津港（集团）有限公司未履行港区安全生产管理职责，未统筹协调港区企业的危险货物安全管理工作；对天津港公安局及其消防支队防火工作督促指导不力；违反天津市城市总体规划和滨海新区控制性详细规划，对其下属的天津港建设公司帮助瑞海公司骗取规划许可、集团规划建设部规划许可初审把关不严格，对质量监督站违规办理工程质量监督手续问题失察；港区内长期违反直装直取规定堆存硝酸铵类货物，导致事故危害扩大。天津港建设公司弄虚作假，将瑞海公司规划许可申请材料中拟建项目“危品库”修改为“仓库”，却保留申请材料所附平面图中“危品库”标注，帮助瑞海公司以欺骗手段取得规划许可。

（3）天津海关系统违法违规审批许可，玩忽职守，未按规定开展日常监管。

① 违法违规审批许可。在审批瑞海公司设立海关监管场所和变更监管场所面积申请时，没有根据《海关实施行政许可法办法》审批办理。

② 未按规定开展日常监管。没有根据《海关实施行政许可法办法》第 57 条第 1 款第 4 项⑥的规定，及时查处瑞海公司在无证期间违法从事危险货物报关申报业务的行为，未撤销其海关监管场所注册登记；对瑞海公司违规发送危险货物运抵报告的行为，未按照天津海关 2011 年第 6 号公告第 3 条第 3 款⑦规定，责令瑞海公司自查整顿，继续在系统或业务流程上接受瑞海公司运抵报告传输，放纵其违法违规经营；未对瑞海公司违反《海关监管场所管理办法》第 17 条第 2 款①堆放危险货物的行为进行纠正；未执行《海关行业标准管理办法（试行）》（海关总署令第 140 号）第 5 条第 2 款②的规定，没有监督检查和制止瑞海公司海关监管场所内存放大量应直装直取的危险货物及危险货物堆场作业和货场堆码、间隔存放不符合国家强制性标准《集装箱港口装卸作业安全规程》第 4.4 条③、第 8.3 条④及《危险货物集装箱港口作业安全规程》第 5.3.1 条⑤的行为。

（4）天津市安全监管部门玩忽职守，未按规定对瑞海公司开展日常监督管理和执法检查，也未对安全评价机构进行日常监管。

（5）天津市规划和国土资源管理部门玩忽职守，在行政许可中存在多处违法违规行为。

（6）天津市市场和质量监督部门对瑞海公司日常监管缺失。

（7）天津海事部门培训考核不规范，玩忽职守，未按规定对危险货物集装箱现场开箱检查进行日常监管。

天津海事局在组织“船载危险货物申报员”和“集装箱装箱现场检查员”培训考核工作中，存在培训签到表代签、考核试卷无评分标准、判分随意的问题。

（8）天津市公安部门未认真贯彻落实有关法律法规规定开展消防监督指导检查。天津市公安局未认真贯彻落实国家消防法律法规，未对天津港公安消防工作实施业务监督指导。

（9）天津市滨海新区环境保护局未按规定审核项目，未按职责开展环境保护日常执法监管。

（10）天津市滨海新区行政审批局未严格执行项目竣工验收规定。

（11）天津市委、天津市人民政府和滨海新区党委、政府未全面贯彻落实有关法律法规，对有关部门和单位安全生产工作存在的问题失察失管。

（12）交通运输部未认真开展港口危险货物安全管理督促检查，对天津交通运输系统工作指导不到位。交通运输部未依照法定职责认真组织开展港口危险货物安全管理督促检查，对天津市交通运输委员会港口管理工作和天津港公安局消防工作指导不到位。

（13）海关总署未认真组织落实海关监管场所规章制度，督促指导天津海关工作不到位。海关总署组织实施海关监管场所规章制度不到位，对天津海关监管场所审批及日常监管工作的指导和督促检查不到位。

（14）中介及技术服务机构弄虚作假，违法违规进行安全审查、评价和验收等。天津中滨海盛科技发展有限公司与天津中滨海盛卫生安全评价监测有限公司作为同一法人单位，违反《安全评价机构监督管理规定》（国家安全生产监督管理总局令第 22 号）第 21 条第 3 款、第 23 条第 4 项的规定，同时承接瑞海公司的安全预评价和安全验收评价，且安全预评价报告和安全验收评价报告弄虚作假，故意隐瞒不符合安全条件的关键问题，出具了“基本符合国家有关法律法规和标准规范要求”的结论。

天津水运安全评审中心在对瑞海公司危险货物堆场改造项目安全条件、安全设施设计专篇、安全设施验收审查活动中，审核把关不严，致使不具备安全生产条件的瑞海公司堆场改造项目通过审查。特别是在安全设施验收审查环节中，采取打招呼、更换专家等手段，干预专家审查工作。

天津市化工设计院在瑞海公司危险货物堆场改造项目设计中，违反天津市城市总体规划和滨海新区控制性详细规划，违反《建设工程勘察设计管理条例》(国务院令第293号)第25条第1款的规定，在瑞海公司没有提供项目批准文件和规划许可文件的情况下，违规提供施工设计图文件；违反《集装箱港口装卸作业安全规程》第4.4条和《危险货物集装箱港口作业安全规程》第5.3.1条以及《危险化学品安全管理条例》第24条的规定，在《安全设施设计专篇》和总平面图中，错误设计在重箱区露天堆放第五类氧化物质硝酸铵和第六类毒性物质氰化钠。火灾爆炸事故发生后，该院组织有关人员违规修改原设计图纸。

天津市交通建筑设计院管理制度不完善，审核审查程序不严，违规向天津港建设公司出借规划编制资质。

天津市环境工程评估中心在评估瑞海公司危险货物堆场改造项目的环境影响评价报告过程中，未按照HJ616—2011《建设项目环境影响技术评估导则》第4条、第5.1.2条、第6.14条的规定进行现场考察，未发现瑞海公司危险货物堆场改造项目未批先建问题；未对环境影响评价报告中的公众参与意见进行核实，未发现瑞海公司提供虚假公众参与意见问题；未认真审核环境影响评价报告书，未发现环境影响评价报告没有全面采纳专家评审会合理意见问题。

天津博维永诚科技有限公司在对瑞海公司危险货物堆场改造项目放线测量、墨线复核、竣工测量过程中，违反《天津市城乡规划条例》第45条和第56条第2款、《天津市建设工程规划许可证后管理规定》(规法字〔2011〕302号)第13条、《天津市建筑工程规划测量成果编制标准》(规监字〔2012〕423号)第2.3.2条和第2.3.3条、《关于取消规划验线审批事项调整规划放线流程有关问题的通知》(规业字〔2010〕109号)的相关规定，在瑞海公司未取得堆场改造规划许可的情况下进行放线测量；在墨线复核中弄虚作假，未去现场实测，竣工验收后采用倒推数据的方式补作墨线复核实测报告。

此外，事故调查组对事故现场存放的硝化棉的生产和运输企业进行了调查取证，查明了河北衡水新东方化工有限公司、河北三木纤维素有限公司、河北新河县汇通货运有限公司和天津大川国际货运代理有限公司以及涉及的衡水市工商、交通运管，衡水市新区公安，新河县工商、交通运管、安全监管，天津市西青区交通运管等部门存在的主要问题。有关问题移交河北省政府和天津市政府进行处理，并要求将处理结果报事故调查组。

二、中毒窒息案例："5·11"硫化氢中毒事故

（一）事故概述

2007年5月11日，某石化公司炼油厂加氢精制联合车间柴油加氢精制装置在停工过程中，发生一起硫化氢中毒事故，造成5人中毒受伤。

（二）事故单位情况

某石化公司炼油厂柴油加氢装置1990年9月由该石化公司设计院自行设计，设计处理能力 30×10^4t/a。1995年6月该装置一次试车成功。装置分别于1995年7月、1999年5月、2006年7月进行了扩能改造，装置加工能力达到 80×10^4t/a。该装置生产操作单元分为压缩机、反应和分馏三大部分。加氢精制的目的是在一定的温度、压力条件下，在催化剂及氢气的作用下，使原料油中含硫、氮、氧等化合物转化成易除去的硫化氢、氨和水，将不稳定的烯烃和某些稠环芳香烃饱和，将金属杂质除掉，从而改善油品的安定性、腐蚀性、燃烧性能，得到品质优良的产品（精制柴油、精制汽油）。装置新氢分别来源于连续重整装置、半再生重整装置以及经氢提浓后的化肥来氢（95%）。氢气经新氢分液罐（V—101）进入新氢压缩机，经升压后与循环氢混合，进入反应系统。

航煤脱臭装置2001年2月由乌石化设计院自行设计，装置设计处理能力为 32×10^4t/a。该装置生产操作单元可分为压缩机、反应和分馏三大部分。装置于2002年4月一次试车成功。2005年6月装置分馏塔进行改造。2006年8月进行消除瓶颈改造，使得加工能力达到 60×10^4t/a，2006年9月装置试车成功。

柴油加氢装置和航煤脱臭装置共用一台低压瓦斯分液罐V—206。

（三）事故经过

2007年5月11日，炼油厂加氢精制联合车间航煤脱臭装置正常生产，柴油加氢装置按照公司的统一安排进入停工处理阶段，11日柴油加氢装置热氢带油结束，反应系统处于降温降压过程中。车间技术干部朱某15：30安排白班人员对V—101罐进行泄压（通过航煤脱臭装置在用的V—206罐泄往低压瓦斯系统管网），操作工按操作卡要求进行泄压操作，3h后V—101压力逐渐上升至1.0MPa。

在白班与中班的交接班会上，车间技术干部朱某再次口头安排接班班组

接班后，对 V—101 罐进装置新氢阀门进行检查。明确是否存在阀门内漏或关闭不严的现象；检查完毕后，对 V—101 罐进行泄压操作，准备对进装置新氢阀门的后法兰处打盲板。

18：30，车间技术人员周某开具了检维修工作票，通知设备安装公司检修人员准备对该阀加装盲板（该阀位于管廊上，距地面高度 4.3m，管径 150mm）。

18：43DCS 显示 V—101 罐压力上升至 1.02MPa，当班班长进行泄压作业，当压力卸至 0.2MPa 时，为了验证进装置新氢阀是否存在关不严或存在内漏现象，打开进 V—101 新氢阀门后，又迅速关闭该阀门，随后关闭了 V—101 罐底的压液阀。回到操作室后，安排当班操作人员玉某进行 V—101 罐的泄压操作。玉某打开 V—101 罐底压液阀后用对讲机询问内操：目前泄压后压力是否可以？主操答复：可以。随即返回操作室待命。

检修施工作业班长郭某接到工作票后，办理了高处作业票，于 18：50 带领施工人员王某、孟某、吴某、周某等四人来到现场。其中郭某在地面监护，吴某等四人上到管廊上系好安全带，王某、周某首先开始拆卸法兰螺栓，孟某、吴某在一侧等待替换。车间运行三班班长指派岗位人员玉某共同地面监护。

19：15，作业人员先后松开全部 8 颗螺栓，当拆下上部两颗螺栓时，外泄气体量有所增大，随即在一侧等待替换的孟某（人员位置处在下风侧）昏倒在管廊架上，其他作业人员立即进行施救。吴某在救孟某时摘除了安全带，施救过程中昏倒并从管廊缝隙中坠落。在地面监护的郭某和玉某立刻前往车间呼救。

车间管理人员朱某、王某、周某闻讯后，立刻赶到现场，分别爬上管廊和脚手架施救，在救护过程中，朱某中毒从脚手架坠地，王某、周某也先后中毒。其他赶来的施救人员佩戴空气呼吸器爬上管廊将中毒人员抢救到地面。120 急救车到后，送往乌石化职工医院抢救。

（四）事故原因

1. 直接原因

由于操作工在进行 V—101 罐向在用的 V—206 罐泄压过程中，违反生产受控管理制度，没有使用操作卡，责任心不到位，违章操作，未及时关闭 V—101 罐底压液阀；加装盲板的工作负责人以及当班其他人员没有认真确认施工作业条件，当新氢线法兰松开后，V—206 罐内含高浓度 H_2S 气体的低压瓦斯倒串至法兰处向大气泄放，造成人员中毒（事故发生5h后检测V—101罐内残存气体中H_2S含量为$42g/m^3$）。

2. 间接原因

1）违章指挥，生产受控不落实

（1）停工过程中出现异常，没有认真分析原因，也没有进行评审，违反了变更管理的要求。5月11日15：30，白班操作人员按车间技术人员的安排，进行了新氢系统的第一次泄压操作。但压力泄下后又重新上升，到18：43，压力上升至1.02MPa。车间技术人员没有认真分析原因，更没有进行评审，在18：30开具了打盲板的检维修工作票。

（2）技术干部违反《停工规程》，在打新氢线盲板前没有严格按照《停工规程》的要求安排对新氢线进行氮气置换。

本次加氢停工，炼油厂对《停工规程》进行了厂级评审：针对新氢线打盲板风险进行了重点讨论，认为V—101泄压后打开盲板作业仍然存在氢气和硫化氢泄漏的风险。要求在进行加装新氢线盲板作业时要对新氢线进行氮气置换并对置换结果进行分析化验。车间在修改后的规程中也做出了相应的修订完善。并编制了《容—101泄压操作卡》和《容—101泄压置换，打氢气进装置盲板》两张操作卡。但实际作业时，既没有进行氮气置换，也没有进行分析化验，依然是按照修改前的停工规程进行操作。

（3）操作指令的下达没有执行操作卡制度。按照生产受控的要求，操作指令的下达，必须填写操作卡，以操作卡的形式下发给操作人员执行。但车间技术人员却无视规章制度，小夜班的两次泄压操作均是口头下达指令。接班后班长明知生产工艺状况已经发生重大变动，在技术干部口头安排工作后，非但没有要求车间技术干部签发重新评审编制的《泄压操作卡》，自己也向操作工口头安排工作。层层违反生产受控管理的要求，违章指挥。

2）施工作业过程中没有落实防止硫化氢中毒的安全措施

作业前，在本次作业的《风险评价报告表》中，已经识别到有硫化氢中毒的风险，但却没有制定任何防止硫化氢中毒的措施。作业前开具的检修工作票上明确要求：检修部位置换、卸压至零；必须使用防爆工器具。但实际作业时，既没有确认进行氮气置换，也没有确认系统卸压至零，就已开始作业。作业时也没有使用防爆工具。

3）各级人员责任心严重缺失，工作不负责任

（1）施工作业安全措施不落实，签票人员责任心缺失。检维修工作票上的各项安全措施并没有落实，但车间监护人、值班长、技术人员、车间副主

任、检修负责人都在作业票上签了字。五道关口，没有一人真正到现场去落实，没有一人认真负责，只是为了签票而签票，使得作业票证管理流于形式。

（2）现场施工作业的五人当中只有施工方监护人的名字出现在《高处作业票》上，管架上作业的四人却都不是票证上的签名人；《高处作业票》上签名的有六人，实际参加作业和监护的共有五人。车间监护人既没有检查落实安全措施，甚至连核查作业人姓名，清点人数这样简单的工作都未开展。

4）教育培训流于形式

（1）加氢精制车间对加氢装置的停工培训工作重视不够。5 月 8 日，虽然车间领导、技术干部、操作人员对《停工规程》、停工操作卡组织了培训考试，也有培训考试的签字，但从实际情况来看，培训同样流于形式，没有起到应有的作用。

（2）技术人员、操作人员对《规程》和操作卡学习不认真，没有掌握《停工规程》和《泄压操作卡》中“V—101 泄压后关闭 2 道压液阀”的基本要求，导致实际作业过程中出现重大的操作失误，说明培训工作不扎实，效果不好。

（3）监护人在现场没有起到监护作用，说明对监护人的培训也不到位。监护人在施工人员松开新氢线阀门螺栓后发现有黑水从法兰处漏出，却没有采取任何措施，使得监护人的存在失去了意义。

（4）施工作业人员虽然接受了炼油厂、车间的两级安全教育培训，但事发前当法兰螺栓松开后，有气体（氢气）和少量液体冒出时，施工人员没有立即停止作业，暴露出作业人员缺乏应急逃生和自救的避险意识。

5）应急反应错误，造成事故扩大

应急中反映出的干部意识差、技能差，错误的应急造成事故扩大。听到救援信息后，加氢车间三名管理人员先后赶到现场实施救援，在现场情况不明，没有佩戴任何防护器具的情况下救人，反而造成了事故的扩大。

6）车间停工组织存在问题

加氢装置开停工总负责人是生产副主任。但实际上在 4 月份进行《停工规程》厂级评审时，由于生产副主任在外地进行硫磺回收装置 DCS 组态工作，装置停工的前期技术准备工作事实上参与很少。

事故发生时，车间主任在炼油厂办公楼开会，生产副主任到新建的三套污水装置“三查四定”，没有领导在现场指挥停工，安排、检查重点工作或关键环节的实施情况，造成《方案》中既定的氮气置换的关键环节没有落实，抓不住工作重点。当泄压出现异常时，没有领导组织评审、没有重新制定方案；工艺技术人员、设备技术人员相互协调不够，各自行事，最终酿成惨祸。

三、环境污染案例："11·13"双苯厂火灾爆炸环境污染事故

（一）事故回放

1. 事故前概况

吉林石化公司（以下简称吉林石化）双苯厂位于吉林市龙潭区吉林石化中部工业区，东侧为吉林石化集团中部工业基地；西邻吉林石化研究院；南侧为吉化热电厂；北侧是吉林石化石化电石厂、乙二醇厂，与松花江直线距离约 2000m，占地面积约 $102\times10^4m^2$。现有生产装置 5 套，苯胺上产能力 $14.7\times10^4t/a$，苯酚丙酮生产能力为 $12.79\times10^4t/a$，苯酐生产能力 $4\times10^4t/a$，MEA/DEA 生产能力 5000t/a。主要原料为纯苯、邻二甲苯、丙烯、依稀、硝酸、硫酸等。

双苯厂苯胺二车间与 2003 年 8 月建成投产，设计生产能力为 $7.0\times10^4t/a$ 苯胺，装置采用流化床加氢还原技术，该技术是在 $2.0\times10^4t/a$ 苯胺装置的基础上，由吉林石化与清华大学联合研制开发了 $7.0\times10^4t/a$ 苯胺流化床反应器，苯胺流化床反应器的内构件选择了脊型挡板和多管式分布器两项专利技术，是吉林石化具有自主知识产权的技术。设计单位是寰球工程公司，施工单位是中油吉林化建，总投资 1.34 亿元。原料为苯、氢气、硫酸、硝酸，产品为苯胺。

2. 事故发生过程

1）爆炸事故经过

初始爆炸发生在苯胺二车间硝基苯精制单元，其工艺过程为：粗硝基苯经硝基苯预热器 E102 预热后，进入硝基苯初馏塔 T101，轻组分苯和水从塔顶蒸出。塔釜物料主要为硝基苯和重组分，经泵送入硝基苯精馏塔 T102，硝基苯从塔顶蒸出，经冷凝得到硝基苯。塔釜含二硝基苯等重组分，当二硝基苯含量接近 40%时，应排放残液至 V105 罐。按照操作法要求，应将硝基苯残液罐 V105 与硝基苯精馏塔 T102 塔釜液连接阀打开，建立真空后，可排放残液。

2005 年 1 月 22 日，分析硝基苯精馏塔 T102 塔釜液二硝基苯物含量为 36.6%。

11 月 13 日 10：10，苯胺二车间因硝基苯精馏塔塔釜蒸发量不足，循环

不畅，应进行排液操作。当日该硝基苯精馏岗位操作工休假，班长顶岗操作，并组织操作人员停止硝基苯初馏塔 T101 和硝基苯精馏塔 T102 进料，在停止硝基苯初馏塔 T101 进料时，没有关闭硝基苯进料预热器加热蒸汽阀门，导致硝基苯初馏塔 T101 进料温度骤升，在 15min 内温度超过 150℃（量程上限）；11：35，班长回到控制室发现超温，关闭了硝基苯预热器蒸汽阀门，塔 T101 进料温度开始下降至正常值。

13：21，塔 T101 进料温度再次骤升。13：34，塔 T101 进料流量上升；13：36，硝基苯初馏塔 T101 和硝基苯精馏塔 T102 相继发生爆炸。

经当地地震台测定，在着火爆炸过程中，测出 5 次较大爆炸。这次爆炸事故造成 8 人死亡，1 人重伤，59 人轻伤，直接经济损失 6908 万元。

2）污染事件经过

爆炸事故发生后，大部分生产装置和中间储罐及部分循环水系统遭到严重破坏，致使发生爆炸和燃烧的部分原料、产品和循环水泄漏出来，逐渐漫延流入双苯厂洁净废水排水系统，抢救事故现场所有的消防水与残余物料混合后也逐渐流入该系统，这些污水通过吉林石化清净废水排水系统进入东 10 号线，并与东 10 号线上游来的清净废水汇合，一并流入松花江，造成了松花江水体污染。

事故发生前，现场共有原料、产品约为 1349. 61t，其中苯 358. 8t、硝基苯 697. 08t、苯胺 77. 43t、硝酸 216. 3t。事故发生后，回收的物料约为 337. 6t，其中苯 100t、硝基苯 237. 6t。其余物料通过爆炸、燃烧、挥发、地面吸附、导入污水处理厂和进入松花江等方式损失。经专家组计算，爆炸发生后，约有 98t 物料流入松花江。

根据吉林市环保局监测数据显示，11 月 13 日至 12 月 2 日东 10 号线监测断面持续超标。11 月 13 日 15：30 第一次监测的数据为最大值，其中硝基苯 1703mL/L、苯为 223mg/L、苯胺为 1410mg/L，分别超出排污标准 851. 5 倍、2230 倍和 1410 倍［国家标准 GB 8978—1996《污水综合排放标准》规定：硝基苯小于 2. 0mg/L、苯小于 0. 1mg/L］。

3. 事故原因调查

对爆炸事故和环境污染事故开展调查，分析事故原因，如图 6-8 所示。

1）爆炸事故原因

（1）直接原因：硝基苯精制岗位外操人员违反操作规程，在停止粗硝基苯进料后，未关闭预热器蒸汽阀门，导致预热器内物料汽化，恢复硝基苯精制单元生产时，再次违反操作规程，先打开了预热器蒸汽阀门加热，后启动粗硝基苯进料泵进料，引起进入预热器的物料突沸并发生剧烈振动，使预热器及管线的法兰松动、密封失效，空气吸入系统，由于摩擦、静电等原因，导致 T101 塔发生爆炸，并引起其他装置设施连续爆炸。

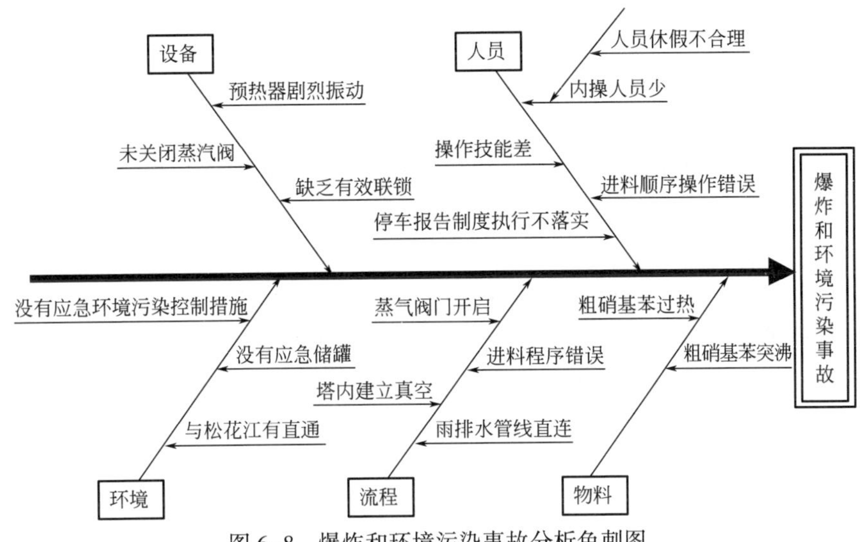

图 6-8 爆炸和环境污染事故分析鱼刺图

（2）间接原因：①安全生产管理制度存在漏洞，安全生产管理制度执行不严格，尤其是操作规程和停车报告制度的执行不落实。②吉林石化双苯厂及苯胺二车间的劳动组织管理存在着一定缺陷，外操岗位人员配置较多，而内操岗位人员却没有富裕。因操作人员休假调配不合理，导致当班班长兼值内、外操岗位，在出现非正常工况时，致使硝基苯和苯胺精制岗位处于无人值守的状态。③吉林石化对安全生产管理中暴露出的问题重视不够，整改不力。

2）污染事件原因

（1）直接原因：吉林石化双苯厂没有事故状态下防止受污染的“清净废水”进入清净废水系统东 10 号线主渠道，进而流入松花江的措施。爆炸事故发生后，未能及时采取有效措施，防止泄漏出来的部分物料和循环水及抢救事故现场消防水与参与五老的混合物流入松花江。

（2）间接原因：①吉林石化及其双苯厂对其可能发生的事故会引起松花江水污染问题没有进行深入研究，制定的《重大突发事件应急救援预案》中的应对措施原则要求多，针对性和操作性差。②吉林市事故应急救援指挥部对爆炸事故可能引发严重水污染估计不足、重视不够。事故发生后，在布置事故应急抢救工作中，未根据实际情况提出预防松花江水污染的措施和要求。③上级管理部门对环境保护工作重视不够，对吉林石化环境保护工作中存在的问题失察，特别是没有及时发现吉林石化公司《重大突发事件应急救援预案》存在的问题。④吉林市环保局 13 日 18∶40 在获知松花江水体被严重污染后，没有及时向事故应急救援指挥部建议采取相应的措施，直到 14 日 18∶00 才向省环保局书面报告松花江污染情况，而且没有按照有关规定全面、准确地报告松花江污染的严重程度。吉林省环保局对爆炸事故引发的松花江严重污染问题重视不够。13 日下午接到吉林石化双苯厂发生爆炸事故的报告后，14 日 13：00 派出人员才赶到事故及松花江污染现场。在上报松花江受污染情况时，没有按照有关规定全面、准确地报告松花江受污染的严重程度。⑤环保总局作为国家环境保护行政主管部门，虽然做了一定的工作，但在初期对事件重视不够，对可能发生的严重后果估计不足，没有及时提出妥善处置意见，也没有提前向松花江下游地方通告污染监测情况。

（二）应急处置

2005 年 11 月 13 日 13∶35，吉林石化双苯厂苯胺二车间发生爆炸后，在省市、中国石油天然气集团公司的领导下，积极组织开展应急救援工作，有序指挥、措施得力、有效控制。

1. 事故报警

（1）13∶35，吉林石化双苯厂苯胺二车间发生爆炸。

（2）13∶37，双苯厂值班调度向公司调度室报告。

2. 启动预案

公司调度室接到报告后，立即启动了公司《重大突发事件应急救援预案》，通知公司应急指挥中心相关人员赶赴现场。

3. 成立组织机构

事故发生 6~7min 后，吉林石化相关领导和安全环保处、机动处、生产运行处、工程管理处等有关人员立即赶赴现场，指挥协调现场救援工作。14∶40，与先后赶到现场的市公安局、市消防队有关领导共同组成了临时指挥部，研究救援措施和灭火方案。

15∶00，吉林石化主要负责人，吉林市市委书记、市场，以及市安监局、环保局、市委宣传部等有关部门人员相继赶到现场，成立了现场救援指挥部，并在双苯厂西侧的运输公司办公楼召开了应急救援指挥部首次会议，分析了现场的形势和可能出现的后果，以及应采取的措施，明确了事故处理的具体分工及伤员救治等工作。并要求现场灭火救援、伤员救治、事故调查、生产恢复等各专业组分别立即开展有关工作。

4. 现场抢险

（1）引导营救工作。13∶40，公司值班调度通知吉林石化总调，联系化工医院准备进行伤员救治，要求公司各救护站赶赴双苯厂参加紧急救援工作。与此同时，要求双苯厂立即组织清点装置人数，核查伤亡人员。

（2）现场隔离、警戒工作。从 13 日 14∶00 至 14 日 8∶00，协助吉林市公安交警部门封锁了遵义路。

（3）装置紧急停车和事故现场紧急切断工作。事故发生后，公司调度室立即下达调度指令，要求相关单位切断所有与双苯厂互供的物料管线。

13∶40，公司调度室通知化肥厂当班调度，切断去双苯厂的新、老线氢气线，并通氮气进行置换。13∶50，化肥厂当班调度反馈信息，调度指令已执行完毕。

13∶41，公司调度室通知炼油厂当班调度，停送去双苯厂的苯、邻二甲苯、丙烯及渣油。13∶51，炼油厂当班调度反馈信息，炼油厂去往双苯厂的物料阀门已全部关闭。

13∶41，公司调度室通知有机合成厂当班调度，立即停送去双苯厂氢气并通氮气置换，停送去双苯厂乙烯基甲苯。13∶50，有机合成厂调度反馈信息，已经切断送往双苯厂的氢气、乙烯、甲苯管线。

13∶41，公司调度室通知乙烯厂当班调度，立即停送双苯厂氢气并同氮气置换。13∶50，乙烯厂调度反馈信息，调度指令已执行完毕。

13∶50，公司调度室根据现场反馈信息，通知运销中心调度将双苯厂内停放的苯及硝酸等槽车全部调出。14∶46，双苯厂内 31 车苯和 3 车硝酸调出厂区。

13∶39，双苯厂调度室向苯胺一车间、苯酚车间、苯酐车间、MEA/DEA 车间下达经济停车指令，13∶55，陆续组织 4 套装置安全停车。

5. 供电、供水的恢复工作

由于爆炸造成双苯厂各装置水、电中断，影响了火灾的扑救工作。13 日 14 分，公司机动处和双苯厂电气车间的有关人员迅速赶往总变电所，组织恢复送电。15∶10，消防水泵房和苯酚专用冷却水泵房接通临时电源。15∶20，启动消防水和苯酚晨安专用冷却水泵。

6. 火灾扑救工作

13 日 13：47 开始，消防队 6 台消防车分别在苯胺二车间和 55 号库进行灭火。由于全厂停水停电，无法保证消防车用水，加之装置连续发生爆炸，灭火工作被迫中断。

16：00，消防水供水恢复，消防队组织力量集中扑救装置区和罐区。

18：00，由公司、工厂和消防部门人员组成了火灾现场勘查小组，侦查火情，搜寻失踪人员，重新调整作战部署。

14 日 4：00，火势得到有效控制。

14 日 12：00，现场明火被全部扑灭。

7. 现场搜救

在火势得到控制后，继续组织对现场 6 名失踪人员和周边区域进行搜救工作。

8. 污染防治工作

事故发生后，吉林石化在吉林省、吉林市政府、中国石油天然气集团有限公司及省、市环保部门的现场指导下，积极采取措施，最大限度地减少水污染。

13 日 13：41，公司调度室在确认双苯厂苯胺二车间发生爆炸后，迅速组织切断装置所有进出物料管线及厂级间物料管线，截断物料来源。

13 日 13：45，吉林市环保局监察支队的工作人员与公司安全环保处工作人员一同赶往东 10 号线排放口。14：15 赶到东 10 号线排放口，观察到排水颜色有变化后，立即通知公司环保监测站，组织所有监测人员上岗，到东 10 号线取样口、入江口连续取样、分析。

13 日 14：00，公司安全环保处通知双苯厂将东 10 号线被污染的清净下水倒入工业污水管线，送往污水处理厂处理，并做好封堵现场雨排水口和清净下水井的准备工作。

13 日 16：00，在厂内东 10 号线干线总出口井处，投用 3 台潜水泵将被污染的清净下水抽出，倒入去污水处理厂的工业污水线处理。

从 13 日 17：00 开始，组织对苯胺二车间控制室西侧、硝化单元北侧、流化床东南侧等可进入区域东 10 号线水井和雨排水口用黄泥和沙袋进行内部封堵。采取控制燃烧方式，减少污染物流入东 10 号线。采取封堵、抽水、清理固体废物、吸附、设置隔污墙以及关停装置等措施，最大限度减少污染物进入松花江。

（三）专家点评

1. 成功做法

（1）省、市地方政府各级政府和安监、公安、武警、消防等部门的积极介入，协调指导救援工作，为抢险救援工作提供了有效保障。

（2）在灭火初期存在爆炸危险时，及时果断地撤出应急救援人员，避免了抢险救援过程中更大的人员伤亡。

（3）建设一支企业专职应急救援队伍，加强与属地单位的日常应急联动演练，有利于救援人员熟悉现场，确保在短时间内采取最佳处置措施，对控制事态的进一步扩大能够起到关键作用。

2. 存在不足

（1）法律法规不健全。事故发生前，国家层面对如何有效应对突发事件、如何处置突发事件，没有专门立法，政府及企业面对突发事件没有有效的应对手段和机制，缺少必要的法律法规支撑。事故发生后，国家相继颁布实施了《中华人民共和国突发事件应对法》（2007 年颁布）和《生产安全事故应急预案管理办法》（2009 年颁布），为有效应对突发事件提供了明确的法律依据。

（2）环保设施不健全。事故发生前，大量泄漏出来的物料和消防水进入清净下水线，无法进行有效隔离和回收，造成了松花江流域水体污染。事故发生后，吉林石化组织专家编制了《环境污染三级防控体系技术要求》，在全国首次提出了“三级防控”理念，率先建成了“一级为主、二三级联合、互为补充”的三级污染防控体系，并推动了国家相关环境保护法律法规的修订和完善。

（3）媒体应对不及时。事故发生前，由于对环境污染事件重视程度不够，没有及时向公众和媒体通报松花江水体污染情况，个别媒体通过其他采访方式报道了松花江水体污染情况，引发了不明真相市民的各种猜想和传言，造成了争抢购买纯净水事件，导致了事故影响的无谓扩大。事故发生后，在应急预案中补充完善了媒体应对措施，明确了主管部门和人员，为今后处置类似问题奠定了基础。

参 考 文 献

[1] 孙玉叶，夏登友. 危险化学品事故应急救援与处置. 北京：化学工业出版社，2008.

[2] 张培红. 防火防爆. 沈阳：东北大学出版社，2011.

[3] 伍爱友，彭新. 防火与防爆工程. 北京：国防工业出版社，2014.

[4] 张雪梅. 加氢工艺作业. 徐州：中国矿业大学出版社，2013.

[5] 邹晓平. 现场急救. 苏州：苏州大学出版社，2009.

[6] 周久经. 消防安全知识. 北京：煤炭工业出版社，2010.